마음이 웃다

Healing Depression for Life
by Dr. Gregory L. Jantz with Keith Wall

Copyright © 2019 by Dr. Gregory L. Jantz
Originally published in English in the U.S.A. under the title:
Healing Depression for Life
by Tyndale House Publishers, 351 Executive Drive, Carol Stream, IL 60188, U.S.A.
All rights reserved.

This Korean edition © 2020 by Duranno Ministry with permission of Tyndale House Publishers,
a division of Tyndale House Ministries.

이 한국어판의 저작권은 Tyndale House Publishers와 독점 계약한 두란노서원에 있습니다.
신 저작권법에 의하여 한국 내에서 보호를 받는 저작물이므로 무단 전재와 무단 복제를 금합니다.

마음이 웃다

지은이 | 그레고리 얀츠
옮긴이 | 정성묵
초판 발행 | 2020. 4. 16
등록번호 | 제1988-000080호
등록된 곳 | 서울특별시 용산구 서빙고로65길 38
발행처 | 사단법인 두란노서원
영업부 | 2078-3333 FAX | 080-749-3705
출판부 | 2078-3332

책값은 뒤표지에 있습니다.
ISBN 978-89-531-3731-8 03230

독자의 의견을 기다립니다.
tpress@duranno.com www.duranno.com

두란노서원은 바울 사도가 3차 전도 여행 때 에베소에서 성령 받은 제자들을 따로 세워 하나님의 말씀으로 양육하던 장소입니다. 사도행전 19장 8 - 20절의 정신에 따라 첫째 목회자를 돕는 사역과 평신도를 훈련시키는 사역, 둘째 세계선교TM와 문서선교^{단행본·잡지} 사역, 셋째 예수문화 및 경배와 찬양 사역, 그리고 가정·상담 사역 등을 감당하고 있습니다. 1980년 12월 22일에 창립된 두란노서원은 주님 오실 때까지 이 사역들을 계속할 것입니다.

마음이 웃다

그레고리 얀츠 지음

정성묵 옮김

두란노

용감하게 우울증에 맞서 이겨낸,
내가 아는 많은 사람에게
이 책을 바친다.

우울증은 지독한 병이다. 잠 못 이루는 밤, 후회와 자책에 시달리다가 자살을 상상하는 자신에게 놀란다. 환자들은 어찌할 바를 몰라서 당황한다. 정신분석가인 나는 이런 환자들에게 '우울증을 치료하기 위해 어떻게 해야 하는가?'를 알려 주는 책을 기다렸다. 이 책은 우울증을 직접 경험한 저자의 경험담을 이야기하듯이 쉽고 흥미롭게 기술하였다. 우울에 시달리는 분들과 우울증 치료 전문가들에게 권할 만한 책이다.

이무석_ 정신분석가, 전남대 명예교수, 《30년만의 휴식》 저자

인간의 분노와 우울은 맞닿아 있는 정서다. 그 깊은 정서에는 공허함과 외로움이 있다. 경험해야만 알 수 있는 고통이면서도 제대로 알아야만 도울 수 있는 질병이 바로 우울증이 아닐까. 이 책을 읽는 내내, 수많은 우울증에 관한 책에는 없는 점을 발견했다. 체험적 고통, 과학적 분석, 수많은 임상, 체계적 행동 그리고 우울증을 경험하는 이들을 향한 연민. 저자의 이야기는 어느 하나 놓치고 싶지 않게 만들었고 단숨에 읽게 만들었다. 그러면서도 두고두고 펼쳐 보며 배우고 싶은 내용들이었다. 우울증 환자를 만나고 그들을 돕고자 할 때뿐만 아니라 현재 우울증으로 인해 삶의 고통에 처한 사람들이 있다면 어떤 말보다 이 한 권의 책을 선물해 주고 싶다. 이 책을 읽고 추천사를 쓸 수 있음이 축복이다.

박재연_ 리플러스 인간연구소 소장, 《사랑하면 통한다》 저자

C. S. 루이스가 "악마들과 지옥이 열광하는 역동적 특성은 '소음'이다"라고 말했을 때, 어쩌면 그는 이 책 곧 얀츠 박사가 지적하는 스마트한 인터넷 정보와 기기들의 '온갖 잡음'을 예견했는지도 모른다. 뇌 신경을 쉴 새 없이 자극하는 디지털 소음은 곧 현대인을 중독적으로 우울하게 만드는 '디지털 헤로인'이기 때문이다. 이 책은 현대인의 생활 습관 전체를 투영하며 참신한 시각으로 우리 시대를 꿰뚫어 독자로 하여금 자신의 우울한 얼굴을 입체적으로 보게 한다. 하나의 치료법이 아닌 통합된 전인적 치료법을 구체적으로 제시하면서, 두려울 수밖에 없는 우울증이 반드시 치료 가능하다는 희망을 준다. 무엇보다도 이 책은 기도와 신앙, 용서의 힘을 강조하면서 기독교적 전인성이야말로 우울증 치료의 핵심임을 보여 준다. 우울증 치료의 다양한 스펙트럼을 소개하며, 실천 가능한 탈출구와 성장 목표를 제시하고, 용기와 희망을 주는 이 책을 우울증으로 고통 가운데 거하는 이웃들과 상담자들에게 적극 추천한다.

하재성_ 고려신학대학원 교수, 《우울증, 슬픔과 함께 온 하나님의 선물》 저자

우울증, 우리 안에
끊임없이 울려퍼지는
고통의 노래

    나는 일평생 우울증과 싸우며 살았다. 어린 시절, 우울증이란 그림자가 사람들이 흔히 '우울증 유전인자'라고 부르는 것을 통해 성적 학대라는 트라우마의 손을 잡고 내 피와 뇌로 슬그머니 들어왔다.

    내가 열 살이 되었을 때 아버지는 불안한 정서를 보이는 나를 정신과에 데려갔다. 병원은 일정 부분 도움을 주었지만, 성적 학대를 통해 더 많은 트라우마도 주었다. 그로 인해 내 우울증은 더 심해졌다.

    이미 뿌리를 내린 우울증과 성적 학대는 어른이 된 후 내 회복력의 두 근간이 되었다. 하지만 어린 소년이 그런 것을 알리가 없었다. 당시 나는 오직 혼란과 고통, 어둠의 터널만을 알았다. 트라우마와 어둠은 사춘기까지 나를 쫓아왔다. 결국 열여섯 살에 나는 다시 치료를 받게 됐다. 그때부터 대화 치료, 약물 치료, 자기 치료, 글쓰기와 묵상 등과 사투를 벌였다.

10년 동안의 치료는 나름대로 효과가 있었다. 30대의 나는 어릴 적 트라우마에서 해방되어 살아가는 데 큰 문제가 없어진 것을 분명히 느낄 수 있었다. 하지만 우울증과의 싸움은 여전했다. 약물이 도움이 되었다. 수면 습관을 개선하고, 중독을 끊고, 정크 푸드나 알레르기를 유발하는 음식을 먹지 않고, 운동을 열심히 하고, 좋은 관계들을 맺고, 자신을 더 깊이 알아가는 등의 여러 치료법과 영적 훈련을 열심히 한 효과가 있었다.

사실, 그레고리 얀츠 박스가 이 책에서 소개한 많은 방법이 내가 꾸준히 실천해 온 것들이었다. 하지만 우울증은 인간 내면에서 끊임없이 울려 퍼지는 노래와 같다. 그래서 계속된 도움과 늘 함께해 줄 동반자, 끊임없는 자기점검이 필요하다. 더불어 좋은 선생이 반드시 필요하다.

그레고리 얀츠 박사는 좋은 선생이다. 그리고 이 책은 길고 지루한 이 여행에서 우리와 늘 함께해 주는 강력한 동반자다. 빛이 거의 혹은 전혀 없는 새벽하늘은 그저 멍하고 무감각한 시간이다. 하지만 어느 순간, 뭔가가 회전한다. 세상이 움직인다. 사람들이 움직인다. 아름다운 세상이 다시 환하게 보인다. 그렇게 어둠을 지나온 사람이 빛을 장담할 수 있는 것처럼 나는 이 책에서 소개한 방법들의 효과를 장담할 수 있다. 우울증의 근본적인 치료는 실질적인 개념이다. 물론 진정한 치료는 이 방법들을 실천할 때 찾아온다.

그레고리 얀츠 박사를 만나 우울증과 중독에 관한 이야기를 나누고 그가 세운 클리닉인 '더 센터'에서 컨설팅과 훈련을 제공한 것은 내 이력에 중요한 사건이다. 우리는 아름다운 언덕과 산 아래에 클리닉들이 늘어선 워싱턴 주 에드먼즈에서만이 아니라 전국의 여러 곳에서 협력해 왔다. 함께 강연하고 훈련하고 연구하고 글을 썼다.

얀츠 박스 팀은 전인적 치료의 선봉에 서 있다. 그들은 최고의 치료법으로 슬픔, 중독, 불안증, 고통, 상실이라는 인간 삶의 매우 중요한 문제들에 맞서고 있다. 얀츠 박스와 더 센터는 그곳의 환자들에게 새로운 희망을 준다. 얀츠 박사와 우정을 나누고 더 센터를 컨설팅하면서 이 책의 근간이 되기도 한 그곳의 두 가지 원칙에 큰 감명을 받았다. 원칙은 다음과 같다

1. 우울증 치료의 근간을 형성하는 영적 절차(연결, 신비, 목적, 마음 챙김)의 중요성
2. 몸과 정신이 분리될 수 없다는 개념 : 우울증은 마음뿐 아니라 몸의 치료가 필요하다.

약이 도움이 될 수 있지만 이 원칙에 따른 치료가 온전히 이루어지려면 약만으로는 충분하지 않다. 마음뿐 아니라 몸도 돌보아야 한다. 조종사가 아무리 훌륭해도 비행기가 형편이 없으면 비행이 제대로 되지 않는 것처럼 말이다.

이 책은 얀츠 박사가 평생 연구한 환자들의 솔직한 이야기, 동료들

의 도움, 과학적 연구와 만나 탄생한 보석과도 같은 책이다. 읽기 쉽게 쓰인 이 탁월한 책은 우울증의 길에 서 있는 사람들의 필독서이다. 현재 우울증에 시달리고 있는가? 자녀나 가족이 어둠 속을 헤매고 있는가? 어떤 상황이든 이 책에서 치유를 위한 진정한 청사진을 발견할 수 있을 것이다. 우울증 인구가 치솟고 있는 지금, '더 센터'의 접근법은 시의적절할 뿐 아니라 그야말로 생명을 살리는 도구가 될 것이다.

마이클 거리언(Michael Gurian) 박사

_Saving Our Sons 저자

목차

추천의 글 1 · 7

추천의 글 2 · 10

프롤로그_ 나도 우울증에 빠져 삶을 포기할 뻔했다 · 18

Part 1

지독한 마음의 병에
갇혀 있다면…

1. 즉각적으로 우울증이 사라지는 마법의 약은 없다 · 34

Part 2 ———————————————— Mind

'영혼의 블랙홀'에서
벗어나기
당신의 정신은 안녕하신가요?

2. 불면증과 우울증
무엇보다 단잠이 최우선이다 • 52

3. 디지털 중독과 우울증
끝없는 속도의 욕망과 활동의 굶주림을 멈추라 • 66

4. 스트레스와 우울증
삶의 무게를 견딜 자기만의 쉼을 모색하라 • 82

5. 중독들과 우울증
고통의 신호임을 자각하고 도움의 손길을 받아들이라 • 98

Part 3 ———————————————— Soul

'감정의 블랙홀'에서
벗어나기
당신의 마음은 안녕하신가요?

6. 분노, 죄책감, 두려움
죽음에 이르는 감정들을 방치하지 말라 • 118

7. 용서 없는 삶
용서, 독한 감정들의 해독제 • 134

8. 믿음 없는 삶
건강한 영적 습관을 들이라 • 148

Part 4 ——————————————————— Body

'육체의 블랙홀'에서
벗어나기
당신의 몸은 안녕하신가요?

9. 운동
육체활동을 하면 기분과 신진대사가 좋아진다 • 164

10. 음식
먹는 것이 바로 내가 된다 • 178

11. 몸 해독
내 몸 안의 쓰레기를 내다버리라 • 198

12. 장 건강
튼튼한 장은 나쁜 우울증을 몰아내는 특효약이다 • 212

13. 영양제 복용
우울한 뇌는 영양이 부족한 뇌다 • 232

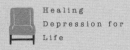

Healing
Depression for
Life

Part 5

정신과 육체가 함께 건강할 때
마음이 웃는다

14. 건강한 일상으로

지금 문을 열라, 영혼의 봄이다   • 250

Appendix

부록 1 : 자기 평가 도구   • 264

부록 2 : 추가적으로 탐구할만한 치료법들   • 276

부록 3 : 건강을 돌보기 위한 일곱 가지 원칙   • 286

부록 4 : 추천 자료   • 292

주   • 300

나도 우울증에 빠져
삶을 포기할 뻔했다

만약 우울증으로 절망감에 사로잡혀 이 책을 집어들었다면 당신은 옳다! 최근 우울증은 우리 사회에서 흔한 단어가 되었다. 응원하는 팀이 시합에서 지면 스포츠팬들은 '우울해진다.' TV를 켜면 '우울한' 뉴스만 나온다고 불평한다. 인터넷에는 우울증의 원인과 치료법에 관한 세상 모든 의견이 넘친다. 남발되는 단어들이 다 그렇듯 이 단어도 우리의 귀에 너무 익숙해져서 아무런 느낌도 없다. 하지만 우울증에 시달리는 수많은 미국인들은 전혀 그렇지 않다. 매년 수백만 명의 미국인들이 우울증으로 매우 실질적인 고통을 당하고 있다.

나도 여느 전문가들처럼 '우울증'이라는 단어를 아무런 감정 없이 꺼내지 않는다. 우울증에 대하여 의학적으로 정말 많은 것을 배웠기 때문이다. 하지만 가장 귀한 교훈들은 내면에서부터 배운 것들이다. 나는 우울증이 얼마나 괴롭고 어두운 병인지를 직접 경험해 봐서 잘 알고 있다. 나는 아침에 눈을 떠서 숨을 쉴 힘조차 없는 기분을 안다. 나는 한때 밝게 보이던 세상이 온통 답답한 회색의 그림자로만 보이는 기분을 안다. 나도 자포자기에 빠져 죽고 싶은 충동에 휩싸였던 적이 있다.

당신이 경험한 이런 기분과는 거리가 먼 현실성 없는 이론이나 지나치게 단순화된 '해법들'에 지쳤다면 이제 안심해도 좋다. 당신의 손에 들린 이 책은 그런 것들과 완전히 다르다. 당신이 우울증으로 고생하고 있다면 쉬운 답이나 단순한 답이 없음을 잘 알 것이다. 필시 그런 답은 이미 수없이 시도해 봐서 소용없음을 알 것이다. 우울증은 사방에서 온갖 형태로 공격해 오는 강하고 교활한 적이다.

하지만 포기하기에는 이르다. 우울증은 빠져나올 희망이 전혀 없는 어두운 골짜기가 아니다. 나는 당신이 탈출구를 찾도록 돕기 위해 이 책을 썼다. 내가 우울증에 관해서 배운 가장 중요한 지식을 당신에게 나누고 싶다. 사투 속에서 얻은 것은 우울증이 종신형이 될 필요가 없다는 점이다. 당신은 분명히 치유될 수 있다.

어떻게 확신할 수 있는지 궁금한가? 최근 우울증 치료에 효과적인 방법들이 새롭게 개발되었다. 나는 모든 치료법에서 효과를 얻지 못한 환자들이 클리닉에 방문해 치유되는 모습을 두 눈으로 똑똑히 보았다. 그리고 무엇보다도 나 자신이 치유를 경험했기 때문에 확신한다.

상처 입은 치료자

1980년대 초 나는 시애틀에 우울증과 근심, 식이장애 같은 정신적 문제들을 전문으로 다루는 '더 센터'(The Center : A Place of Hope)를 개원했다. 당시 더 센터는 식이장애 치료에 관한 큰 성과로 세간의 주목을 받았고, 우리 팀은 다른 치료법에서 효과를 보지 못한 환자들을 치료하기 위해 전인적 모델을 개발하기 시작했다. 이 접근법을 개선하면서 적용해 본 결과 환자들이 처방과 본인의 노력으로 크게 좋아진 것을 확인할 수 있었다. 더 많은 환자들이 클리닉에 찾아오면서 취재 요청이 쇄도했다. 내 일정표는 강연과 상담 약속으로 꽉 찼다. 나는 남들에게 생활 습관을 바꾸고 전반적인 건강을 돌봄으로써 그토록 원하던 실질적인 효과를 보는 법을 알려 주느라 눈코 뜰 새가 없었다. 하지만 그러는 사이에 나 자신의 삶은 급속도록 무너져 내리고 있었다.

주말도 반납하며, 몸과 마음을 혹사하면서 설교자들이 흔히 저지르는 실수를 저질렀다. 즉 말한 대로 실천하지 않은 것이다. 내 식단은 엉망이었고, 운동도 까마득히 잊고 살았다. 인스턴트 음식이나 정크 푸드, 과도한 카페인 같은 몸에 나쁜 음식으로 스트레스를 풀려고 했다. 밤은 내게 지독히 괴로운 시간이었다. 온갖 걱정으로 인한 불면증에 시달렸기 때문이다. 낮이라고 별반 좋을 것도 없었다. 낮에는 종일 감정과 활기가 없는 로봇처럼 살았다. 살은 찌는데 얼굴은 수척해 보였다. 당연히 내 영적 삶도 흔들리기 시작했다. 수십 년간 내게 기쁨과 의미의 근원이었던 신앙생활이 이제 의무처럼 느껴졌다. 신앙생활은 그저 끝없이 많은 할 일 중 하나의 항목에 불과했다. 결국 나는 내 환자들보다 조금도 낫지 않은 의사로 전락했다.

심리학 클리닉은 계속해서 성공가도를 달렸지만(그야말로 기적) 아무래도 직업을 잘못 선택했다는 회의감이 들기 시작했다. 나를 아무도 모르는 도시로 훌쩍 떠나고 싶은 충동이 점점 강해졌다. 결국 나는 워싱턴 해안에 있던 우리 집에서 멀리 떨어진 콜로라도스프링스를 선택했다. 어릴 적 가족이 그곳에 휴가를 간 적이 있다는 것 외에 다른 이유는 없었다. 왠지 그곳이 혼란스러운 내 삶 속의 편안하고 안전한 오아시스처럼 느껴졌다. 당시의 나는 삶의 방향을 잃은 상태였다. 여태껏 내가 쌓은 모든 것, 내 가족이 의지하던 모든 것을 기꺼이 버릴 수 있을 만큼 심각한 우울의 단계였다.

한동안 추락하던 중에 내 인생을 전환시키는 일이 일어났다. 이 일이 아니었다면 지금의 나는 없을 것이다. 아이러니하게도 내 구명밧줄은 완전 고갈의 형태로 찾아왔다. 나를 가장 아끼는 가족과 친한 친구들이 부드러운 사랑과 동시에 엄한 사랑으로 나를 옳은 길로 다시 이끌어 주었다. 그들의 강권 덕분에 건강에 좋을 줄 알면서도 실천하지 않았던 규칙적인 생활을 실천하기 시작했다. 일은 줄이고 수시로 걷기 운동을 했으며, 항상 똑같은 시간에 잠자리에 들려고 노력했다. 건강한 음식을 먹고, 기도와 묵상을 위한 시간을 냈다. 이 외에도 삶의 많은 부분을 바로잡았다. 새로운 경계들을 설정해서 그것을 지키기로 결심했다. 그랬더니 건강이 서서히 돌아오기 시작했다. 이런 힘든 과정을 통해 나는 전인적인 치료법의 효과를 확신하게 되었고, 그 뒤로 지금까지 수년 동안 그 철학에 따라 더 센터를 운영해 오고 있다. 그리고 덕분에 오늘 당신도 치유될 수 있다고 분명히 말할 자신감을 얻었다.

무엇인가 잘못되었다

2016년, 1천 6백만 명 이상의 미국인들(미국 성인 전체 인구의 6.7퍼센트)이 최소한 한 번 이상의 심각한 우울증을 겪었다. 그리고 현대의 전형적인 우울증 치료법이 나온 지 50년이 더 지났건만, 우울증 환자의 숫자는 보란 듯이 증가하고 있다. 조사 결과들을 보면 우울증 진단 횟수는 전에 없이 높다.[1] 나아가, 현재 인기 있는 치료법들은 우울증 환자의 3분 1에게는 도움이 되지 않고 있다. 그들은 현재의 약물 치료나 정신 치료에서 거의 혹은 전혀 효과를 보지 못하고 있다. 그런가 하면 이런 치료법으로 효과를 보면서도 평생 크고 작은 우울증의 재발을 계속해서 겪는 환자들도 수백만 명 이상이다. 왜 우울증 완치는 그토록 어려운 것일까? 이는 정말 안타깝고 답답한 질문이다.

다행히, 더 센터는 30년 이상의 치료 역사를 통해 꽤 희망적인 결론에 도달했다. 이 책에서 이 모든 결론을 자세히 다루도록 하겠다. 우리가 우울증과의 전쟁에서 고전을 면치 못하고 있는 것은 다음과 같은 원인들이 결합된 탓이다.

먼저 과잉 처방과 약물 오용이 원인이다. 더 센터 초기에는 두세 가지 정도의 약을 복용한 적이 있거나 복용하고 있는 내담자들이 방문했다. 그런데 요즘은 평균 다섯 가지 이상의 약을 복용하는 내담자들이 찾아온다. 이런 약들은 문제를 가중시키거나 새로운 문제를 일으키는 경우가 많다. 더 심각하게는 때로 이 약들이 환자의 몸에서 충돌하거나 서로 결합하여 예기치 못한 위험한 결과를 낳는다는 것이다. 이 외에도 제조사들이 이미 발견한 부작용들도 있다.

실제로 최근 연구에 따르면 미국 성인의 3분이 1이 우울증이나 자살 충동을 유발할 수 있는 처방약을 자신도 모르게 복용하고 있다. 한 보고서에는 이런 내용이 실려 있다. "시카고 주 일리노이대학의 연구 팀은 흔히 처방되는 약 중 200종 이상에 우울증이나 자살 충동의 부작용에 관한 경고 문구가 붙어 있다는 점을 지적했다. 하지만 이 약들은 우울증이나 정신질환과 관계없는 증상을 치료할 수 있기 때문에 환자들과 의사들이 부작용을 인식하지 못하고 사용하는 경우가 적지 않다. 진통제, 혈압약, 심장약, 호르몬제, 피임약, 프로톤 펌프 억제제(proton pump inhibitor), 제산제 등이 그런 약들이다."[2]

많은 약이 심각한 부작용을 낳을 수 있고, 대개는 또 다른 약으로 그 부작용을 다루는 악순환이 이어진다.

또 다른 원인은 전적으로 약물에만 의존하는 것이다. 일반 의원들에서 정신과 의사를 비롯한 정신질환 전문가의 소견 없이 항정신성 약물을 처방하는 경우, 혹은 환자가 인터넷 검색을 하거나 특정 브랜드의 텔레비전 광고를 보고 약을 요구하는 경우, 실제로 불안장애를 겪는 환자가 항우울제를 받는 경우(혹은 반대 경우)가 자주 있다. 다른 치료 가능성은 배제한 채 약물만을 의존하는 경우가 너무 많다.

또 1차원적인 접근도 원인이다. 손에 든 것이 망치가 전부라면 모든 것이 못으로 보인다는 속담이 있다. 이 속담을 질병 치료에 적용해 보면, 모든 질병이 어느 한 가지 생화학적 이상의 결과라고 배운 의사들은 다른 모든 가능성을 배제하고 한 가지 측면만을 다루는 처방을 내리기 쉽다. 분명히 짚고 넘어가고 싶은 사실은 내가 숙련된 의사들을 매우 존중한다는 것이다. 하지만 수많은 우울증 내담자들을 치료하다보니 일반적인 치료 모델에 대한 경각심을 갖게 되었다. 의사들은 만성 우울증의 다른 많은 원인들을 무시한 채 한 가지 약을 만병통치약으로 제시하는 경우가 많다. 위장 건강이나 수면 패턴, 몸 안의 염증, 생활 습관 같은 다른 요인들도 우리의 기분에 영향을 미친다는 연구 결과가 속속 나오고 있는데도, 계속해서 많은 의료 전문가들이 분석과 치료를 환자의 회백질로만 국한시키고 있다.

근시안적인 참고 서적도 원인이다. 이런 편협한 접근법을 권장하는 참고 서적들 때문에 문제는 더 악화되었다. 이런 책들은 우울증을 전적으로 뇌 속의 문제로 본다. 그래서 인지 치료나 감정 치료에 뇌의 화학적 구성에 영향을 미치는 약물을 병행하면 치료할 수 있다고 본다. 이런 책은 이 방법으로 효과를 본 수천, 아니 수백만 독자들 덕분에 많이 팔렸다. 하지만 이런 치유법은 주로 가끔 기분이 우울해지는 가벼운 우울증 환자들에게만 효과가 있다. 물론 이런 우울증도 엄연히 우울증의 한 종류이며, 이 방법이 큰 도움이 되고 있는 것은 사실이다. 하지만 심각한 만성 우울증 환자들에게는 실망감만 안겨 준다.

우선 우울증으로 인해 수반되는 감정들을 살펴볼 필요가 있다. 독한 감정들이 있다. 일반적인 치료법을 시도하기 전에 먼저 내가 '세 가지 죽음에 이르는 감정'이라고 부르는 분노, 두려움, 죄책감을 점검해 보는 것이 중요하다. 우울증에 걸린 사람은 이런 감정의 악영향을 받고 있을 가능성이 매우 높다.

예를 들어, 가슴 속의 응어리는 관계 속에서 분노로 나타나 남들과의 친밀함을 방해한다. 이것을 방치하면 점점 고립 상태에 빠진다. 그런가 하면 내면의 가득한 분노는 중독과 식이장애 같은 자멸적인 행동의 흔한 원인이 된다.

두려움은 주로 평범한 걱정에서 시작된다. 우리가 경험하는 "~ 하면 어쩌지?"라는 단순한 근심에서 출발한다. 하지만 이것이 도를 지나치면 극심한 불안감과 공황장애로 발전하고, 급기야는 우울증의 흔한 원인인 불안장애를 일으킨다.

죄책감에는 두 가지 종류가 있다. 진짜 죄책감이 있다. 이는 육체적으로, 감정적으로 건강한 사람이 잘못을 했을 때 느끼는 감정이다. 반면, 거짓 죄책감도 있다. 이런 죄책감은 수치심으로 이어진다. 수치심에서 자포자기와 자기혐오, 열등으로 발전하는 것은 시간 문제다. 이 모든 것은 우울증의 전조 증상이다.

용서하지 못하는 것도 여기에 속한다. 더 센터 내담자들에게서 가장 자주 확인되는(하지만 다른 치료자들은 자주 간과하는) 우울증의 원인 중 하나는 누군가를 용서하지 못하고 가슴 깊이 분노를 품고 있는 것이다. 용서하지 않을 때 가슴 속에 남아 있는 부정적인 감정들은 만성 우울증을 일으켜 몸 전체에 악영향을 끼칠 수 있다. 우리는 이런 요인들이 우울증 발병에 중요한 역할을 한다는 증거를 확인했다. 그래서 우리의 치료법은 대개 이런 어둡고 비밀스러운 곳을 비추는 작업을 병행한다.

주의산만과 중독도 우울증의 원인 감정이다. 기술의 발전으로 많은 사람이 연결되고 멀리 떨어져 사는 가족들과도 자주 소통할 수 있게 되었지만, 많은 치료자들이 간과하고 있는 부분은 기술이 고립과 사회적 갈등을 낳기도 한다는 점이다. 이런 고립과 갈등도 우울증의 한 요인이다. 더 센터의 많은 내담자들이 전자 장비 없이 지낸 지 불과 며칠 만에 육체적 중독에서 확실히 해방되는 모습을 보였다.

다른 중독들도 우울증의 원인이 된다. 그중 진통제나 불법 마약 등에 대한 의존은 우울증 치료에서 자주 간과되고 있다. 과식, 쇼핑, 도박, 텔레비전 시청, 비디오 게임, 잠, 사이버 중독 같은 '가벼운 중독'도 우울증에 영향을 미친다. 우울증은 이런 중독과 함께 나타나는 경우가 많다. 따라서 중독을 직시하고 치유하는 것이 우울증 치료 성공의 중요한 열쇠 중 하나다.

육체적 오염도 원인이 된다. 인공감미료와 보존제 같은 음식 속의 흔한 화학물질들이 우리 몸에 쌓이면 건강을 망가뜨리는 신경독소가 된다는 사실을 아는 사람은 그리 많지 않다. 우울증을 제대로 치료하려면 이런 숨은 스트레스 원인을 찾아서 없애는 작업이 필수다.

전인적 치료

보다시피 우울증은 머릿속에서만 일어나는 일이 아니다. 우울증의 발병과 심각성에는 수많은 요인이 작용한다. 따라서 치유도 이 모든 요인을 종합적으로 다루어야 한다. 이것을 나는 '전인적 치유 모델'이라고 부른다. 이해를 돕기 위해 더 센터의 내담자들에게서 흔히 볼 수 있는 사례를 소개해 보겠다.

존은 40대 초에 중증 우울증에 걸려서 센터를 찾아왔다. 그는 오랫동안 우울증에 시달렸지만 최근 그 증상이 심해졌다. 센터에 올 즈음에는 집에서 거의 나가지 않고 비만과 배탈이 심각했으며 여러 약을 복용하고 있었다. 우울증 약 세 개, 불안장애 약 하나, 처방전 없이 사는 갖가지 위장약이었다. 그는 다른 내담자들처럼 모든 방법을 시도해 봤다고 말했다.

하지만 수년간 갖가지 방법을 쓰고, 여러 병원을 다닌 결과는 실망스러웠다. 존의 파일을 철저히 검토한 결과, 여러 곳에서 좋은 조언들을 얻기는 했지만 어떤 의사도 그에게 한 가지 간단한 질문을 던진 적이 없다는 사실이 발견되었다. 그 질문은 "매일 무엇이 당신의 입으로 들어가고 있습니까?"였다. 그는 여러 의사에게 급격한 체중 증가와 그로 인한 몸의 이상들을 이야기했지만 대화는 항상 다음과 같은 식으로 이어졌다.

"몸무게를 줄여야 하는 것 아시죠?"

"예, 압니다."

"몸에 좋은 음식을 드셔야 합니다."

"네, 알고 있습니다."

대화는 늘 이렇게 문제의 핵심을 빗나간 채 주변만 빙빙 돌았다. 전인적 접근법은 바로 이런 오류를 피하기 위한 접근법이다.

우리는 존의 식습관을 분석하다가 충격에 빠졌다. 그는 프리랜서이기 때문에 주로 집에서 일했다. 그로 인해 자신의 심각한 중독을 남들에게 숨길 수 있었다. 그는 커피를 하루 평균 열두 대접을 마셨다. 열두 '잔'이 아니고 열두 '대접'이다. 그는 아무도 커피를 얼마나 마시냐고 묻지 않아서 그것을 말해야 한다는 생각을 해 본 적이 없다고 했다. 그는 우울증 외에도 회복을 직접적으로 방해하는 갖가지 문제점을 안고 있었다. 막대한 카페인은 그의 몸에서 비타민B를 배출시키고 위장의 '좋은' 박테리아들을 죽이며 입맛을 망가뜨려 설탕을 과도히 섭취하게 만들었다. 이는 저혈당증으로 이어졌다. 커피가 그의 유일한 수분 섭취였기 때문에 계속된 탈수 상태로 인해 정신적인 또렷함과 여타 세포 차원의 기능들이 크게 떨어졌다. 그렇게 몸이 안 좋은데도 그는 계속해서 커피에 심각하게 의존했다. "커피 없이는 하루를 버틸 수 없어요." 그는 그렇게 말했다.

이후 몇 주간 우리는 존이 몸의 수분을 회복하도록 도왔다. ("커피 한 잔에 물 한 병씩 드세요!") 결국 그의 커피 섭취량은 하루에 세 잔으로 줄었다. 그리고 오후 10시 이후에는 커피를 마시지 않게 되었다. 일주일 뒤 비타민과 미네랄, 아미노산 정맥 주사를 놓아 그의 뇌 화학 작용을 활성화시켰다. 수년 만에 처음으로 그는 건강한 아침식사와 저녁식사를 할 수 있었다. 그랬더니 몸무게가 꾸준히 빠지고 매주 활력과 행복감이 눈에 띄게 좋아졌다.

더 센터에서는 '마음 챙김 걷기'를 한다. 존이 처음 더 센터에 왔을 때는 한 블록을 반도 채 걷지 못했다. 그는 "숨만 쉬기도 힘들어요"와 같은 말을 연신 내뱉었다. 하지만 한 달 뒤에는 매일 한 블록을 여섯 바퀴씩 돌았다. 몸이 좋아지니까 자신감과 희망이 솟았다. 그는 살아 있음에 감사하는 마음과 밝은 미래에 대한 확신을 품고서 클리닉을 걸어 나갔다.

마지막으로 만났을 때 존은 1년 전보다 삶이 훨씬 좋아졌다고 말했다. 살은 더 빠져 있었고, 자신이 정말 좋아했지만 집을 나서기가 너무 힘들어서 오랜 세월 손에서 놓았던 테니스를 통해 운동량을 꾸준히 늘리고 있었다. 기분이 좋아지니 사업도 덩달아 잘 되었다. 우울증 약은 한 알로 줄었다.

이것이 전인적 치료의 실제다. 다양한 치료가 동시에 이루어진다. 대부분의 환자들이 자신의 우울증이 수면의 질, 전자제품 사용, 영양, 생활 습관 같은 다른 요인들과 관련이 있다는 생각을 해 본 적이 없었다. 그래서 전통적인 치료의 틀에서 벗어나 한 가지 요인만이 아닌 모든 요인을 두루 살펴야 한다고 말하면 하나같이 고개를 갸우뚱거린다.

"어떤가?" 접근법

더 센터의 치료법을 쉽게 선택하지 못하는 우울증 환자들에게 나는 항상 "손해 볼 것은 없잖아요!"라고 말한다. 지금 당신에게도 그 말을 하고 싶다. 이 책에서 나는 필시 당신이 시도해 본 적이 없는 치료법들을 제안할 것이다. 예상 밖의 도전을 요하는 치료법들도 있을 것이다. 묵은 상처와 생각의 패턴, 중독을 다루어야 하기 때문에 강한 결단력이 필요할 것이다. 처음부터 솔직히 말하고 싶다. 이런 치료법은 '즉효약'과는 거리가 멀다. 또 이런 것들은 결심을 필요로 한다. 나도 오래전에 회복을 위한 경계들을 설정하고 실천할 때 이를 악물어야만 했다. 이런 부분은 누구도 대신해 줄 수 없다. 용기와 인내, 열린 마음이 필요하다. 내 접근법은 여러 방법을 시도해서 그중 하나가 걸리기를 바라는 것이 아니다. 전인적 치료법은 효과가 증명된 방법이다. 30년 동안 나는 오랜 우울증으로 절망에 빠졌다가 활력과 희망을 되찾은 사람들을 수없이 보았다.

우울증은 충분히 치료가 가능하다. 하지만 치료를 위해서는 자신의 삶을 냉정하게 돌아보고 생활 습관을 철저히 바꾸는 노력이 필요하다. 전인적 치료법은 즉효약도 아니고 한 차례로 끝나는 치료법도 아니다. 건강으로 가는 길은 당신이 줄곧 걸어온 길이 아니라 전혀 새로운 길이다. 새로운 길로 가야 새로운 목적지에 도달할 수 있다. 이 치유의 길은 힘들지만 도전할 가치가 있다. 스스로에게 다음과 같이 말하면서 이 여행을 시작해 보자.

- 우울증 치료가 1천 개의 조각으로 이루어진 퍼즐이라면 인생의 그림이 다시 온전해지도록 모든 조각을 맞추는 것이 어떤가?
- 생각할 수 있는 모든 방법을 시도해 봤다면 생각해 보지 않은 방법을 시도해 보는 것이 어떤가?

- 정말 아프고 그렇게 아픈 것에 지쳤다면 이참에 인생을 구석구석 완전히 청소해 보는 것이 어떤가?
- 희망을 버리기 직전이라면 가족과 친구, 전문가들에게 도움을 구하는 것이 어떤가? 그들도 전인적 관점으로부터 배울 수 있을 것이다.
- 무엇보다도 하나님께 도움을 구하는 것이 어떤가? 전통적인 우울증 치료법들은 대개 영적 요인들을 무시한다. 하지만 당신의 건강을 회복시키는 법을 하나님보다 더 잘 아는 이가 있겠는가?

당신은 고통을 겪거나 죽지 못해 살아가기 위해 태어난 존재가 아니다. 당신은 번영하도록 창조되었다. 번영과 행복으로 돌아가는 여행을 시작하기에 지금보다 더 적기는 없다.

오랫동안 당신을 짓눌러 온 고통과 절망, 고갈의 산을 넘는 것이 불가능하게만 보이는가? 그 산의 정상에 올라 의기양양한 표정으로 밝은 지평선을 바라보는 자신을 상상해 보라. 어떤가? 그 장면이 머릿속에 그려지는가? 당신은 할 수 있다. 함께 출발해 보자.

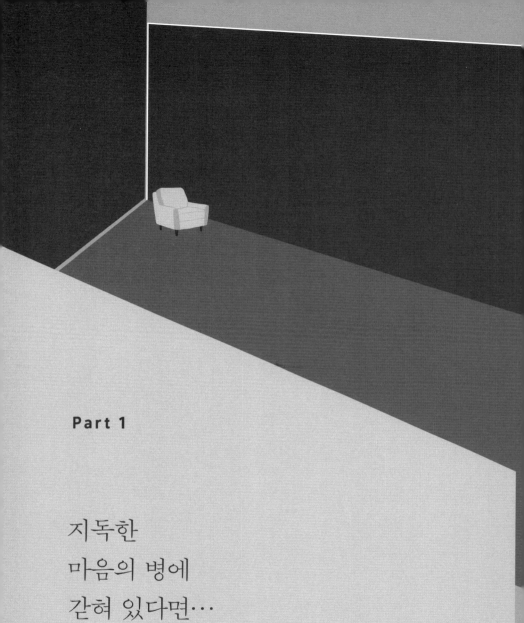

Part 1

지독한
마음의 병에
갇혀 있다면…

Healing
Depression
for Life

Chapter 1

즉각적으로
우울증이 사라지는
마법의 약은 없다

"우울증은 그냥 머릿속에서만 일어나는 일일 뿐이야. 시간이 지나면 괜찮아질 거야." "그냥 털어버려!"

다들 이런 말을 들어본 적이 있을 것이다. 이런 조언은 상대방에 대한 사랑이 전혀 없는 조언이며 아무런 도움이 되지 않는다. 하지만 망가진 시계도 하루에 두 번은 맞는 것처럼 가끔 통하기도 한다. 그러니까 슬픔이나 충격으로 인해 잠시 우울해지거나 감정이 격동하는 것은 자연스러운 일이며, 그런 경우는 대개 시간이 해결책이다. 때가 되면 정상 상태로 돌아오기 마련이다.

하지만 전 세계 수백만 사람들의 경우는 전혀 그렇지 않다. 그들은 훨씬 크고 질긴 무엇인가에 사로잡혀 있다. 임상 우울증을 겪는 이들에게 위와 같은 말을 아무리 해도 병은 '저절로 사라지지' 않는다. 그래서 먼저 지도를 숙지하고 다음과 같은 한 가지 사실을 인정하면서 '우울증 치유'로 가는 우리의 여행을 시작해 보자.

"우울증은 실질적이다. 그리고 고통스럽다. 그리고 무서운 병이다."

우울증은 사람의 희망을 완전히 갉아먹어 결국 자해와 자살을 떠올리게 만드는 경우가 많기 때문에 실로 무서운 병이다. 또 우울증은 개인의 삶만이 아니라 가족, 기업, 학교, 정부에도 막대한 부담을 지운다. 사회 구석구석 영향을 받지 않는 곳이 없다. 미국만이 아니라 어느 곳에서

나 마찬가지다. 세계보건기구(WHO)의 발표에 따르면 "현재 3억 명 이상이 우울증을 앓고 있다. 2005년에서 2015년 사이에 18퍼센트 이상이 증가했다."[1] 계속해서 세계보건기구는 세계적으로 우울증을 비롯한 '약물 남용과 정신 질환'이 사람들이 집과 일터에서 정상적인 기능을 상실하는 첫 번째 원인이라고 추정한다.

2016년 미국 약물 사용 및 건강 조사에 따르면, 성인 1,620만 명과 12-17세 청소년 310만 명이 최근 '큰 우울증 발작'을 겪은 것으로 드러났다. 이들 중 약 3분의 2는 생명이 위험할 정도의 '심각한' 수준으로 분류되었다. 하지만 이 조사에 따르면 이 성인들의 약 37퍼센트와 청소년들의 무려 60퍼센트가 아무런 치료도 받지 않은 것으로 드러났다.[2]

뿐만 아니라 최근 연구들에 따르면 도움을 구한 사람들 중 약 3분의 1은 오늘날 흔히 사용되는 치료법에서 지속적인 효과를 거의 혹은 전혀 거두지 못하고 있다.[3] 이 사실에 관해 잠시 생각해 보라. 전형적인 치료법들이 매우 일시적인 효과밖에 내지 못하고 있다는 증거다.

미국 정신 건강 연구소에 따르면 우울증의 증상에는 다음과 같은 것들이 있다.

- 지속적인 슬픔이나 걱정 혹은 '공허한' 기분
- 절망감이나 비관적인 감정
- 죄책감이나 자신이 무가치하다는 느낌 또는 절망감
- 취미나 활동에 대한 관심이나 즐거움의 상실
- 활력 감소나 피로, 기력 쇠퇴
- 집중력이나 기억력, 의사 결정 능력 감소

- 잠을 이루거나 일찍 일어나기 힘들어하는 것, 혹은 잠을 너무 많이 자는 것
- 식욕이나 몸무게 변화
- 죽음이나 자살에 대한 생각이나 자살 시도
- 불안감이나 짜증
- 통증이나 소화 불량 같은 육체적 증상의 지속[4]

우리는 누구나 가끔 경험하는 정상적인 우울함의 경우와 달리 이런 증상이 60-90일 이상 지속되면 전문적인 우울증 치료가 필요하다고 판단한다. 더 센터는 찾아오는 내담자들의 우울증 정도를 절망, 무기력, 자포자기의 세 가지 기준으로 판단한다. 이런 표현이 어울리는 환자들은 스스로 기운을 회복할 능력을 상실한 사람들이다. 이 지경까지 이른 환자들이 수없이 많으니 우울증은 그야말로 인류 전체를 위협하는 인간 비극이라고 할 수 있다.

미봉책은 그만

우울증의 범위와 강도가 이토록 심각하지만 우리는 계속해서 이렇게 살 필요가 없다. 치유가 가능하기 때문이다. 그런데 왜 우리는 계속 우울증에 시달리는가? 치료를 받고도 낫지 않는 사람이 왜 그토록 많은 것일까?

답은 간단하지 않지만, 그렇다고 그리 복잡하지도 않다. 의학 박사

가 아니어도 충분히 이해할 수 있다. 문제의 뿌리는 단순히 상식의 부족이다. 이 점을 알고 나면 눈이 밝아지기 시작한다.

이렇게 생각하면 이해하기 쉽다. 당신이 차를 카센터에 가져간다고 해 보자. 일반인이 수리공에게 문제를 정확히 설명하기는 힘들다. 그래서 당신은 그냥 "이상이 있어요"라고만 말한다. 그날 아침부터 시동이 제대로 걸리지 않는다. 액셀을 밟아도 차가 시원하게 나가지 않는다. 운전대가 민감하게 반응하지 않고, 타이어에 바람을 채워도 자꾸만 바람이 빠진다. 히터는 미지근하기만 하고, 스피커는 잡음이 나서 좋아하는 음악을 제대로 감상할 수 없다. 예전에는 이 차가 마음에 쏙 들었는데 더 이상 운전할 맛이 나질 않는다.

당신이 이런 증상을 다 나열하고 나자 수리공은 알겠다는 듯 고개를 끄덕이며 간단한 문제이니 걱정하지 말라고 말한다. "엔진만 조율하면 끝납니다!" 수리공이 자신 있게 말한다. 당신은 전문가가 아니기 때문에 그의 말을 그대로 믿을 수밖에 없다. "내일 아침까지 원래대로 고쳐 놓겠습니다."

그런데 이튿날 당신이 카센터에서 차를 가져가려고 시동을 켜는데 바뀐 것이 아무것도 없다. 많은 돈을 쓰고 한참을 기다렸는데 아무런 변화가 없자 짜증이 밀려온다. 다시 수리를 맡기고 다음날 찾아가기를 반복하지만 차는 정상으로 돌아올 생각을 하지 않는다. 점점 수리를 포기하게 된다.

이 사례에서 문제점은 아주 간단하다. 수리공은 이 자동차의 문제가 어느 한 가지 원인에서 비롯했다고 생각했다. 그는 자동차를 하나의 통합된 전체로 보기보다는 그저 각 부분들의 집합으로만 보도록 훈련을 받았다. 그에게 수리는 망가진 부분을 고치는 것 이상도 이하도 아니다. 엔진에 문제가 있다고 판단되면 짐칸을 들여다볼 필요가 없다.

뿐만 아니라 이 수리공은 자신이 최근 수리해 온 다른 자동차들의 관점에서만 당신의 자동차를 보고 있다. 즉, 지난주에 입고된 자동차는 엔진 조율만으로 모든 문제가 말끔히 해결되었다. 그때부터 그는 액셀이 잘 먹지 않는 모든 자동차를 같은 상태로 보고 동일한 해법을 사용하기 시작했다.

오해하지는 말라. 자동차 수리공들이나 다른 치료자들을 무시할 생각은 추호도 없다. 그들이 사용하는 방법은 상황에 따라 충분한 효과를 발휘한다. 때로는 엔진 조율이 정확한 해법일 수 있다. 하지만 같은 증상이라도 원인이 다양하고 자동차 개체마다 차이가 있는데도 증상이 같다고 모두 동일한 해법을 적용하면 성공만큼이나 실패로 이어지기 쉽다.

혼자가 아닌 함께

이것이 요즘 일반적인 우울증 치료의 현주소다. 치료자들은 한 가지 이상의 원인에서 비롯한 증상에 대해 자신이 좋아하는 치료법만 적용하는 경향이 있다. 한 가지 방식만 사용하는 것은 여러 부분이 망가진 자동차를 타이어 교체만으로 고치려는 것과도 같다.

이제 요즘 흔히 처방되는 우울증 치료법들을 살펴보겠다. 이 치료법들이 좀처럼 장기적인 치유로 이어지지 못하는 이유에 대해서도 알아보자.

약물 치료

1987년 12월 29일 미국 식품의약국은 현재 '프로작'(Prozac)이란 상표명으로 잘 알려진 플루옥세틴 항우울제를 승인했다. 이 종류의 최초 의약품인 프로작은 우울증 치료에 대하여 일대 변화를 가져왔다. 프로작은 우리 몸이 혈류에서 신경 전달 물질인 세로토닌을 재흡수하는 것을 간섭하여 세로토닌 수준을 높이는 SSRI(selective serotonin reuptake inhibitor) 계열에 속한다. 과학자들은 우울증 발병에서 세로토닌 부족이 적어도 한 원인이 된다고 추정한다.

SSRI 약들의 발견(현재 프로작 외에도 많은 약이 시중에 나와 있다)은 우울증을 비롯한 정신병 치료의 혁명으로 여겨졌다. 그간 항우울제들은 널리 처방되고 많은 사람이 효과를 보았지만 그것이 한때 의사들이 기대했던 '마법의 약'은 아니라는 증거가 계속해서 나왔다. 몇 가지 증거를 소개하자면 다음과 같다.

- 수많은 연구에서 SSRI 약들은 플라세보보다 겨우 아주 약간 나은 효과만 보여 주었을 뿐이다.
- 항우울제를 복용하는 환자들은 대화 치료만 받는 환자들과 거의 비슷한 증세 완화를 보인다.
- 항우울제를 복용하는 환자의 65-80퍼센트가 1년 안에 재발을 경험한다.
- SSRI 약들은 많은 사람에게서 부작용을 일으키며, 개중에는 심각한 부작용을 일으킨다. 예를 들어, 수면 장애, 성기능 장애, 식욕 감소, 구강 건조증, 발진, 악몽 같은 부작용이 있다. 심각한 부작용에는 발작과 자살 위험 증가 등이 있다.

- SSRI 약들의 사용을 중단하는 것이 마약을 끊는 것만큼이나 힘들다는 사실이 밝혀졌다.

분명 오해하지는 말라. 나는 약물 사용을 반대하지 않는다. 약물은 심한 위기에 빠진 환자를 안정시키는 효과가 있다. 나와 협력하는 많은 의사들이 치료의 일환으로 약물을 적절히 사용하고 있다. 나는 항우울제들이 많은 사람의 회복에 중요한 역할을 하고 있다고 생각한다. 항우울제는 극심한 우울 발작 증세를 완화시켜 치료의 물꼬를 틀 수 있게 돕는다. 다만 항우울제가 환자를 우울하게 만든 근본 원인들을 고칠 수는 없다. 바로 이것이 항우울제의 가장 큰 단점이다.

항우울제 사용 이면에는 육체의 문제가 (전적으로는 아니더라도) 대부분 생화학적 문제라는 무언의 가정이 바탕된다. 오랫동안 의료계는 심리학과 정신과학과 같은 분야를 '소프트 사이언스'로 부르면서 이런 분야를 의심의 눈초리로 바라보았다. 그것은 정신적인 건강이나 이상을 판단하는 것이 육체적 지표와 증상을 추적하는 것처럼 간단하지 않기 때문이다. 엄격한 생화학적 모델들을 통해 의학을 배운 의사들은 기계적인 접근법에 익숙해서 정신질환에 대해서도 동일한 접근법을 사용한다. 적지 않은 의사들이 대화 치료나 행동 교정 치료를 본질적으로 검증 불가한 것으로 여겨 불신한다.

이런 시각을 취하는 의사들과 환자들은 더 센터에서 파악한 다른 원인들과 치료법들을 전혀 고려하지 않는다. 하지만 더 센터의 전인적 치료 모델은 식단, 다른 약들, 체내 독소들, 신체 상황, 인생의 상황들, (현재와 미래의) 감정적 상황, 알레르기, 영성, 수면 습관, 중독 같은 다른 퍼즐 조각들까지 함께 파악한다. 인생의 이런 영역에서 문제점들을 찾아 고치려면 큰 결단과 희생, 노력이 필요하다. 앞서 말한 의사들은 약에만 의존하기가 쉽다.

대화 치료법

다시 말하지만, 환자들에게 희망과 치유를 제공해 주는 훌륭한 치료사들이 많다. 나는 남다른 지혜와 연민으로 환자들에게 실질적인 도움을 주는 전문 치료사들을 깊이 존경한다. 이 전문가들은 환자들이 과거의 고통스러운 상처를 직시하거나 현재의 참기 힘든 상황들에 과감히 맞설 수 있도록 도와준다. 잠시 기분이 우울해진 상태이거나 상실의 슬픔에서 회복 중인 사람에게는 이 치료만으로도 충분하다.

하지만 심한 우울증의 상태로 절망과 무기력에 빠진 사람들에게는 대화 치료만으로 장기적인 효과를 기대하기 어렵다. 그 이유는 다음과 같다.

- 대부분의 대화 치료는 우울증을 일으키는 여러 육체적 상황들을 통합적으로 다루지 않는다.
- 대개 대화 치료는 느린 과정이다. 그래서 자살을 생각하거나 기본적인 기능조차 하지 못하는 환자들에게는 적합하지 않을 수 있다.
- 대화 치료는 주로 현재의 사고와 행동 패턴을 낳은 옛 상처들을 탐구한다. 반면, 더 센터는 당장 다룰 수 있는 최근의 원인들까지 함께 파악한다.

내면 깊은 곳의 문제들을 다루는 것은 전인적 치료의 중요한 요소 중하나다. 나는 이런 상담이 매우 유용하다고 믿는다. 하지만 우울증 치료에서 장기적인 효과를 거두려면 다른 치료법들과 병행해야만 한다.

인지 행동 치료(CBT)

심리 요법은 증상의 (주로 무의식 속에 숨어 있는) 근본 원인들을 파악하는데 초점을 맞추는 반면, 인지 행동 치료는 주로 그런 증상을 당장 다루기 위한 전략들에 관심을 갖는다. 자신과 남들, 미래에 대한 왜곡된 생각과 믿음, 태도를 바꾸면 그런 것들에 대한 감정도 바뀐다는 점을 환자들이 깨달을 수 있도록 돕는다는 것이 기본적인 개념이다. 왜곡된 생각은대개 부적응 행동을 동반한다. 이 행동을 바꿔도 사람의 시각을 개선할수 있다.

연구에 따르면 인지 행동 치료는 덜 심각한 우울증 치료에서 최소한항우울제만큼의 효과를 보인다. 하지만 증상이 심각한 환자들에게는 약물 치료와 병행할 것을 추천한다. 이번에도, 인지 행동 치료가 중요한역할을 하는 것은 사실이지만 인지 행동 치료만 단독으로 사용하면 다음과 같은 단점들이 생긴다.

- 인지 행동 치료는 우울증을 유발하는 근본적인 원인들을 무시한다.
- 인지 행동 치료는 독소와 전자기파 노출 같은 환경적 요인들을 다루지 않는다.
- 인지 행동 치료는 현재의 증상을 줄이는 데 초점을 맞출 뿐, 두려움이나 분노, 죄책감 같은 부정적인 감정들과 남을 용서하지 않는 태도의

유독성을 고려하지 않는다.

- 우울증 치료로서의 인지 행동 치료는 대개 중독이나 불안증 같은 관련된 정신적 상황을 다루지 않는다.

기도(혹은 묵상)

영적 활동은 우울증은 물론이고 모든 질병의 치료에 꼭 필요한 부분이다. 전인적 모델에서 영적 활동은 빠질 수 없다. 하나님이야말로 진정 위대한 치유자시기 때문이다.

나는 기도의 힘을 믿어 의심치 않는다. 그래서 거의 매일 하나님께 기도한다. 또한 나 자신과 주변 사람들이 기도 응답을 수없이 경험했다. 추후 자세히 볼 것이지만, 영적 활동은 내가 추구하는 전인적 모델의 핵심 중 하나다.

다만 우울증 환자들이 다른 모든 치료를 거부한 채 '오직' 기도에만 매달리는 것은 매우 걱정스러운 일이다. 건강을 위한 다른 방법들에 적정한 관심을 기울이지 않고 기도만 하는 것은 한 가지 치료법에만 의존하는 여느 접근법과 똑같이 위험하다. 기도만 하면 된다는 사람들은 대개 식단과 수면 습관, 중독 가능성, 집안에 숨어 있는 독성 화학물질들, 자신을 사로잡고 있는 해로운 감정 등에 관심을 기울이지 않는다. 영적 활동의 목적 중 하나는 이 모든 것을 다룰 힘을 얻는 것이다. 영적 활동이 다른 치료를 무시할 이유가 되어서는 안 된다. 나는 늘 환자들에게 우울증을 비롯한 인생의 난관들을 다룰 지혜와 힘을 얻기 위해 기도하라고 권하고, 나도 그런 기도를 드린다.

하지만 기도에만 의존하면 실망할 수밖에 없는 가장 큰 이유는 자신이 무가치한 실패자라는 생각(우울증의 주된 원인 중 하나)을 더 악화시킬 수 있다는 것이다. 다시 말해, 기도에만 의존하는 사람 안에서는 이런 내적 대화가 이루어질 수 있다. '내가 더 나은 크리스천(혹은 더 영적인 사람)이라면 애초에 우울증에 걸리지 않았을 것이다. 따라서 이 상황을 바로잡기 위해서는 더 열심히 해서 최대한 나은 크리스천이 되어야 한다.' '하나님, 당신이 주신 많은 복에 기뻐하고 감사하는 사람이 되지 못했습니다. 저를 용서하고 치유해 주십시오.'

이런 기도가 생활 습관 개선을 위한 노력(예를 들어, 식습관과 중독 상황을 점검하고 묵은 두려움과 상처를 털어버리는 것)과 병행되지 않으면 한 가지 치료에만 매달리는 여느 접근법과 마찬가지로 제대로 된 치료가 이루어지기 어렵다. 그렇게 해서 치료가 되지 않으면 죄책감, 심지어 수치심까지 더 깊어져 우울증이 더 심해질 수 있다.

아무런 조치도 취하지 않는 사람들

이번 장의 앞에서 우리는 우울증에 걸린 성인의 37퍼센트와 청소년의 60퍼센트가 아무런 치료도 받지 않고 있다는 안타까운 사실을 확인했다. 물론 지리적 혹은 재정적 이유로 치료를 받지 못하는 경우가 많다. 하지만 적극적으로 치료하지 않고, 주변에서 치료를 권유해도 거부하는 경우도 많다. 정신적 문제를 치료받는 것에 대한 사회적 낙인은 여전히 사람들이 치료를 거부하게 만드는 큰 원인이 되고 있다. 우울증에 시달린 지가 너무 오래되어서 치료를 포기한 사람들도 있다.

이런 사람들에게 우울증은 삶의 일부가 되었다. 그들은 자신이 평생 우울하게 살 수밖에 없으니 그냥 우울증을 받아들이고 사는 것이 최선이라고 생각한다.

이런 태도의 문제점은 굳이 말하지 않아도 알 것이다. 지금까지 이런 태도로 살았다면 이 책을 계속해서 읽기를 바란다. 지금쯤, 빠진 퍼즐 조각들을 모두 맞추면 치유가 분명 가능하다는 확신을 얻었기를 바란다. 스스로에게 물으라. 어떤 낙인으로 인해 치료를 거부하고 있는가? 당신이 식습관이나 수면 습관을 바로잡고 두려움과 분노, 죄책감을 다루지 못하도록 방해하는 걸림돌은 무엇인가? 누군가를 용서하지 못해 우울증이 생긴 것은 아닌지 점검해 보는 것은 어떤가?

한번 해 보라! 밑져야 본전이지 않은가.

어둠에서 빛으로

우울증 치료를 위해서는 한 가지 원인이 아니라 빠진 모든 조각들을 찾아내야 한다. 내가 각 치료법들을 단독으로 사용했을 때의 한계를 지적한 것은 고도로 훈련을 받고 환자를 도우려는 열정을 지닌 치료자들을 비판하려는 것이 아니다. 현재 효과를 내고 있는 치료를 중단해야 한다는 말도 아니다. 다양한 접근법들을 통합하여 우리 존재 전체를 다루는 전인적 치료법을 통해서만 장기적이고도 진정한 우울증 치료가 가능하다는 증거가 계속해서 나오고 있기 때문에 이런 증거를 무시해서는 곤란하다는 것을 알려 주기 위함이다. 이어지는 장들에서 우리 존재 전체를 살펴 어떤 요인들이 우울증에 영향을 미치며 이런 요인들을 어떻게 전인적으로 다룰 수 있을지를 살펴보자.

이 책은 '정신'과 '영혼', '육체'로 구성되어 있다. 우울증을 진정으로 치료하려면 이 모든 부분을 이해해야만 한다. 이 책의 어느 한 장만 읽고 나머지를 건너뛰어도 도움은 되지만 모든 장을 다 읽고 고민해볼 것을 권한다. 앞서 말했듯이 우울증 치료는 혼자할 수 없다. 함께 노력해야 한다. 전체 그림을 보면서 각 퍼즐 조각을 맞추는 것이 좋은 것처럼 이 책의 모든 정보를 다 알고 나면 자신과 자신의 필요를 더 잘 이해할 수 있다.

당신이나 사랑하는 누군가가 우울증에 시달리고 있다면, 필시 여러 방법을 시도했다가 실패했기 때문에 이 책을 펴게 되었을 것이다. 이 책의 목적은 바로 그런 당신에게 용기와 희망을 주는 것이다! 이전 치료법들이 다 소용이 없었다면 문제는 당신이 아니라 어느 '하나의' 약이나 치료법에 모든 답이 있다는 흔한 오해로 인한 것일 테다. 이제부터 다른 접근법들이 실패했던 부분에서 어떻게 성공할 수 있을지를 보여 줄 테니 용기를 내어 함께하길 바란다.

개인적인 행동 계획

지금쯤 하나의 특효약에 대한 거짓 희망을 버려야 함을 분명히 깨달았으리라 믿는다. 이 책에서 소개할 치유법을 따르려면 자신의 삶을 철저히 분석하고 치유를 위해 이를 악물고 노력해야만 한다.

오늘부터 시작해야 할 다섯 가지 방법을 소개한다.

첫째, 자신의 삶을 점검하라. 전인적 치료를 위해 다루어야 할 습관, 삶의 선택들, 환경, 감정, 태도, 의료적 상황을 점검하라. 자신의 삶을 생생하게 묘사해 보라. 솔직하고 용감하게 돌아보라. 생각나는 모든 것을 적으라.

둘째, 배우라. 이 책만으로 만족하지 말라. 우울증 치료법의 장단점과 통합적인 치유법의 가치에 관한 좋은 정보가 넘쳐난다. 이 책의 끝에 이런 정보를 얻을 수 있는 유용한 출처들을 적어 두었다. 꼭 이용해 보기를 바란다.

셋째, 현재의 치료자와 대화하라. 다양한 치료법들의 장단점에 관해 물어보라. 당신이 치료법의 범위를 넓히는 데 관심이 있다는 점을 알리라.

넷째, 자신의 생각과 믿음에 관심을 기울이라. 효과가 있는 것과 없는 것에 관한 자신의 생각을 철저히 점검하라. 식사가 정신 건강에 영향을 미친다는 개념을 은근히 비웃고 있는가? 전자 장비나 쇼핑, 포르노 중독 같은 중독들이 우울증과 전혀 상관이 없다고 생각하는가?

그렇다면 근본적인 치료에 필요한 것들에 관심을 쏟지 않고 있을 가능성이 높다. 치료를 방해하는 이런 생각들을 나열해 보라. 그리고 각 생각에 대해 이렇게 물으라. "내가 왜 이렇게 생각하는가? 이것이 진실인가? 이것이 어떤 식으로 나의 치료를 방해하는가?"

다섯째, 우울증을 치료하기 위해 지금까지 사용해 본 방법들을 적어 보라. 필시 그 방법들을 함께 사용해 본 적은 거의 없다는 점을 발견하게 될 것이다. 또한 당신이 시도해 보지 않은 방법들도 발견하게 될 것

이다. 이는 정말 좋은 소식이다. 아직 시도해 볼 방법이 남아 있다는 뜻
이기 때문이다!

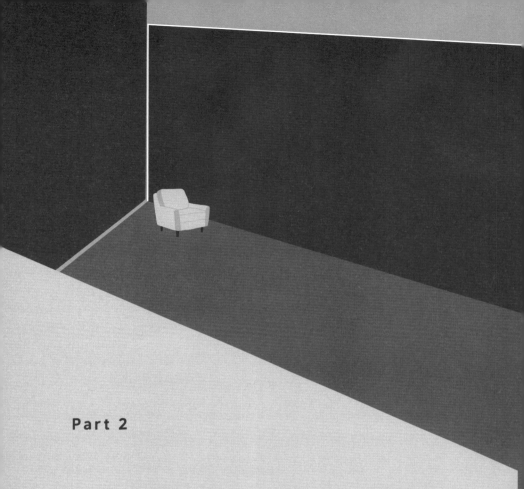

Part 2

'영혼의 블랙홀'에서
벗어나기

당신의 정신은 안녕하신가요?

Mind

Healing
Depression
for Life

Chapter 2

불면증과 우울증

무엇보다
단잠이
최우선이다

제니퍼는 그 누구보다 행복한 삶을 살았다. 소프트웨어 개발자라는 일을 하며 보람을 느꼈고, 사랑하는 남편과 세 자녀가 있었다. 주변에 친구들도 많았다. 제니퍼의 가족은 댈러스 부촌의 근사한 집에 살며 지인들을 자주 초대해 바비큐 파티를 즐겼다. 제니퍼의 삶은 완벽하게 보였고, 그녀도 자신의 삶을 그렇게 여겼다.

그러던 어느날 모든 것이 변했다. 제니퍼는 삶이 송두리째 변한 순간을 정확히 알고 있었다. 그녀는 밤낮으로 슬픔에 휩싸였던 고통의 다섯 달을 똑똑히 기억했다. 어릴 적 동무가 암으로 세상을 떠나고, 곧바로 5주 뒤 절친했던 동료가 자살로 생을 마감했을 때 제니퍼는 말할 수 없는 충격을 받았다. 몇 달 뒤에는 92세의 할머니를 떠나보내야 했다. 예기치 못한 죽음은 아니었지만, 그럼에도 그녀는 커다란 상실감에 휩싸였다. 그 해 가을에는 어린 아들이(겨우 7세였다) 당뇨병 진단을 받아 그녀의 속을 시꺼멓게 태웠다.

그때부터 2년간 우울증 치료를 위해 사방팔방으로 쫓아다니던 제니퍼는 절박할 대로 절박해져서 더 센터까지 찾아오게 되었다. 첫 상담에서 나는 그녀에게 증상을 말하게 했다. 그녀는 피로가 극심하고 슬픔과 무기력증이 번갈아가면서 재발하며 일에 집중할 수 없는 것 외에도 불면증에 시달린다고 고백했다. 새벽 3시만 되면 눈을 떠서 천장을 보며 옆에서 곤히 잠든 남편의 숨소리를 듣는 일이 몇 달 동안 반복되었다. 그러다가 결국 잠들 때도 있지만 밤을 꼬박 새운 적도 많았다. 아침이면 눈이 침침하고 머리가 띵해서 "종일 좀비처럼 흐느적거렸다"고 했다. 영화 〈사랑의 블랙홀〉(Groundhog Day)에서처럼 제니퍼는 매일 밤 끔찍한 불면증이 반복되는 경험을 했다. 그리고 그렇게 잠 못 이루는 기간이 길어질수록 우울증은 점점 더 악화되었다.

나는 제니퍼의 상황에 깊은 공감을 느꼈지만 놀라지는 않았다. 수십 년 동안 우울증 환자들을 만나며 그런 환자들의 대다수가 수면 장애로 고생한다는 사실을 발견했기 때문이다. 잔인한 아이러니가 아닐 수 없다. 평온을 되찾으려고 애쓸수록 평온한 잠은 멀리 달아나기만 했으니 말이다.

잠과 우울증의 관계는 슬픔이나 피로 같은 증상만큼 자주 논의되지 않고 있다. 하지만 나는 말 그대로 수천 명의 우울증 환자를 다루면서 잠이 사실상 모든 우울증의 원인 중 하나라는 사실을 발견했다. 따라서 잠은 우울증 해결의 중요한 일부가 되어야 한다.

수면 장애라는 유행병

수면 장애와 우울증 사이의 깊은 연관성을 파헤치기 전에 요즘 수면 장애에 관한 우려의 목소리가 높아지는 이유에 대하여 살펴보자. CDC의 연구에 따르면, 성인의 3분의 1 이상과 10대의 3분의 2 이상이 잠을 충분히 자지 못하고 있다.[1] 필시 당신도 잠 못 이루는 밤을 경험해 본 적이 있을 것이다. 그렇다면 수면 장애가 얼마나 심각한 문제인지를 잘 알 것이다.

하지만 이 문제의 만연성과 원인 중 하나에 대해서는 모르는 사람이 꽤 많다. 미국인들의 수면의 질 저하는 열병으로 불렸고, 이 열병의 주된 원인 중 하나는 점점 심해져만 가는 전자 장비 중독이다.

2011년 미국수면재단의 조사 결과 몇 가지 안타까운 현상이 발견되었다. 미국인 10명 중 4명이 침대까지 휴대폰을 가져가 잠들기 직전까지 사용한다는 것이다. 10대 청소년들과 30세 이하 성인들만 보면 숫자는 10명 중 7명으로 치솟는다.[2]

이것이 왜 나쁜 소식인가? 잠들기 직전에 문자를 주고받는 것 같은 해롭지 않아 보이는 행동이 수면에 미치는 영향을 살펴보자. 미국수면재단의 연구에 따르면, 일주일에 며칠이라도 잠들기 전에 문자를 하는 사람들은 다음과 같은 특징을 갖는다.

- 깊은 잠을 자기 힘들다.
- 아침에 눈을 떴을 때 개운하지 않다.
- 엡워스 졸림 척도(Epworth Sleepiness Scale)에서 "졸리운"으로 분류될 가능성이 높다.
- 졸음 운전을 할 가능성이 높다.[3]

잠자리에서 휴대폰, 컴퓨터, 텔레비전 같은 전자기기를 사용하는 것이 왜 건강한 수면 패턴에 그토록 해로울까? 다음과 같은 몇 가지 이유가 있다. 명백한 원인부터 짚어 보자.

휴대폰은 한밤중에 깨게 만든다. 일정, 문자, 전화, 이메일 알림은 화면을 꺼도 멈추지 않는다. 자기 전에 작은 양이라도 전자기기의 불빛에 노출되면 푹 자는 데 방해가 된다. 단파가 생체 리듬 혹은 수면과 기상 패턴을 조절하는 호르몬인 멜라토닌의 자연스러운 분비를 방해하기 때문이다. 자기 직전에 전자기기를 사용하면 생리학적으로나 심리적으로나 각성된다. 플린더스대학의 마이클 그레디서는 연구 결과, 영화 같은 쌍방향이 아닌 미디어와 달리 비디오 게임과 소셜 미디어 같은 쌍방향 미디어는 뇌를 활성화시킨다는 사실을 발견했다.[4] 또한 그는 수면과 전자기기들의 관계에 관한 36편의 논문을 분석하여 잠자리에서의 미디어 사용과 수면 시작 지연 및 수면 시간 단축 사이에 확실한 관계가 있다는 점을 보여 주었다.[5]

주목해야 할 또 다른 상황은 처방약 사용의 증가다. 메이오 클리닉의 연구 결과, 미국인 10명 중 7명이 처방약을 복용하며 미국인 환자 5명 중 1명이 다섯 종류 이상의 약을 복용하는데 대개 그 약들에는 부작용이 있는 불면증 치료제가 포함되어 있다는 사실이 드러났다.[6]

수면을 방해하는 약이 있다는 사실은 퍼즐의 중요한 조각 중 하나다. 현재 복용하는 약만이 아니라 예전에 먹은 약이 수면을 방해할 수도 있다. 우울증 약에 수면 방해의 부작용이 있을 수 있다. 건강한 수면을 방해할 수 있는 약에는 심장약, 천식약, 항우울제, 니코틴 패치, ADHD 치료약, 갑상선 기능 저하증 치료약이 있다. 약국에서 처방전 없이 살 수 있는 진통제와 충혈 완화제도 불면증과 관련이 있는 것으로 알려져 왔다. 이 점이 왜 중요한가? 잠을 충분히 자지 못하면 우리 몸과 뇌, 감정이 영향을 받아 다음과 같은 경험을 하게 된다.

- 뇌의 전반적인 활동이 떨어져서 학습, 기억력, 집중력, 생산성이 영향

을 받는다.

- 술에 취해 운전하는 것처럼 운전 능력과 반응 속도가 떨어진다.
- 심장 기능이 약해진다.
- 관절과 근육 손상의 회복력이 떨어진다.
- 식욕을 통제하는 호르몬 분비가 줄어들어 비만 위험이 높아진다.
- 치매 환자들에게서 나타나는 인지와 행동 문제들이 나타날 수 있다. [7]

나아가 수면 부족이 우울증, 심지어 자살 충동을 일으킬 수 있다는 연구 결과가 계속해서 나오고 있기 때문에 충분한 수면이 우울증 치료에서 차지하는 역할을 더 이상 과소평가해서는 안 된다.

악순환

수면 장애를 겪어 본 적이 있다면, 혹은 지금 겪고 있다면 그것이 얼마나 힘든지를 잘 알 것이다. 그리고 물론 당신만 그런 것이 아니다. 우울증 환자들에게 잠에 관해 물어보면 거의 백이면 백, 망가진 수면 패턴에 관한 이야기를 들을 수 있다.

- 우울증 환자 4명 중 3명이 불면증에 시달리고, 15퍼센트는 주간 졸림 (낮에 과도하게 졸린 증상, 이는 불면증과 별개로 혹은 불면증과 함께 나타날 수 있다) 증상을 보인다.
- 심각한 우울증 환자의 거의 90퍼센트는 새벽 불면증에 시달린다.

- 불면증에 시달리는 사람들은 나중에 우울증에 걸릴 위험이 다른 사람들보다 더 높다.[8]

프롤로그에서 밝혔듯이 나는 우울증에 걸렸던 적이 있다. 당시 단잠을 잔 날은 손에 꼽을 정도였다. 밤에 걱정스러운 생각을 하거나 침대맡 시계의 숫자를 보면서 몇 시간씩 깨어 있던 기억이 난다. 남용하던 약물의 힘으로 잠이 들어도 낮에는 어지러워서 제대로 생활을 하기가 힘들었다. 그 일로 단잠의 힘을 절실히 깨달은 나는 몇 년 뒤 '세레니티'라는 프리미엄 매트리스와 '엣 이지 피엠'이라는 수면 유도제 개발에 동참했다.

왜 우울증 환자 중에 수면 장애에 시달리는 사람이 그토록 많은 것인가? 우울증 환자들을 대상으로 한 수면 연구 결과, 우울증이 사람의 수면 패턴을 변화시킨다는 사실이 드러났다. 우울증에 걸린 사람들은 수면 사이클이 바뀌어, 렘수면에 빨리 들어가고 수면의 3과 4단계에 머무는 시간은 줄어든다.[9] 수면의 3과 4단계(델타파 혹은 서파와 관련된 단계들)은 감정적 육체적 건강에 극도로 중요하기 때문에 흔히 '우선적인 잠'으로 불린다. 수면 전문가인 메리 오브리엔 박사는 이 두 단계의 중요함을 다음과 같이 설명한다.

우리 몸의 많은 회복 과정이 서파 수면 중에 이루어진다. 근육과 뼈, 관절의 다양한 손상과 미세 손상이 치유된다. 피부와 다양한 결합 조직들이 주로 수면 3단계에 재생산되거나 복구된다. 4단계에는 뇌하수체 전엽이 정상적인 근육 질량, 강도, 지구력, 정력을 유지시켜 주는 성장 호르몬의

하루 총생산량 중 70-80퍼센트를 생산한다. 성장 호르몬이 적정 수치를 유지하지 않으면 지푸라기가 된 것처럼 기운이 없어진다.

기억과 학습에 중요한 아세틸콜린, 집중하고 정신을 바짝 차리는 데 꼭 필요한 도파민, 행복에 중요한 세로토닌과 노르에피네프린을 비롯한 많은 신경 전달 물질이 4단계 수면 중에 생산된다. 그러니 잠을 충분히 자지 못하면 기분이 몹시 나빠질 수밖에 없다. 깊은 서파 수면을 충분히 하지 못하면 뇌가 호르몬과 신경 전달 물질을 충분히 생산할 수 없다.[10]

수면 패턴과 우울증의 연관성을 보여 주는 사례가 워낙 많기 때문에 우리는 대부분의 내담자에게 수면 검사를 해서 수면의 질이 얼마나 나빠졌는지를 확인한다. 그런데 환자들의 수면 장애가 우울증의 결과인지 원인인지를 판단하기란 쉽지 않다. 이것은 닭이 먼저냐 달걀이 먼저냐 하는 문제와 같다. 우울증이 수면 장애를 일으키는 것인가? 수면 부족이 우울증을 일으키는 것인가?

답은 "둘 다"다. 하지만 나는 수면 장애와 우울증 중 무엇이 문제인지는 전혀 중요하지 않다는 결론을 내렸다. 무엇이 원인이든 악순환이 시작된다. 중요한 것은 수면의 질을 개선하는 것이다. 그렇게 하면 우울증도 좋아진다.

수면 부족 다루기

우울증과 수면 장애는 분명 서로 관련이 있다. 하지만 바로 이 관계속에 치유의 희망이 있다. 우울증 환자의 수면 질을 개선하면 우울증 증상을 완화할 수 있다.

수면 장애와 우울증을 함께 다루어야 하는 이유에 대해 수많은 연구가 뒷받침한다. 예를 들어, 호주 찰스게이드너병원 수면 클리닉은 우울증 환자들을 연구한 결과, 우울증의 정도가 수면무호흡증의 정도와 직접적인 관련이 있다는 결론을 내렸다. 이 연구에서 CPAP 치료를 통해 수면무호흡증을 완화하자 우울증 증세도 완화되었다.[11]

545명의 환자들에 대해 무작위 대조 실험을 한 연구도 있었다. 한 그룹의 환자들에게는 (우울증을 위한) 프로작과 (수면을 위한) 루네스타(Lunesta)를 주었고, 다른 그룹의 환자들에게는 프로작과 플라세보를 주었다. 실험 결과, 프로작과 루네스타를 받은 그룹에서 프로작만 받은 그룹보다 더 큰 수면 개선만이 아니라 우울증 개선이 나타났다.[12]

위의 연구들에서 CPAP 치료와 약물로 수면 장애를 치료했을 때 우울증 개선 효과가 나타났다. 이보다 더 주목해야 할 것은 행동 변화를 통해 수면 장애를 치료한 연구들이다. 두 연구가 생각난다. 스탠퍼드대학 메디컬 센터의 레이첼 만버가 진행한 첫 번째 연구 결과, (생각과 상황에 대한 반응을 바꾸는 데 초점을 맞춘) 인지 행동 치료로 수면 장애를 다루었을 때 우울증 치료 성공률이 거의 두 배로 높았다.[13] 다른 연구도 비슷한 결과를 보여 준다. 대화 치료로 수면 장애를 치료하자 치료된 사람들의 87퍼센트가 "우울증 증상이 사라지는 경험을 했다." 이는 계속 불면증에 시달린 환자들의 치료 성공률의 거의 두 배에 달하는 수치다.[14]

자연적인 접근법

우리 센터는 우울증 치료에 약물보다는 자연적인 접근법을 선호한다. 의사들이 수면을 돕기 위한 약의 사용을 무조건 반대하는 것은 아니지만, 환자들이 소미넥스(Sominex)나 타이레놀 PM처럼 처방전 없이 살 수 있는 수면제에 심리적으로 의존하게 될 가능성이 있다. 또한 루네스타(Lunesta)와 앰비엔(Ambien) 같은 처방 수면제에는 중독성이 있다.

이것이 내가 환자들에게 수면의 질 개선 효과가 증명된 단순하고도 자연적인 방법을 주로 추천하는 이유다. 이런 방법은 '수면 위생'의 일부다. 수면 위생은 숙면에 도움이 되는 행동들을 지칭하는 용어다.

수면의 질을 높이는 데 도움이 되는 11가지 행동 목록을 소개하고 싶다. 읽어 보면 알겠지만 여기에는 밤에 해야 하는 행동만 포함되어 있지 않다. 이것은 숙면이 취침 한두 시간 전에 시작되는 것이 아니라 하루 중의 많은 선택과 습관, 행동으로 결정된다. 깨어 있는 시간에 수면의 질을 크게 높이기 위해 할 수 있는 일이 많이 있다.

낮에는 다음과 같은 일을 하라. 첫째, 자연광을 쐬라. 햇빛을 쐬면 건강한 수면 사이클을 유지하는 데 도움이 된다. 어둠과 빛에 노출되는 횟수와 간격에 따라 우리 몸은 생체 리듬 혹은 생체 시계를 결정한다. 낮에 자연광을 쐬는 것은 야외활동을 좀처럼 하지 않는 사람들에게 특히 더 중요하다.

둘째, 낮 시간에 운동하라. 단 10분이라도 유산소 운동을 하면 수면의 질이 크게 좋아질 수 있다. 격한 운동은 엔도르핀을 분비시켜 졸기 힘들게 만들기 때문에 매일 서너 시 전에 운동을 할 것을 권한다.

셋째, 짧은 낮잠을 자라. 밤에 수면을 방해한다는 이유로 낮잠을 경계하는 전문가들도 있지만 나는 환자들에게 최대한 틈을 내서 낮잠을 자라고 권한다. 낮잠이 간밤에 잠을 설친 것을 완벽히 보충해 줄 수는 없지만 그래도 도움이 된다. 단, 낮잠은 30분을 넘지 않는 것이 좋다. 그래야 밤잠을 망치지 않는다.

넷째, 현재 복용하고 있는 약들을 검토하라. 복용 중인 약 때문에 수면의 질이 떨어졌다는 의심이 든다면 의사나 약사에게 문의하라. 약 자체 혹은 복용량이나 복용 시간을 바꿔야 할 필요성이 있을 수도 있다.

밤에는 다음과 같은 일을 하라. 첫째, 취침 전에 먹는 것을 조심하라. 기름기가 많거나 짜고 매운 음식이 밤잠을 설치게 만든다는 것은 잘 알려진 사실이다. 오렌지 종류의 과일과 탄산음료는 속을 더부룩하게 할 수 있고, 취침 직전에 술을 너무 많이 마시면 몸이 알코올을 처리하느라 잠을 망칠 수 있다. 잠자리에 들기 전에는 뭐든 가볍게 먹고 마시라.

둘째, 취침 직전에는 자극을 피하라. 커피가 몸을 흥분시킨다는 것은 다 알지만, 소다와 차에도 카페인이 포함되어 있다는 사실은 모르는 사람이 많다. 니코틴과 운동도 우리의 몸을 흥분시켜 빨리 잠드는 것을 방해할 수 있다. 감정적으로 격한 대화와 활동, 전자장치 사용도 삼가야 한다. 이번 장의 앞에서 말했듯이 문자 같은 간단한 활동도 잠자기 직전에 하면 불빛과 자극으로 인해 잠의 질이 떨어질 수 있다.

셋째, 잠자기 전에 긴장을 풀어 주는 행동을 규칙적으로 하라. 저녁마다 특정한 행동을 규칙적으로 하면 몸이 잠잘 시간을 인식하는 데 도움이 된다. 예를 들어, 따뜻한 물로 목욕을 하고 책을 읽고 잔잔한 음악을 들으면 좋다. 매일 같은 시간에 자고 일어나는 것도 중요하다. 자고 일어나는 시간의 차이가 매일 30분을 넘지 않는 것이 이상적이다. 해야 할 일의 목록을 짜는 것도 도움이 된다. 베일러대학의 심리학자들은 미래 지향적인 생각들을 적는 것이 숙면에 도움이 되는지를 확인하고자 했다. 그들은 57명의 성인들을 대상으로 실험을 했는데, 절반에게는 잠자기 5분 전에 지난 며칠 동안 이룬 일들을 적게 했다. 나머지 절반은 잠자기 5분 동안 이후 며칠 동안 해야 할 일들을 적었다.

해야 할 일들을 적은 사람들은 이미 이룬 일들을 적은 사람들보다 평균 9분 일찍 잠이 들었다. 베일러대학 심리학 및 신경과학 부교수인 마이클 스컬린은 이렇게 말했다. "잘 기억하기 힘든 일들을 모두 머릿속에 정리하고 나면 안도감이 찾아오는 것으로 보인다."[15]

넷째, 편안한 환경을 조성하라. 밤이 깊어갈수록 잠을 위해 평안한 환경을 조성하라. 편안한 매트리스를 사고 침실을 서늘하게(15-16도) 유지하면 좋다. 귀마개와 백색 소음 제거기, 가습기, 선풍기도 준비하면 좋다. 애완동물 때문에 밤에 깨곤 한다면 애완동물은 침실 밖에 두도록 한다.

다섯째, 침대 위에서 텔레비전을 보거나 공부나 독서를 하지 말라. 이런 활동을 하면 뇌가 침대를, 깨어 있는 상태와 연결한다. 우리가 매일 침대 위에서 똑같은 활동을 통해 긴장을 풀면 그 활동을 할 때 우리의 몸이 잠잘 시간임을 인식하는 것처럼, 침대 자체도 중요한 신호가 된다. 뇌가 침대를 잠과 연결 지으면, 잠 속으로 들어가는 과정이 훨씬 더 부드러워진다.

밤에는 다음과 같은 일을 하라. 침실을 최대한 어둡게 유지하라. 다시 말하지만 우리의 몸은 빛과 어둠에 노출되는 것으로 생체 시계를 '설정'한다. 조명과 휴대폰, 텔레비전, 디지털 시계에서 작은 빛만 나와도 생체 시계 설정이 방해를 받는다. 암막 커튼을 사용하면 좋다.

침대 위에서 5-10분 이상 깨어 있지 말라. 누구나 한밤중에 깨어서 잠이 오지 않을 때가 있다. 온갖 생각이 들어서 그런 경우도 있고, 잠이 오지 않을까 하는 걱정이 잠을 방해하기도 한다. 그런가 하면 전혀 알 수 없는 이유로 정신이 말똥한 경우도 있다. 뇌가 침대를 잠과 연결하도록 훈련시키는 것이 중요하기 때문에 침대에서 몇 시간씩 깨어 있는 것은 좋지 않다. 5-10분 안에 잠을 이룰 수 없을 때는 졸릴 때까지 어둠 속에서 의자에 앉아 있다가 다시 침대에 눕는 편이 좋다. 무엇을 하든 휴대폰을 집거나 텔레비전을 켜지는 말라. 빛은 생체 시계를 교란시키고 뇌를 자극한다.

위의 사항들을 프린트해서 틈틈이 읽으면 수면의 질을 개선하는 데 도움이 될 것이다. 실수로 한두 가지를 빼먹어서 밤잠을 설쳤다고 해도 낙심하지 말라. 다음날부터 다시 하면 된다. 이런 추천 사항들을 오랫동안 실천하면 숙면과 감정적인 건강에 좋은 습관을 기를 수 있다.

수면의 질을 향상시키기 위한 계획

수면이 우울증에 미치는 영향에 대한 이번 글을 읽고 용기를 얻었기를 바란다. 수면의 질을 개선하기 위해 우리가 할 수 있는 일이 많이 있다. 다음과 같은 방법으로 수면의 질을 개선하기 시작하라. 첫째, 2주 동안 수면 상황을 기록하라. 몇 시에 잠자리에 들고 몇 시에 기상했는지,

밤에 수면 방해를(몇 번이나, 그리고 얼마나 오래) 경험했는지를 기록하라. 낮에 컨디션이 어떠했는지도 잘 살피라. 수면의 질과 몸의 컨디션에 어떤 관계가 있는지 눈여겨보라.

둘째, 침실의 빛들을 조사하라. 모든 광원을 찾으라. 디지털시계 같은 분명한 광원들은 금방 찾을 수 있을 것이다. 그런 광원들을 확인한 다음에는 멀티탭의 스위치, 화재 경보 장치, 통로 등 침실 창문 밖의 가로등처럼 간과하기 쉬운 광원들을 확인하라. 빛을 최대한 제거하라. 휴대폰을 침실까지 가지고 갔다면 이제부터는 그 불빛이나 진동에 방해받지 않도록 다른 방에 두라.

셋째, 긴장을 풀어 주는 행동을 규칙적으로 하라. 잠자리에 들기 30분 전에는 하루를 마감하는 준비를 하라. 밤에 긴장을 풀어 주는 행동 서너 가지를 정해서 해 보라. 잊어버리지 않도록 적어 놓고, 수시로 볼 수 있는 곳에 그 목록을 붙여 놓으라.

넷째, 수면 개선을 위한 행동들에 대해 고민해 보라. 당신이 지금 하고 있지 않은 행동들 중 하나를 골라 다음 주에 시도해 보라. 그런 다음에는 또 다른 행동을 시도하라.

다섯째, 서로 격려하고 채찍질해 줄 동반자를 찾으라. 수면 개선을 위해 도와줄 동반자를 찾으라. 이번 장의 내용과 당신의 개인적인 행동 계획에 대해 배우자나 다른 가족, 룸메이트, 친구와 의논하라. 서로가 더 좋은 수면 습관을 위해 조금씩 나아가도록 격려하기로 약속하라. 수면 개선을 위한 당신의 동반자가 꼭 우울증을 겪고 있지 않더라도 잠을 더 잘 자면 삶의 질이 크게 높아질 것이며, 더 좋은 수면으로 가는 길에서 서로 격려하는 관계는 서로에게 큰 도움이 될 것이다.

Chapter 3

디지털 중독과 우울증

끝없는 속도의 욕망과 활동의 굶주림을 멈추라

아인슈타인은 "첨단 기술이 인간적 상호작용을 완전히 대체할 날이 올까봐 두렵다. 그날은 곧 바보 세대의 시작일 것이다"라는 말을 했다. 위대한 과학자 아인슈타인이 실제로 이런 말을 했다는 증거는 없지만, 어쨌든 인터넷에 이런 말이 떠돌고 있다.

이 말을 아인슈타인이 했든 하지 않았든, 이 말은 시사하는 바가 크다. 특히 이 말에서 우리는 첨단 기술이 우울증에 미치는 영향에 관해 고민할 때 관심을 기울여야 할 두 가지 사실을 발견할 수 있다.

첫 번째 사실은 새로운 기술을 불신하고 심지어 두려워하는 인간 성향이다. 사람들은 멸망이 임박했다는 거짓 주장에 혹하는 경향이 있다. 이것은 전혀 새로운 현상이 아니다. 소크라테스는 (우리가 전혀 첨단 기술로 여기지 않는) 글쓰기가 "건망증을 낳고" "가짜 진리만" 남게 만들 것이라고 말했다. 천 년 뒤, 철학자 고트프리트 빌헬름 폰 라이프니츠는 "무서운 속도로 늘어나는 책들이 인류를 미개한 상태로 회귀시킬지" 모른다며 인쇄된 책들을 우려의 눈빛으로 바라보았다.

좀 더 현대로 와서, 19세기 초에는 많은 사람들이 기차를 위험한 기계로 여겼다. 그것은 인간의 몸이 시속 50킬로미터를 견디도록 만들어지지 않았다고 믿었기 때문이다. 이런 예를 들자면 끝이 없다. 전신과 전화, 텔레비전도 처음에는 두려움에 빠진 대중에게 외면을 당했다. 지금 생각하면 우습지만, 이제 우리도 인터넷과 스마트폰을 똑같은 두려움으로 바라보고 있다.

오해하지는 말라. 이전과 완전히 다른 방식을 도입한 결과들, 특히 의도하지 않은 결과들을 철저히 따져보는 것은 좋은 일이다. 어떤 상황이 펼쳐질지 알아야 하기 때문이다. 하지만 무조건 두려움에 떠는 것은 옳지 않다. 사실, 전자기기 자체는 대개 좋지도 나쁘지도 않다. 전자기기를 좋거나 나쁘게 만드는 것은 바로 그것을 사용하는 인간의 몫이다.

여기서 우리가 관심을 기울여야 할 두 번째 사실이 나타난다. 우리는 전자기기를 지혜롭게 사용해야 한다. 왜냐하면 전자기기가 늘 우리의 친구가 아니기 때문이다. 불은 우리가 어떻게 사용하느냐에 따라 음식을 맛깔스럽게 만들기도 하고 집을 태우기도 한다. 따지고 보면 이것은 좋은 소식이다. 전자기기가 해로울지 유익할지가 전적으로 우리에게 달려 있으니 말이다. 그래서 희망이 보인다. 또한 이 사실은 우리의 전자기기 사용이 어떻게 우울증을 악화시키는지에 관한 논의를 시작하기에 좋은 출발점이다.

우리가 아는 것

솔직히 전자기기 사용과 우울증의 연관성에 관한 연구는 보통 힘든 일이 아니다. 사실, 새로운 뭔가를 연구할 때는 힘들 수밖에 없다. 예를 들어, 요즘 유행하는 소셜 미디어는 세상에 나온 지 불과 20년밖에 되지 않았다. 스크린 과용의 폐해라는 것은 매우 주관적이어서 판단하기가 쉽지 않다. 무엇이 옳은 질문인지를 아직 파악하지 못한 상황에서 확실한 답을 얻기란 힘들다.

그럼에도 과도한 온라인 활동이 어린이의 정신 건강에 미치는 악영향을 보여 주는 연구 결과가 많이 나와 있다. 악영향에는 자살 충동, 우울증, 불안증 등이 있다. 피츠버그 의학대학의 한 연구는 "소셜 미디어를 통해 극도로 이상화된 또래들을 보면 남들이 더 행복하고 성공적인 삶을 살고 있다는 왜곡된 생각과 부러움에 빠진다"라는 결론을 내렸다. 그 연구가들에 따르면 이런 생각과 감정은 우울증을 유발할 수 있다.[1]

여기에서도 닭이 먼저냐 달걀이 먼저냐 하는 딜레마를 볼 수 있다. ADHD, 경계성 인격 장애, 불안증 같은 감정적 장애와 인터넷 사용 사이의 관계를 보여 주는 연구 결과가 많지만, 무엇이 먼저인지는 속 시원하게 분석하지 못하는 경우가 많다. 다시 말해, 인터넷 사용이 정신적 문제를 일으키고 악화시키는 것인가? 아니면 정신적 문제가 인터넷을 과도하게 사용하도록 만드는 것인가? 이런 질문은 여전히 미해결로 남아있다.

하지만 나는 수십 년 동안 수많은 환자들을 치료하면서 전자기기의 과용이 우울증 악화에 직접적인 영향을 미친다는 사실을 확인했다. 이것이 내가 전자기기의 과용 여부를 전인적 치료의 중요한 부분으로 다루어 온 이유다. 더 센터는 처음 찾아온 환자에게 스크린이 달린 모든 전자기기를 한동안 사용하지 말라고 요청한다. 이유는 간단하다. 정신이 흐트러지는 것을 막기 위해서다. 우리는 환자들이 회복 과정에 최대한 집중하기를 원한다. 그래서 우리는 최소 72시간 동안 환자들의 전자기기를 사무실에 안전하게 보관하고, 특별한 경우에는 환자가 클리닉에 머무는 내내 그렇게 한다.

그렇게 하면 대개 바로 다음날부터 금단 현상이 나타나기 시작한다.

사람들이 짜증을 내고 불안해한다. 손바닥에서 땀이 나고 심장 박동수가 빨라지기도 한다. 마약이나 술의 금단 현상처럼 전자기기를 통한 연결이 끊어지면서 몸이 그것에 반응한다. 그것을 보면 전자기기의 과용이 우리의 삶에 실질적인 영향을 미치고 있는 것이 분명하다.

여기서 우리가 관심을 기울어야 할 것은 바로 '과용'이란 단어와 그 단어에 대한 우리의 정의다. 앞서 말했듯이 전자기기 자체는 해롭지도 유익하지도 않다. 우리의 경험을 결정하는 것은 전자기기 사용에 관한 우리의 선택이다.

숨은 문제들

시급한 것은 디지털 중독과 우울증 중 무엇이 먼저인지를 판단하는 것이 아니다. 중요한 것은, 전자기기 과용이 우울증을 악화시킬 수 있다는 사실이다. 어떻게 해서 그럴 수 있는지를 살펴보자.

중독

먼저, 좋은 소식을 소개한다. 미국 내에서 청소년들의 마약과 술, 담배 사용은 1990년대 이후로 꾸준히 줄고 있다. 나쁜 소식은 무엇인가? 연구자들은 그 원인 중 하나가 아이들이 마약과 술, 담배를 점점 다른 '마약'으로 대체하는 것이라고 추정한다. 한 전문가는 스마트폰이 밀레니얼 세대의 "디지털 헤로인"이라는 말까지 했다.[2] 전혀 근거 없는 말은 아니다. 예를 들어, 연구에 따르면 뇌는 소셜 미디어의 긍정적인 피드백에 대해 아편에 반응할 때와 비슷한 반응을 한다.

미국에서 행해진 조사들에 따르면, 인구의 약 8퍼센트가 인터넷에 중독되어 있다. 지역에 따라 그 수치가 훨씬 높기도 하다. 한국의 정부는 자국 10대들의 10퍼센트가 심각한 인터넷 중독에 빠져 있는 것으로 추정하고서 인터넷 중독을 심각한 질병으로 선포했다. 그로 인해 한 달동안 기숙하는 재활 캠프가 성행하고 있다. 개중에는 한 해에 5천 명 가까운 아이들을 치료하는 캠프들도 있다.[3] 전 세계적으로는 4억 2천만 명에 달하는 인터넷 중독자들이 있는 것으로 추정된다.[4] 이렇듯 인터넷 중독은 나이와 인종, 성, 사회경제적 계급, 국경을 초월한 문제이며, 상황은 점점 더 악화되고 있다.

어떤 중독이든 그 중심에는 충동 조절 장애가 있다. 이것은 부정적인 결과를 낳을 수 있는 것을 거부하는 능력이 부족한 상태다. 우울증에 시달리는 사람에게는 이것이 보통 큰 문제가 아니다. 우울증에 대한 흔한 반응은 '기분을 좋게' 해 주는 것들을 찾는 것이다. 손가락 하나로 누릴 수 있는 인터넷 세상에는 그런 것들이 수없이 많다. 클릭 한 번이면 충동적인 쇼핑이나 포르노, 도박, 쓸모없는 '서핑', 엔터테인먼트, 뉴스를 탐닉할 수 있다. 이것들은 잠시 행복감을 주지만 말 그대로 잠시뿐이다. 잠시의 흥분감이 사라지면 더 많은 것을 원하면서 중독의 사이클이 시작된다.

물론, 여느 중독과 마찬가지로 행복감의 강도는 점점 줄어들고 잠시의 행복감이 지나간 뒤에 찾아오는 절망감과 자신이 무가치하다는 기분(우울증 증세들)은 점점 강해진다. 따라서 우울증 회복을 위해서는 자신의 인터넷 사용을 점검하고, 혹시 중독되었을 경우에는 치료해야 한다.

고립

사실상 모든 인터넷 활동에서 볼 수 있는 특징 가운데 하나는 바로 '혼자서' 하는 것이라는 점이다. 물론 온라인상에서 다른 사람들과 메시지나 채팅, 게임을 하기는 하지만 대개 물리적으로는 혼자다. 이런 고립은 많은 피해를 낳지만, 우울증 환자들에게 특히 두 가지 부정적인 영향을 미친다.

첫째, 전자 미디어를 통해서만 타인과 상호작용하면 커뮤니케이션에서 중요한 비언어적 신호들이 대부분 걸러진다. 연구가들은 모든 커뮤니케이션의 65-85퍼센트가 눈 접촉, 얼굴 표정, 손동작, 몸의 자세 등을 통해 이루어진다고 추정한다. 우리는 말을 신중하게 선택하고, 심지어 전혀 사실이 아닌 말도 사용한다. 하지만 무의식적인 신호는 조작하기가 거의 불가능하다.

다시 말해, 우리의 몸짓은 대부분 진실을 담고 있다. 상대방이 실제로 어떤 생각을 하고 어떤 사람인지를 알려면 개인적인 접촉이 필요하다. 인터넷은 상대방과 친밀한 것 같은 착각을 불러일으키지만, 어디까지나 착각일 뿐이다. 전자기기를 통한 진정한 연결은 불가능하다. 온라인 관계들은 정상적인 발전 과정을 건너뛰어 '즉석 친밀감'을 만들어 내는데, 이 느낌은 진정한 친밀함이 아니다.

이런 이유로 우울증 환자들이 대부분의 관계 혹은 모든 관계를 온라인을 통해서만 맺게 되면 매우 위험하다. 스스로를 무가치하게 여기는 사람들은 간결한 문자 메시지나 SNS 댓글을 화살로 해석하여 상처를 받을 수 있다. 얼굴을 대면한 자리에서 따스한 비언어적 신호와 함께 들으면 전혀 기분 나쁘지 않을 말도 온라인상에서는 상처를 주는 말이 될 수 있다. 아울러 온라인상에서는 우울증 환자가 자신의 비언어적인 신호들을 숨겨, 가까운 사람들이 자신의 심각한 상태를 모르게 만들 수 있다.

둘째, 고립은 '거짓 모습'을 만들어 내게 한다. 즉 사이버 공간에서 우리는 자신의 진짜 모습과 전혀 닮지 않은 가상의 정체성을 형성할 수 있다. 이런 다른 자아를 통해 얼굴을 맞댄 관계에서는 감히 하지 못했던 공격적인 말이나 노골적인 성적 발언 같은 극단적인 행동을 할 수 있게 된다. 또한 이런 거짓 모습을 통해 자신이 실제 삶 속에서는 우울증에 빠져 괴로워하고 있다는 사실을 감쪽같이 숨길 수 있다.

우울증 치료에서 가장 필요한 것 중 하나는 자신의 삶을 있는 그대로 바라보며 현실 속의 해로운 요인들을 찾아내고 진짜 사람들의 도움을 받아들이는 것이다.

가상 세계에서의 갈등

사회적인 고립 속에서 나타나는 극단적인 행동은 쌍방향이다. 스스로 이런 행동을 하는 것도 유해하지만, 남들의 이런 행동에 노출되는 것도 마찬가지로 유해하다. 사이버 폭력을 흔히 10대들 사이에서만 나타나는 문제로 생각하지만 온라인상에서 누구에게나 일어날 수 있다. 퓨리서치 센터의 조사 결과, 미국 성인의 41퍼센트가 사이버 폭력을 당한 적이 있고, 그중 18퍼센트는 지속적인 스토킹이나 위협 같은 '심각한' 일을 겪은 적이 있다고 응답했다.[5] 사람은 얼굴을 대면하지 않은 관계에서는 쉽게 행동 규범을 벗어 던진다.

그렇지 않아도 건강하지 못한 자아상을 지닌 우울증 환자가 온라인 상에서 무자비한 비판과 비난을 받으면 무척 위험하다. 인터넷에서 너무 많은 시간을 보내면 우울증이 완화되기는커녕 더 악화되기 쉽다.

고요한 순간이 창조의 순간이다

인간이 전자기기에 끌리는 큰 이유 중 하나는 전자기기가 그 어떤 것보다도 더 강하게 뇌를 자극하고 활동하기 때문이다. 화면 속의 온갖 선정적인 이미지들과 빠른 깜박임, 흥분과 지속적인 움직임, 온갖 잡음은 뇌신경을 쉴 새 없이 자극한다. 전자기기를 과용하면 뇌와 감정을 만족시키기 위해 점점 더 많은 자극을 필요로 한다. 그래서 우리는 전자기기에 더 많은 시간을 투자하고 더 큰 강도를 추구한다.

그렇게 되면 뜻밖의 결과가 발생한다. 즉 고독과 쉼, 침묵을 불안해하게 된다. 현대 사회는 조용함과 사색의 가치를 잃어버렸다. 하지만 우리의 상상력이 나래를 펴는 것은 고요한 순간에서다. 우리가 영적 인도함에 귀를 기울이는 것은 고요한 묵상을 통해서다. 자신이 어떤 존재인지를 이해하게 되는 것은 차분한 반성을 통해서다.

전자기기들은 '속도에의 욕구'를 낳는 경우가 많다. 전자기기는 끊임없고 끝없는 활동을 향한 굶주림을 낳는다. 그렇게 되면 스스로 성장하고 남들의 성장을 도울 기회를 잃는다. 유명한 연구가이자 저자인 마이클 거리언 박사의 말에 전적으로 동감한다. "우리 삶의 속도가 빨라질수록 우리 자녀의 삶도 빨라진다. 현재 순간보다 더 중요한 것은 없다는 사실을 우리도 그들도 잊어버린다. 쉬는 법, 영적 고독을 찾는 법, 과거를 떨쳐내는 법, 야망을 잠재우는 법, 딸기의 맛과 장미의 향기, 뺨을 문지르는 손의 터치를 온전히 즐기는 법을 우리도 그들도 잊어버린다."[6]

가상 이웃과 비교하다

자고로 인간의 삶은 남들에게 뒤지지 않기 위한 생존 경쟁이다. 건강하지 못한 질투심이 인간의 삶을 지배하고 있다. 우리는 이웃들의 외적인 삶(직업, 자동차, 집, 공부 잘하는 아이들, 화려한 휴가)을 자신의 삶과 비교하며 그들이 우리보다 낫고 행복하다고 결론을 내린다. 우리는 태어나면서부터 비교하며 살아왔다. 회사들은 우리의 삶에서 부족한 부분들을 지적하며 자사의 제품을 사면 그 부분들을 채울 수 있다고 광고한다.

인터넷이 등장하기 전만해도 우리는 주로 자신을 피와 살로 된 진짜 사람들과 비교했다. 그들은 거리 건너편에 살거나 복도 건너편에서 일하는 사람들이었다. 적어도 그들이 잘나가는 모습만이 아니라 무너지는 모습도 볼 수 있었다. 그리고 그들의 숫자는 기껏해야 손에 꼽을 정도였다.

하지만 지금 우리는 자신을 수백만 명은 아니더라도 수천 명의 가상 이웃들과 비교한다. 그리고 그들이 보여 주는 것들, 이를테면 값비싼 애완동물, 친구들과의 행복한 저녁식사 자리, 이국적인 해변에서의 휴가, 아이들이 학교에서 상장을 받는 장면, 마라톤 대회에서 결승선을 통과하는 장면 등의 사진만을 볼 수 있다. 이런 사진의 대부분은 이름뿐인 '친구들'이라는 사람들이 게시한다. 이 모두는 그들의 진짜 모습과 진짜 삶에 관한 조작되고 왜곡된 관점을 낳는다. 여기에 왜곡된 거짓 광고들이 낳는 관점까지 더해지면 상황은 걷잡을 수 없어진다.

우울증 환자들은 그렇지 않아도 자신의 삶이 남들에 비해 하찮다고 생각하는 사람들이다. 인터넷은 그 생각이 옳다는 결정적인 '증거'를 제공한다.

유해한 내용

인터넷은 장밋빛 삶만 보여 줄 뿐 아니라 그에 못지않게 반대편의 극단적인 암울한 현실도 보여 준다. 인터넷에는 전쟁, 기근, 정치 다툼, 사회적 불평등, 환경 재해가 가득하다. 마치 뉴스 제작자, 블로거, 영화 제작자, 채팅 멤버들, 수백만의 댓글 부대들이 사이버 공간 전체를 단테의 《신곡: 지옥편》에서 지옥의 입구가 등장하는 한 장면처럼 바꾸기로 모두 공모한 것처럼 보일 정도다. 그 지옥의 입구에는 "여기로 들어가는 자들은 모든 희망을 버리라!"라는 무시무시한 문구가 새겨져 있다. 사이버 공간에서 시간을 보낼수록 세상이 시시각각 무너져 내리고 있다는 확신이 점점 강해진다.

나는 '디지털 왜곡'에 꾸준히 노출되면 정신 건강에 해롭고 우울증 증세가 악화된다고 믿는다. '디지털 왜곡'이 중요한 문제들에 대한 건강한 혹은 효과적인 정치 참여를 낳는 경우는 없다고 봐도 무방하다. '멸망의 포르노'라고 불리기도 하는 '디지털 왜곡'에 노출되면 무기력과 절망이 심해진다. 이것이 심각한 우울증에 시달리는 사람들에게 '디지털 왜곡'이 지독한 독소인 이유다. 그래서 디지털 수도꼭지를 잠그고 디지털 진창을 청소하는 것이 우울증 회복으로 가는 필수적인 단계 중 하나다.

시간 왜곡

심각한 우울증의 흔한 증상 중 하나는 일상적인 의무를 소홀히 하는 것이다. 지극히 간단한 일을 하는 데 필요한 의욕과 힘조차 끌어 모으기가 쉽지 않다. 여기에는 많은 원인이 있다. 예를 들어, 영양 부족, 운동 부족, 건강하지 못한 수면 습관, 혼란스러운 감정 등이 원인이다. 자주 간과되는 원인 중 하나는 바로 시간 누수다.

우울증 환자는 15분의 설거지 시간을 피하기 위해 8시간 동안 온갖 쓸데없는 것에 정신을 쏟는다. 그리고 인터넷은 시간을 보낼 것들의 보고다. 클릭 한 번이면 시간을 보낼 것들이 수백 개가 나타난다. 소셜 미디어는 포스트, 좋아요, 팔로우, 댓글들의 심연이다. 그래서 빠져들면 하루가 금새 가버린다. 그리고 그 시간 내내 가만히 의자에 앉아 있다. 앞서 말했던 이유들로 인해 우리는 절망의 늪에 점점 더 깊이 빠져든다. 따라서 잃은 시간을 되찾고 시간을 사용하는 방식을 개선하는 것이 우울증 회복으로 가는 중요한 단계다.

육체적인 정체

여러 차례 말했듯이 대부분의 전자기기는 혼자 사용한다. 이번에는 대부분의 전자기기가 가만히 앉아서 사용하는 것이라는 점에 대하여 생각해 보자. 비디오 게임을 하는 사람은 몇 시간 동안 거의 같은 자세를 유지한다. 온라인 서핑을 하는 사람은 키보드 앞에 웅크리고 앉아 끝없이 화면만 본다.

앉아서만 생활하는 습관이 건강에 미치는 위험은 잘 알려져 있다. 고혈압, 심장질환, 당뇨, 특정한 유형의 암들, 비만, 면역력 약화, 그리고 바로 '우울증'과 '불안증'이 발생할 수 있다. '임상 우울증을 위한 운동의 유익들'이란 제목의 연구에 따르면 "우울증 환자는 건강하지 못하다. 육체적 활동 능력이 나이에 따른 정상 수준의 80-90퍼센트로 떨어져 있어서 다른 건강 문제들도 발생할 수 있다."[7]

종합해 보면, 가만히 앉아서 하는 전자기기를 과도하게 사용하면 우울증의 근본적인 치유에 큰 걸림돌이 된다.

연결 중단 불안증 Disconnect Anxiety

앞서 내 환자들이 전자기기 사용을 중단한 후 일종의 금단 현상을 겪었다고 말했다. 이런 금단 현상은 포모(FOMO : Fear of Missing Out-중요한 것을 놓칠지 모른다는 두려움)의 분명한 증거다. 소셜 미디어나 뉴스피드처럼 정보가 실시간으로 끊임없이 업데이트되는 것들에 참여하면 잠시만 한눈을 팔아도 남들에게 뒤처질 위험이 있다. 더 중독적인 것은 자신이 게시한 것들에 대한 긍정적인 피드백을 받으려는 욕구다. 새로운 "좋아요" 하나를 받을 때마다 뇌에서 쾌감을 일으키는 신경 전달 물질인 도파민 분비가 촉진된다. 연결된 상태를 유지하는 것은 흥분된 상태를 유지하기 위해 마약을 복용하는 것과 비슷하다.

사이버 공간에 연결된 상태를 계속 유지하면 직장에서 맡은 일을 잘하거나 안전하게 운전하거나 친구 및 가족들과 어울리거나 중요한 프로젝트를 완성하는 것 같은 인생의 다른 중요한 것들에 관심을 제대로 쏟을 수 없다. 연구가들은 이런 상태를 '부분적 관심의 지속'이라고 부른다. 이 외에 '부분적 주의 산만의 지속'이란 용어도 사용된다. 저자이자 컨설턴트인 린다 스톤은 "네트워크의 살아 있는 마디가 되려는 욕구"라는 표현을 사용한다. 그녀의 말을 들어보자.

많은 것들이 그렇듯, 부분적 관심의 지속이 적당할 경우에는 도움이 될 수도 있다. 하지만 심하면 스트레스 가득한 삶, 늘 위기 관리만 하는 삶, 숙고하고 결정을 내리고 창의적으로 생각하는 능력의 약화로 이어질 수 있다. 24시간 내내 연결되어 있는 세상에서 부분적 관심의 지속이 우리의 주된 상태가 되면 무기력감, 과잉자극, 불만족에 빠질 수 있다. 지나친 연결 상태는 실질적인 연결을 불가능하게 만든다. 강력한 최신 전자기기들은 우리를 점점 더 큰 무기력으로 몰아가고 있다.[8]

위의 글에서 우울증의 가장 중요한 지표가 또 다시 등장했다. 바로, 무기력이다. 연결을 끊어야만 자신감과 행복감을 회복할 수 있다.

인터넷 사용 습관을 바꾸는 규칙

전자기기 자체를 두려워할 필요는 없다. 알다시피 전자기기들은 우리의 삶을 편하게 해 주는 좋은 도구이기 때문이다. 하지만 우울증을 치유하려면 전자기기들을 어떻게 사용하는지가 매우 중요하다. 균형을 찾으려는 노력이 반드시 필요하다. 인터넷 사용 습관을 바꾸는 것이 균형을 찾기 위한 중요한 단계 중 하나다.

다섯 가지 출발점을 소개한다. 첫째, 한두 주 동안 자신의 인터넷 사용량을 확인하기 위한 온라인 일지를 쓰라. 앱을 다운로드해도 좋고 타이머로 온라인 사용 시간을 확인해도 좋다. 한두 주 동안 매일의 인터넷 사용량을 확인하고 나면 자신이 인터넷을 사용하는 시간이 얼마나 되는지를 파악할 수 있다. 마음을 단단히 먹으라! 대부분의 사람은 자신이 인터넷을 하며 보내는 시간을 실제보다 훨씬 적게 생각한다. 알코올 중독자가 자신의 알코올 소비량을 실제보다 훨씬 적게 생각하는 것과 비슷하다. 이 활동은 죄책감을 느끼기 위한 것이 아니라 자신의 전자기기 사용에 관한 현실을 파악하기 위함이다.

둘째, 다른 첨단 기술 사용량도 파악하라. 현대인들의 인터넷 사용량이 워낙 많다보니 그 영역에 많은 연구가 집중된다. 하지만 인터넷은 수많은 첨단 기술 중 하나일 뿐이다. 자신이 텔레비전과 비디오 게임, 영화 등에 얼마나 많은 시간을 사용하는지도 확인해야 한다. 이번에도 마음을 단단히 먹으라! 이 시간을 인터넷 사용 시간과 합치면 충격적일 것이다.

셋째, 전자기기 다이어트를 하라. 주중 평균 전자기기 사용량을 확인했으니 이제 사용량을 줄이라. 처음에는 천천히 시작하라. 하루 사용량에서 30분을 줄이고 그 다음에는 1시간을 줄이는 식으로, 적정량에 이를 때까지 하라. 가장 효과적인 방법은 대체 요법이다. 즉 전자기기 사용을 유익한 다른 활동으로 대체하는 것이다. 친구와 산책하고, 헬스클럽에 가고, 가족과 보드게임을 하고, 독서를 하고, 정원을 가꾸고, 테니스나 그림, 플라잉 낚시 같은 새로운 취미를 기르면 좋다.

넷째, 주기적인 디지털 해독을 시행하라. 전자기기를 아예 사용하지 않는 기간을 주기적으로 가지라. 하루 종일, 주말 내내, 혹은 한 주 내내 전자기기를 금식하라. 이런 해독이 어렵다 못해 아예 불가능하게 느껴지는 사람들도 있을 것이다. 하지만 누구나 할 수 있다. 그리고 감정적인 건강을 얻으려면 무조건 해야 한다. 힘들고 불안한 시간을 예상하고 각오해야 한다. 앞서 말했듯이, 전자기기 사용을 끊으면 대개 마약을 끊었을 때와 비슷한 금단 현상을 겪는다. 해독 과정의 어려움을 알고서 시작하는 동시에 해독 후에 찾아올 자유를 기대하라.

다섯째, 소셜 미디어 활동을 줄이라. 페이스북이나 인스타그램 같은 사이트를 확인하는 것은 이틀에 한 번이면 족하다. 더 적어도 좋다. 친구와 가족들의 활동을 확인하는 것은 좋지만, 솔직히 포스트와 공지 몇 개를 놓친다고 해서 큰일이 나지는 않는다. 또한 온라인상에서 완벽한 모습을 과시하는 '친구들'을 경계하라. 시기심이나 열등감을 부추기는 포스트들을 굳이 볼 필요는 없다.

Chapter 4

스트레스와 우울증

삶의 무게를 견딜
자기만의 쉼을
모색하라

켈리(Kelley)에게 지난 20년의 삶을 묘사해 보라고 하면 그녀의 머릿속에 즉시 한 단어가 떠오를 것이다. "생존 모드." 20년 전 켈리는 남편과의 갈등 속에서 살아남기 위해 발버둥을 쳤다. 진흙탕 싸움 끝에야 겨우 갈라설 수 있었다. 이혼을 하고 나니 이번에는 홀로 세 아이를 키워야 하는 데서 오는 재정적인 스트레스가 찾아왔다.

전남편이 양육비 지급에 대해 2년간의 '휴가'를 요청하면서 켈리의 스트레스는 수직 상승했다. 결국 켈리는 변호사를 고용해 전남편을 상대로 소송을 벌였다. 법원은 그녀의 손을 들어주었다. 전남편이 몇 달간 밀린 것까지 포함해서 양육비를 지급해야 한다는 판결이 났다. 마침내 밀린 양육비를 받은 때는 켈리의 집 압류 진행을 불과 한 달도 남기지 않은 상태였다.

그런데 이번에는 10대 중반의 막내아들이 술의 유혹에 빠졌다. 그때부터 아들은 하루가 멀다 하고 사고를 쳤다. 덕분에 경찰서에 들락거리는 어두운 3년을 보냈다. 막내아들이 정신을 차리고 술을 끊었을 때 켈리는 수년 만에 처음으로 안도의 한숨을 내쉬었다.

마침내 켈리는 감사라는 단어를 떠올렸다. 삶이 드디어 정상화된 것처럼 보였다. 아이들은 다 잘 지냈다. 하루 벌어서 하루 살던 시절은 이제 지나갔다. 식은땀을 흘리며 눈을 떠서 또 하루를 어떻게 버틸지 고민하던 삶에서 처음으로 탈출했다. 생존 모드의 삶이 마침내 끝이 났다.

상황은 분명 180도로 좋아졌다. 켈리도 자신이 인생의 새로운 장에

접어든 사실을 부인할 수 없었다. 학대를 일삼던 전남편과 생활고, 사고 뭉치 자식까지 오랫동안 그의 삶을 둘러싼 위협과 위험이 마침내 와해되었다.

하지만 이상하게 미래를 낙관하는 마음이나 새로운 삶에 대한 열정이 솟아나지 않았다. 켈리는 인생의 새로운 계절을 기쁨으로 맞이하기보다는 주변 사람에게 담을 쌓았다. 그렇게 홀로 지내다보니 점점 부정적인 생각이 마음에 침범했다. 감정은 끝없는 슬픔의 심연으로 점점 빠져들었다.

스트레스 과학

장기적인 스트레스와 우울증이 깊이 연결되어 있다는 개념이 처음 등장한 것은 수십 년 전이다. 그때부터 장기적인 스트레스가 감정적 심리적 건강에 미치는 악영향을 보여 주는 연구가 수없이 이루어졌다. 하지만 굳이 의학 전문 잡지를 읽지 않아도 스트레스와 우울증의 관계를 충분히 이해할 수 있다. 필시 당신의 삶과 주변 사람들의 삶에서 이 역학을 본 적이 있을 것이다.

스트레스가 우울증을 일으키는 데 대해서 몇 가지 상식적인 이유들이 있다. 스트레스를 받으면 평소에 유지하던 건강한 습관들을 버리기 쉽다. 예를 들어, 재정적인 스트레스를 받으면 과로하고, 운동을 빼먹고, 걱정으로 잠을 제대로 자지 못하고, 늦은 밤 집으로 오는 차 안에서 인스턴트 식품을 먹게 될 수 있다. 운동과 잠, 영양식을 버리면 우울증을 막아 줄 가장 강력한 세 가지 방패를 버리는 셈이다. 아울러 스트레스를 줄일 가장 강력한 세 가지 대응전략을 버리는 셈이다.

또한 스트레스는 불건전한 습관에서 일시적인 위로를 찾게 만든다. 결국 그런 습관은 장기적으로 '더 많은' 스트레스를 낳는다. 술이나 음식, 과소비가 스트레스를 일시적으로 풀어 줄지 몰라도, 장기적으로는 삶을 더 복잡하게 만들어 오히려 스트레스를 가중시킨다.

스트레스가 좋은 습관을 버리고 나쁜 습관을 채택하게 만든다는 것 이외에도 또 다른 문제가 있다. 과학자들은 스트레스, 특히 켈리의 경우와 같은 만성적인 스트레스가 몸 안에서 우울증의 원인이 되는 작용을 일으킨다고 말한다. 그로 인해 스트레스나 트라우마가 발생한 지 몇 년이 지난 뒤에도 우울증이 발생할 수 있다. 과학자들은 이 작용을 이제 막 규명하기 시작했지만 지금까지 발견된 사실만으로도 많은 우울증 환자들의 고통이 줄어들 가능성의 문이 열리고 있다.

조지 슬레이비시와 마이클 어윈은 UCLA의 커즌스 심리신경면역학 센터 및 정신과학 생물행동과학 학부와 연계하여 다음과 같은 질문에 대한 답을 찾기 시작했다.

- 스트레스가 어떻게 몸 안에서 우울증을 낳는 생물학적 작용을 일으키는가?
- 우울증에 특정한 육체적 질병들이 자주 동반되는 이유는 무엇인가?
- 인생의 초기에 스트레스를 겪은 사람일수록 우울증 발병 위험이 더 높은 이유는 무엇인가?

슬레이비시와 어윈 박사는 스트레스와 우울증에 관한 450개 이상의 연구 자료를 분석한 결과, 다음과 같은 일이 벌어진다는 결론을 내렸다.

몸은 다른 위협들에 다르게 반응한다. 예를 들어, 육체적 손상이나 감염이 발생할 때 발생하는 국부 염증은 도움을 구하는 몸의 신호다. 피부나 조직이 상하면 그 부위로 오는 혈류를 증가시키고 병원체와 싸울 백혈구를 끌어들이는 화학 물질들이 분비된다. 다시 말해, 염증은 면역 체계의 작용을 돕는다.

하지만 지속적인 스트레스, 특히 관계적인 상실이나 거부에서 비롯한 스트레스는 적응 면역이라는 것을 촉발한다. 이는 지난 상처 부위의 염증을 증가시킬 뿐 아니라 몸 전체의 전신 염증을 증가시킨다. 바로 이것이 실로 심각한 문제점이다.

만성적 전신 염증은 "천식, 관절염, 당뇨, 비만, 죽상경화증, 특정 암들, 알츠하이머" 그리고 물론 우울증 같은 다양한 중증 질환들을 일으키는 것으로 알려져 왔다.[1]

라이스대학 교수들은 우울증에 관한 200개의 연구를 분석한 결과, 우울증과 염증이 서로 연결되어 있고 서로를 악화시킨다는 사실을 발견했다. 그 교수들의 말을 들어보자.

우울증이 염증을 촉진시키고 염증이 우울증을 촉진시키는 이 쌍방향 루프는 건강에 분명한 영향을 미친다. 염증이 증가하면 심혈관 질환, 당뇨병, 대사증후군, 류마티스 관절염, 천식, 다발성 경화증, 만성 통증, 건선을 비롯한 온갖 질병이 발생하며, 이 모든 질병은 우울증 위험을 높인다.[2]

나아가, 만성 염증에서 비롯한 우울증은 전통적인 치료법에 내성이
있다(단, 요가와 바이오피드백, 명상, 운동은 효과가 있다).

스트레스가 증가하고 있다

만성 스트레스, 전신 염증, 주요 우울증 사이의 관계는 전혀 좋은 소
식이 아니다. 특히, 미국심리학회(American Psychological Association, APA)에서 국가
전체의 건강 위기라는 표현을 쓸 정도로 우리가 받는 스트레스의 양이
많아진 이 시대에는 보통 심각한 소식이 아니다. 상황이 얼마나 심각한
지 미국심리학회의 노먼 앤더슨(Norman Anderson) 대표는 "미국이 스트레스
와 국민 건강에 관한 중요한 기로에 서 있다"라는 말을 했다.[3]

우리는 무엇으로 인해 스트레스를 받고 있는가? 돈과 일이 리스트의
최상단에 있다. 그 다음 요인은 가족에 대한 책임이다. 또한 스트레스
수준은 나이가 어릴수록 높아지는 것으로 보인다. 밀레니얼 세대가 평
균적으로 가장 높은 스트레스 수준을 보여 주고 있다(10명 중 6명).[4]

설상가상으로 스트레스를 풀어 준다는 컴퓨터, 스마트폰, 인터넷 같
은 첨단 기술들이 오히려 스트레스를 가중시킨다. 첨단 기술이 스트레
스를 가중시키는 이유에 관한 비즈니스 및 첨단 기술 전문가 버나드 마
의 말을 들어보자

데이터가 사방에 가득하다. 컴퓨터와 스마트폰처럼 네트워크에 연결된
기기들이 계속해서 알람을 울리고 불빛을 깜박이며 온갖 정보로 우리를

폭격하기 때문에 우리 뇌는 사방에서 유입되는 데이터를 처리해야만 한다. … 간단히 말해, 디지털 기술은 우리가 그것을 해독하기 위해 사용하는 뇌의 육체적 진화보다 훨씬 더 빠른 속도로 진화해 왔다. 우리 뇌는 점점 더 많아지는 데이터를 다 처리할 만한 능력이 없고, 이는 스트레스라는 뇌의 이상으로 이어진다.[5]

심지어 이메일 확인처럼 전혀 무해하게 보이는 것도 스트레스를 가중시킬 수 있다. 어바인 소재 캘리포니아대학의 연구가 글로리아 마크는 미군의 민간인 직원들에 관한 연구에서 이메일로 인한 스트레스에 관한 흥미로운 발견들을 했다. 마크는 실험 대상자들에게 심박수 측정기를 주고 5일간 이메일을 사용하지 않게 한 뒤에 어떤 일이 일어났는지 확인했다. 이메일 금식이 끝난 뒤에 실험 참가자들의 심박수 측정기를 확인했더니 스트레스가 감소한 것으로 드러났다. 실험 참가자들은 일터에서의 능률도 올랐다고 대답했다.[6]

그렇다면 이런 스트레스의 결과는 무엇인가? 연구들에 따르면 불안증, 우울증, 슬픔, 걱정, 짜증을 느낀다는 사람들의 숫자가 꾸준히 늘고 있다.[7] 이것이 좋은 소식은 아니지만 우울증 치료를 위한 좋은 출발점이 되어 줄 수는 있다. 이 사실은 스트레스(와 염증)를 잘 다루면 우울증을 완화시켜 기분을 좋게 변화시킬 수 있다는 희망을 준다.

통제할 수 있는 것을 통제하라

전문가 팀은 매주 내담자들을 만날 때마다 삶의 무게에 스트레스를 받는 것이 모든 우울증 환자들의 공통점이라는 점을 다시 상기시켜 준다. 하지만 모든 스트레스 요인을 제거할 수도 없고 제거할 필요도 없다. 적절한 스트레스는 뇌를 자극하여 생산성과 집중력을 높인다. 또한 약간의 스트레스는 변화를 이루거나 문제를 해결하거나 더 나은 인간이 되거나 삶을 개선하려는 의지를 일으킬 수 있다.

또한 많은 스트레스 요인이 우리가 통제할 수 없는 것들이다. 경기 변화, 다니던 회사의 파산, 사고, 질병, 심지어 가까운 사람들의 결정까지, 때로는 우리가 예측할 수 없거나 피할 수 없는 일이 일어난다. 그런데 통제할 수 있는 것을 변화시키고 관리하기 위해 노력하지 않고 통제할 수 없는 것에 대해서 불평만 하는 사람이 너무도 많다.

우리는 내담자들에게 통제할 수 있는 요인들에 집중하라고 조언한다. 당신도 마찬가지로 그런 요인들에 초점을 맞추어야 한다. 지금 바로 실천할 수 있는 일곱 가지 스트레스 관리 전략을 소개한다.

미루는 버릇을 버리라

이는 쉽지는 않지만 간단한 출발점이다. 누구나 해야 할 일을 미룰 때가 있지만, 미루는 것이 삶의 방식으로 굳어진 사람들도 있다. 가끔씩 미루는 사람이든 항상 미루는 사람이든 해야 할 일을 회피하고 미루면 스트레스를 받을 수밖에 없다. 물론 더 많이 미룰수록 더 많은 스트레스를 받는다. 우리는 충분히 해결할 수 있지만 당장 해결하기 싫어 미루어

둔 문제로 인해 불안을 경험할 때가 있다.

왜 우리는 미루는 것일까? 이런 행동에 관한 전문가 조셉 페라리 박사는 해야 할 일을 미루는 사람에는 세 가지 유형이 있다고 말한다.

- 스릴을 찾는 사람들: 마지막 순간까지 기다리는 데서 흥분을 느끼는 사람들이다.
- 회피하는 사람들: 비판이나 실패, 심지어 성공에 대한 압박 같은 불쾌한 상황을 피하기 위해 해야 할 일을 미루는 사람들이다.
- 결정을 미루는 사람들: 결과에 대한 책임을 지기가 두려워 결정을 잘 내리지 못하는 사람들이다.[8]

앞서 소개한 켈리의 경험에 대하여 생각해 보라. 켈리가 20년 동안 겪은 스트레스는 다양한 요인에서 비롯했다. 그녀가 통제할 수 있는 요인도 있었고 통제할 수 없는 요인도 있었다. 예를 들어, 자녀 양육비를 내지 못하겠다는 전남편의 결정은 통제할 수 없는 부분이었지만 언제 소송을 걸지는 스스로 통제할 수 있는 부분이었다. 켈리가 소송을 미룬 것은 갈등을 피하려는 마음에서 비롯했고, 결국 그것이 마음을 먹고 문제를 해결하기 전까지 스트레스를 가중시키는 요인이 되었다.

과중한 책임에서 벗어나기

우리가 대체로 통제할 수 있는 것 중 하나는 얼마나 많은 책임을 맡을지 결정하는 일이다. 물론 힘들어도 어쩔 수 없이 많은 책임을 맡아야 할 때가 있다. 하지만 그것이 삶으로 굳어져서, 책임이 주어지는 대로 다 받아들이고 나서 과로와 스트레스에 시달리게 되지 않도록 조심해야 한다.

과중한 책임을 맡지 않도록 최대한 관리하는 것은 쉽지 않지만, 그것은 스트레스를 줄이기 위해서 할 수 있는 가장 효과적인 일 가운데하나다.

스트레스를 오히려 가중시키는 일시적인 해소법을 피하라

스트레스를 받으면 과식이나 과소비, 술에 기대고 싶은 유혹이 들 수있다. 그렇게 하면 당장 기분이 좋아지기 때문이다. 하지만 이것들은 해로운 해소법이며, 이 외에도 예를 들자면 끝이 없다. 합법적인 약물과 불법 약물의 남용, 도박, 포르노, 외도는 잠시 스트레스를 잊게 해 줄지 모르지만 결국 더 큰 스트레스, 그래서 더 큰 우울증으로 이어질 뿐이다.

스트레스에서 벗어날 방법을 찾는 것이 나쁘다는 말은 아니다. 사실, 스트레스 요인으로부터 정신적으로 감정적으로 잠시 벗어나면 스트레스를 다루는 방법을 개선하거나 시각이 변할 수 있고, 심지어 장기적인 해법을 찾을 수도 있다. 하지만 스트레스에서 어떤 방식으로 벗어나느냐에 따라 스트레스 상황이 얼마나 오래 갈지 뿐 아니라 그 상황 속에서 얼마나 많은 손상을 입을지가 결정된다.

건강한 스트레스 해소법을 사용하라

건강하게 스트레스를 푸는 방법에는 무엇이 있을까? 뒷마당의 해먹에 누워 좋아하는 책을 읽는 것처럼 간단한 방법도 좋고, 하룻밤 여행을 떠나도 좋다. 1시간을 내어 평소에 해 보지 않은 것을 시도해 보는 것도 좋은 방법이다. 예를 들어, 동네에서 평소 잘 가지 않은 구역을 다니다가 처음 본 커피숍에 들어가 한 번도 마셔보지 않은 것을 주문해 보라.

집 뒷마당에서 캠핑을 해 보라. 하루 시간을 내어 근처 동물원이나 미술관에서 오후를 보내라. 당신이 사는 도시에서 한 번도 가본 적이 없는 명소에 가 보라. 자연 속에서 산책하는 것은 몸과 마음과 정신에 좋은 스트레스 해소법이다. 좋아하는 영화를 보면 간단하게 스트레스를 풀 수 있다. 영화가 끝난 뒤에 스트레스가 더 심해지는 부작용도 없다.

마지막으로, 스트레스를 받을 때 할 수 있는 (폭식같은 건강하지 못한 습관이 아닌) 건강한 습관을 찾으라. 내담자 중 한 명은 주방 한쪽에 미니 트램펄린을 설치했다. 그녀는 스트레스만 받으면 냉장고 앞으로 갔기 때문에 일부로 그 앞에 트램펄린을 두었다. 그녀는 스트레스를 받을 때마다 폭식하는 습관을 트램펄린을 하는 건강한 습관으로 바꾸기 위해 노력하고 있다.

우울증에 걸린 사람들은 대개 건강한 스트레스 해소법을 원하지 않는다. 더 많은 노력이 필요하거나 효과가 없어 보이기 때문이다. 하지만 의지를 끌어 모아 노력하라.

고립에서 벗어나라

스트레스를 받으면 혼자 있고 싶어진다. 모임에 가거나 누구를 초대하거나 퇴근 후에 친구를 만날 마음의 여력이 없다. 하지만 서로 돕는 관계가 스트레스를 줄여 주는 중요한 요인이라는 연구 결과가 계속해서 나오고 있다. 외로움은 우울증뿐 아니라 고혈압, 심혈관 질환, 암, 인지력 감소 같은 건강 문제와도 관련이 있다.

이런 이유로 종교를 갖는 것이 도움이 된다. 연구들에 따르면 종교 활동을 하면 불안과 스트레스가 줄어드는 경향이 있다. 신앙 공동체에 참여하는 사람들은 서로 통하는 사람들과 연결될 뿐 아니라 하나님과 더 깊이 연결되는 것을 경험한다.

우울증을 비롯한 감정적 장애를 지닌 사람들을 위한 온라인 공동체인 프로젝트 호프 앤 비욘드의 창립자 테레즈 보카드는 다음과 같이 말했다.

종교와 신앙은 행복과 건강의 중요한 요인인 사회적 지지를 제공한다. 정기적으로 교회에 가는 사람들은 공동체로부터 사회적 지지를 받을 뿐 아니라 남들에게 사회적 지지를 제공하며, 이타적인 활동은 건강을 증진시킨다. 신앙은 사건들에 의미를 더해 준다. 신앙은 사람들에게 희망을 주는데, 희망이야말로 궁극적인 스트레스 킬러다. 의사들은 희망이 자기 몸에게 해 줄 수 있는 가장 좋은 일이라고 말한다. 희망은 플라세보보다 낫다.[9]

생각을 바꿔 감정을 지키라

고통과 스트레스가 생각에서 비롯할 수도 있다. 부정적이거나 고통스러운 경험을 곱씹고, 용서하기를 거부하고, 인생을 부정적으로 바라보면 스트레스가 심해진다. 설상가상으로 만성 스트레스의 이런 근원은 눈으로 보고 확인할 수 있는 외적인 것이 아니기 때문에 찾아서 바꾸기가 쉽지 않다.

누구나 자신의 실수와 실패, 부족함, 불행한 경험에 관해 끊임없이 속삭이는 내적 목소리를 갖고 있다. 하지만 혹시 당신이 그 목소리를 켜거나 끌 스위치를 통제할 수 있다는 것을 아는가? 물론 오랫동안 그 목소리에 끌려 다녀서 통제권을 되찾으려면 꽤 많은 노력이 필요할 수도 있다. 하지만 당신은 할 수 있다. 내적 목소리에 가만히 당하고 있지만 말고, 당신의 뇌 속으로 흘러들어오는 부정적인 메시지의 흐름을 막으라. 그런 메시지를 긍정적인 선포로 대체하라. 단점을 인정하되 장점을 기억하라. 묵은 상처를 더 이상 곱씹지 말고 좋은 추억 쪽으로 생각을 향하라. 생각이 삶을 좌우한다는 사실을 알면 스트레스 극복을 향해 성큼 나아간 셈이다.

이런 실험을 해 보라. 오늘밤 잠자기 전에 하루 종일 당신 생각의 질이 어떠했는지 돌아보는 시간을 가져 보라. 당신의 생각이 대체로 긍정적이었는가? 부정적이었는가? 비판적이었는가? 그런 다음, 건강에 좋은 쪽으로 생각을 길들이기 위한 구체적인 방법들을 생각해 보라. 예를 들어 "내 생각을 바꿔 감정을 바꾸고 더 큰 희망을 얻을 것이다!"라는 말을 반복하라.

몸을 건강하게 돌보라

스트레스를 다루기 위해 할 수 있는 가장 좋은 일 가운데 하나는 몸을 건강하게 가꾸는 것이다. 올바른 식습관을 유지하고 잠을 충분히 자고 규칙적으로 운동을 하면 몸에 활력이 생기면서 스트레스와 불안감이 줄어든다.

예를 들어, 운동과 정신 건강 사이의 연관성을 파악하기 위해 1백만 명 이상을 추적한 대규모 연구가 진행된 적이 있었다. 몇 가지 육체적,

사회인구학적인 특징들에서 비슷한 사람들의 한 달을 비교했을 때, 운동을 꾸준히 한 사람들은 운동하지 않는 사람들보다 정신적으로 힘든 날이 훨씬 적었다. 모든 종류의 운동이 정신적인 건강을 돕는 것으로 드러났다.[10]

앞으로 이 책에서도 우울증에 영향을 미치는 육체적 요인들을 더 자세히 살펴보도록 하자. 삶 속에서 모든 스트레스 요인을 없애는 것은 불가능하다. 하지만 감사하게도 스트레스 요인을 잘 다루는 것은 가능하다. 스트레스를 얼마나 많이 받고, 스트레스를 받을 때 어떻게 반응할지에 대해서는 우리가 통제할 수 있는 부분이 생각보다 많다.

이 일곱 가지의 스트레스 관리 전략을 마음에 새기고 실천하면 주요 우울증의 중요한 요인 중 하나를 줄여 삶의 질을 개선하는 데 큰 도움이 될 것이다.

스트레스를 줄이는 행동 계획

스트레스를 줄이는 것은 일회적인 행동이 아니라 의식적인 선택의 연속이어야 한다. 방법을 알았다고 해서 끝이 아니고 그 방법을 오늘부터 꾸준히 실천하겠다는 태도와 마음가짐이 중요하다.

시작하기에 가장 좋은 방법을 무엇일까? 먼저 당신의 삶 속에서 주요한 스트레스 요인들을 찾아내라. 다음과 같은 단계가 도움이 될 것이다.

주요한 스트레스 요인들을 규명하라. 당신의 삶 속에서 스트레스를 낳는 요인들을 찾아내라. 가능하다면 이 요인들을 이번 장에서 살핀 범주들로 분류하라.

- 미루기를 그만두면 없앨 수 있는 요인들
- 과중한 책임의 문제
- 스트레스에서 벗어나기 위해 하는 건강하지 못한 습관들
- 고립을 낳거나 고립으로 인해 생기는 스트레스 요인들
- 스트레스를 가중시키는 부정적인 생각들
- 몸을 학대하거나 방치하는 모습들

이번 장에서 살핀 전략들 중 몇 가지를 실천할 계획을 세우라. 이번 장에서 다룬 모든 영역에서 당장 변화를 이루려고 하면 오히려 스트레스만 심해질 뿐이다. 따라서 변화를 시도하고 싶은 두세 가지 영역을 선택하라. 다음 달에는 몇 가지 변화를 더 추구하는 식으로 범위를 확장하라.

서로 격려하고 지적해 줄 파트너를 찾으라. 스트레스를 받는 사람은 당신만이 아니다. 필시 당신의 친구들 중에도 스트레스를 더 잘 다룰 방법을 고민하는 사람들이 있을 것이다. 그 친구들 중 한 명에게 스트레스를 함께 극복해 보자고 제안하라. 해법을 찾기 위해 머리를 맞대고, 스트레스를 풀 수 있는 활동을 함께하고, 서로의 문제점을 서로 지적해 주는 동시에 서로의 성공을 함께 축하하라.

실패해도 스트레스를 받지 말라. 스트레스를 극복하기 위한 계획을 실천하다보면 옛 습관으로 다시 돌아가는 순간들이 있을 것이다. 인스

턴트 식품을 폭식하든, 너무 많은 책임을 받아들이든, 밤새도록 텔레비전을 보든, 스트레스 요인들을 해결하기 위해 해야 할 일을 미루든, 그것으로 인해 스트레스를 받지 말라. 자신을 용서하고 털어버린 뒤에 다시 시작하라.

성공을 축하하라. 스트레스를 줄이기 위한 노력이 성공을 거둘 때마다 그 순간을 만끽하라. 삶을 바라보는 더 건강한 시각을 회복한 순간, 원망을 떨쳐버린 순간, 식습관을 개선하기 시작한 날, 운동을 시작한 날, 잠자리에 일찍 들기 시작한 날, 문제들을 미루지 않고 곧바로 다루기 시작한 날 등 그 모든 순간을 축하하라.

Chapter 5

중독들과 우울증

고통의 신호임을 자각하고 도움의 손길을 받아들이라

당신이 긴 항해를 계획했다고 해 보자. 몇 달간 철저히 준비했다. 바다에서 일어날 수 있는 모든 상황에 대처하는 법을 배웠다. 항로를 짜고 물속의 위험과 해류에 관한 모든 자료를 입수해서 연구했다. 폭풍의 전조 현상들을 철저히 조사했다. 항해에 필요한 것을 모두 싣고 장비들을 점검하고 또 점검했다. 마침내 출발일이 되었다. 당신은 위대한 모험을 위한 만반의 준비가 되어 있다. 날씨는 화창하고 바람은 완벽하다. 마침내 닻을 펴고 기대에 찬 눈으로 수평선을 바라보며 출발한다. 하지만 배는 꿈쩍도 하지 않는다. 그것은 모든 것을 철저히 준비했지만 정말 중요한 한 가지를 놓쳤기 때문이다. 바로, 닻을 올리는 것을 잊었다. 닻은 여전히 저 깊은 물속에 숨어서 자신의 역할을 충실히 하고 있다. 물론 닻의 역할은 배를 그 자리에 묶어 두는 것이다.

언뜻 이 비유는 얼토당토않게 들릴 수 있다. 노련한 뱃사람이 그토록 중요한 단계를 잊을 리가 있는가? 하지만 우울증 치료를 원하는 사람들 중에 바로 이런 실수를 하는 사람이 얼마나 많은지를 알면 깜짝 놀랄 것이다.

그들의 목적은 바다를 건너는 것이 아니다. 그들은 우울증과 불안증에서 해방된 새로운 삶을 찾기를 원하고 있다. 그래서 이 책에서 소개한 방법들을 열심히 실천한다. 식습관을 바꾸고, 수면 습관을 개선하고, 환경적인 독소들을 없애고, 감정적인 문제점들을 다루고, 자신에게 상처를 준 사람들을 용서하기까지 한다. 물론 이 모두가 전인적 치료 모델의 중요한 부분들이다. 하지만 이것들만으로 우울증에서 해방되기에는 역

부족이다. 저 깊은 곳에서 무거운 뭔가가 그들을 진흙탕 속에 붙잡고 있기 때문이다.

그들은 '중독'이라는 닻에 묶여 있다. 요즘은 중독이 너무도 흔하다. 실제로, 우울증을 치료하기 위해 우리를 찾아오는 사람들 중 40퍼센트는 우리 센터의 다른 주요 치료 프로그램에도 등록한다. 그 프로그램은 바로 중독 치료 프로그램이다. 그나마 이들은 운이 좋은 사람들이다. 마약이나 알코올 중독은 분명히 드러나기 때문에 도움이 필요하다는 사실을 부인하기 힘들기 때문이다.

하지만 심지어 자신에게도 숨기기 쉬운 종류의 중독들이 있다. 합법적인 행동, 현대 사회에서 전혀 해롭게 여기지 않고 오히려 '정상'으로 취급하는 행동에 의존하는 경우가 그렇다. 하지만 속지 말라. 이런 행동도 우울증 치유로 가는 길의 큰 걸림돌이 될 수 있다.

누구나 중독자가 될 수 있다

'중독'이란 단어는 마약이나 알코올 남용부터 도박 중독까지 다양한 범주를 아우르는 단어다. 하지만 어떤 경우든 기본적인 정의는 동일하다. "해로운 행동이나 물질의 사용을 해로운 줄 알면서도 계속해서 하는 것."

중독되지 않은 사람들에게는 이 개념이 지극히 단순해 보인다. 어떤 행동이 삶에 계속해서 악영향을 미치는데도 멈출 수 없거나 멈추고 싶지 않다면 중독된 것이다. 그런데 이 논리를 남들에게 적용하기는 쉽지만, 자기 안에 있는 중독만큼 깨닫기 힘든 것도 없다.

이유는 단순하다. '중독'은 우리 사회에서 가장 심한 낙인이 찍힌 단어 중 하나다. 미디어가 낳은 편견으로 인해 이 단어는 사회에서 올바로 기능할 능력을 완전히 상실한 사람들을 연상시킨다. 우리는 중독자들이 폐가나 골목길에서 살며 평생 '마약'을 구걸하거나 훔치는 사람들이라고 생각한다. 물론 이런 중독자들이 실제로 존재하고, 그들은 도움과 연민을 절실히 필요로 한다. 하지만 그들은 스스로 통제할 수 없는 충동적인 행동으로 삶이 피폐해진 수많은 사람들의 일부에 불과하다. 사실, 누구든 중독자가 될 수 있다.

조사 결과들이 이 사실을 분명히 뒷받침해 주고 있다. 약물 사용 및 건강에 관한 조사에 따르면 "2014년 12세 이상 국민 중 약 2150만 명이 그 전년도에 물질 사용 장애를 경험했다. 그중 1700만 명은 알코올 사용 장애를, 710만 명은 불법약물 사용 장애, 260만 명은 두 장애 모두를 경험했다."[1]

충격적인 수치이지만, 이는 물질 사용이 객관적으로 '장애' 수준에 이른 사람들만 포함시킨 수치일 뿐이다. 게다가 이는 미국에서 점점 문제시되는 합법적인 처방약은 포함시키지 않은 수치다. 또한 엄청난 수의 담배와 설탕, 카페인 남용도 포함시키지 않았다. 나아가, 도박이나 쇼핑, 비디오 게임 같은 강박 행동에 빠진 사람들도 포함시키지 않았다. 의료계는 이런 행동이야말로 진정한 의미에서의 중독이라는 점을 이제야 인식하기 시작했다.

요지는 이것이다. 우울증에 시달리면서 해로운 물질이나 행동에 묶여 있는가? 당신만 그런 것이 아니다. 그런 상황에 처했다고 해서 당신이 흠이 있거나 열등한 인간인 것이 아니다. 중독은 인격적 흠이 아니다. 중독은 도덕적인 실패나 약함의 증거가 아니다. 중독은 단지 고통의 신호일 뿐이다. 중독은 당신 안의 해결되지 않은 합당한 욕구를 해결하려는 시도일 뿐이다. 이 개념은 이번 장의 뒤에서 다시 살피기로 하고, 지금은 현실을 바로 보자. 중독에 빠져 있는 한, 근본적인 우울증 해방으로 가는 항해는 시작조차 할 수 없다.

어떤 중독이든 사람의 기분을 바꿀 수 있고, 이는 우울증에 걸린 사람들이 원하는 바이다. 중독적인 물질이나 행위는 대개 일시적인 위안이나 쾌감을 주기 때문에 우울증 환자들이 이 물질이나 행위로 계속해서 돌아가는 것은 전혀 이상한 일이 아니다. 중독자는 같은 흥분과 위안을 얻기 위해 해로운 행동을 더 강하게 자주 추구하는 경우가 많다.

하지만 강박적인 행동은 우울증의 진짜 원인들을 해결해 주지 못한다. 오히려 진짜 원인들을 숨기고 그것들에 관심을 기울이지 못하게 만든다. 이 책의 전제 중 하나는 우울증이 단독으로 발생하는 경우가 거의 없다는 것이다. 근본원인들, 특히 기분의 불균형을 일으키는 행동과 패턴을 다루지 않으면 우울증은 악화될 수밖에 없다. 따라서 모든 종류의 중독을 직시하고 다루려는 노력이 우울증 회복에 절대적으로 필요하다.

중독과 우울증의 관계

우리가 처음 중독에 관한 이야기를 꺼내면 대부분의 사람이 다음과 같이 말한다. 불법 약물이나 알코올 의존도가 심각한 사람들에게는 중독과 우울증의 연관성이 좀 더 분명하게 보인다. 대개 이들은 다른 치료를 시작하기 전에 3-5일간 의료진이 감독하는 강도 높은 해독 과정을 거쳐야 한다. 하지만 좀 더 미묘한 강박 행동에 빠진 우울증 환자들은 다음과 같은 반대의 목소리를 내는 경우가 많다. "커피를 끊을 게 아니라 오히려 우울증 '때문에' 아침에 커피 열 잔을 마셔야 해요." 이 사람은 카페인이 만성 탈수를 일으키고 몸에 필수적인 비타민들을 배출시켜 건강한 기분 조절 기능을 심각하게 방해한다는 점을 모르고 있다.

"인터넷만큼 시름을 잊게 해 주는 것이 없어요." 그럴지도 모른다. 하지만 인터넷은 사회적 고립을 악화시키고, 건강한 식습관과 운동을 방해하며, 정신을 흐트러지게 만들고, 잠시라도 스크린에서 눈을 떼면 중요한 것을 놓칠지 모른다는 두려움을 낳는다. 이 모두는 우울증 회복의 걸림돌이다.

"모든 사람이 쇼핑을 해요. 나는 지극히 정상입니다. 나는 좋은 물건을 좋아해요. 그러니 나를 그냥 두세요." 하지만 과도하고 강박적인 소비는 재정적인 어려움을 낳고 관계를 망가뜨릴 뿐 아니라 우울증으로 이어지기 쉽다. 사실, 중독에서 비롯하는 일련의 행동들과 감정들은 우리를 우울증에 묶어 두는 닻 역할을 한다. 그 기제는 다음과 같다.

비밀이 그 역할을 한다. 대부분의 사람들은 자신의 행동이나 약물 사용이 도를 지나쳤다는 사실을 누가 말해 주지 않아도 잘 알고 있다. 스스로는 문제라고 생각하지 않지만 남들은 자신의 행동을 좋게 보지 않을 것임을 안다. 그래서 숨긴다. 아무리 아니라고 말해도 우리는 창피한 것만 숨긴다. 그래서 우리 안에서 작은 갈등이 시작된다.

속임도 그 역할을 한다. 오래지 않아 비밀을 숨기기 위해 주변 사람들에게 거짓말을 해야 하는 상황이 벌어진다. 아무리 스스로 정당화해도 우리는 가까운 사람들을 속이는 것이 관계에 해롭다는 것을 알고 있다. 그래서 점점 수치심과 죄책감에 빠져든다.

수치심과 죄책감도 그 역할을 한다. 우울증이 로켓이라면 이 두 가지는 연료다. 이 두 가지는 여러 원인을 통해 우리의 생각 속으로 침투한다. 하지만 우리가 남모를 중독을 남들에게 숨기기 위해 거짓말을 할 때 발생하는 수치심과 죄책감은 무기력과 자신이 무가치하고 사랑스럽지 못하다는 느낌을 준다. 그리고 이것들이 바로 만성 우울증의 특징들이다.

마지막으로, 중독과 우울증에 사로잡힌 사람들이 반사적으로 보이는 반응은 다음과 같다. 추가적인 자기 치료를 하려 한다. 그리고 이와 함께 비밀, 속임, 수치심과 죄책감의 순환이 이전보다 더 강하게 다시 시작되어 우울증의 늪으로 점점 더 깊이 끌고 내려간다.

자, 중독이 우울증과 어떤 관계가 있는가? '깊은' 관계가 있다.

모든 중독의 시작은 같다

앞서 말했듯이 물질 중독과 여느 행동 중독 사이에는 차이가 있다. 의료계에서 후자는 "프로세스 중독" 혹은 "소프트 중독"이라고 부른다.

하지만 자세히 뜯어보면 이 두 종류의 중독은 그렇게 '비슷할' 수가 없다. 최근 연구에서 놀라운 사실이 발견되었다. 인간의 뇌가 물질 중독과 프로세스 중독에 매우 비슷하게 반응한다는 것이다. 어떤 경우에는 뇌 촬영에서 거의 동일한 결과가 나오기도 한다. 예를 들어, 2010년 연구 결과 "많은 임상적 현상학적 생물학적 특징들"이 도박 중독자들과 물질 중독자들에게서 똑같이 나타났다.[2]

이와 비슷한 연구에서 계속해서 확인되고 있는 사실은 '프로세스 중독'을 물질 중독보다 덜 심각하게 여길 이유가 전혀 없다는 것이다. 둘다 중독자들의 삶 속에서 초기 우울증과 심각한 우울증을 비롯한 부정적인 결과들을 낳을 수 있다. 1997년 미국 도박 중독 위원회는 도박 중독자 5명 중 1명이 자살을 시도한 적이 있고 도박 중독자들의 자살률이 물질 중독을 비롯한 모든 중독자들 보다 높다고 발표했다.[3]

다음은 우울증 치료를 위해 우리 클리닉에서 찾아오는 사람들에게서 흔히 볼 수 있는 중독들의 목록이다. 다만 중독이 다양하게 변형되어 나타날 수 있다는 점을 유념해야 한다. 혹시 당신이 이런 중독에 빠져 있다면, 이 목록의 목적은 수치심을 주거나 그렇지 않아도 힘든 당신에게 더 큰 부담감을 주기 위함이 아니다. 절대 오해하지 말기를 바란다. 이 목록의 목적은 당신이 우울증의 원인이 되는 모든 것에서 해방될 수 있도록 첫 번째 단계로 이끄는 것이다. 첫 번째 단계는 문제점을 인식하는 것이다.

물질들

미국 공중위생국장은 미국인 7명 중 1명이 평생에 한 번 이상 물질 사용 장애에 빠지는 것으로 추정한다.[4]

알코올

알코올 남용이 전 세계적으로 큰 문제라는 것은 누구나 아는 사실이다. 전 세계 인구의 약 5퍼센트가 알코올 사용 장애라고 진단할 수 있다 (2억 3천만 명).[5] 미국에서는 8명 중 1명(12.7퍼센트)이 "알코올 사용 장애의 진단적 기준에 부합한다."[6] 성인에게 알코올 사용은 합법적일 뿐 아니라 일상의 자연스러운 부분으로 널리 받아들여지고 있다. 우리는 좋은 날에는 술로 축하하고 힘든 날에는 술로 기분을 푼다. 특히 수치심, 죄책감, 두려움, 분노 같은 독한 감정들의 고통을 달랠 길을 찾는 사람들의 경우, 알코올 사용은 도를 넘어서기 쉽다.

알코올은 기분을 저하시킨다. 중독은 우리 삶 속에서 온갖 부정적인 결과를 낳을 뿐 아니라 장기적으로는 뇌를 변형시켜 음주가 정상적인 것처럼 느껴지게 만든다.

담배

가장 중독적인 물질 중 하나인 니코틴은 혈액 속의 아드레날린 분비를 촉진시킨다. 쾌감 및 보상과 관련되어서 도파민과 함께 '행복 화학물질'로 불리기도 한다.

하지만 연구에 따르면 흡연과 우울증은 직접적인 연관이 있다. 부분적으로 그것은 니코틴이 이런 화학 물질을 조절하는 뇌의 자연적인 능력을 변화시켜 기분 조절을 교란시키기 때문이다.[7] 이 외에도 장기적인 흡연이 건강에 미치는 온갖 악영향들이 충분히 입증되었다.

처방약

합법적으로 처방된 약의 오용은 어제 오늘의 일이 아니다. 하지만 싸고 구하기 쉬운 마약성 진통제는 이 문제를 몇 갑절이나 더 심각하게 만들었다. 진통제는 과다 복용을 넘어 가히 '유행병'이 되어 버렸다. AP통신의 의학 전문 기자 마이크 스토브는 2017년 다음과 같은 글을 썼다.

> 미국의 도시들에서 헤로인 열풍이 불던 1970년에 과다복용으로 인한 사망자 수는 3천 명 이하였다. 코카인 열풍이 한창 불던 1988년에는 5천 명 이하의 사망자가 보고되었다. 그런데 미국 질병관리예방센터에 따르면 (2016년) 6만 4천 명 이상의 미국인이 약물 과다복용으로 사망했다.[8]

이는 10배 이상 늘어난 수치이며, 이 사망의 대다수는 마약성 진통제 복용에 의해서다. 마약성 진통제 과다 복용이 사람의 생명을 빼앗아가기 훨씬 전에 일으키는 폐해까지 고려하면 사태는 이루 말할 수 없이 심각하다.

불법 약물

처방되는 마약성 진통제 열풍의 부작용 중 하나는 옥시코돈(oxycodone) 같은 합법적인 진통제를 더 이상 구할 수 없게 되자 사람들이 헤로인을 사용하게 된 것이다. 이보다 훨씬 심각한 문제는 화학자들이 펜타닐(fentanyl)이라고 하는 새로운 마약성 진통제를 개발한 것이다. 미국 마약단속국에 따르면 이 약은 모르핀보다 100배, 헤로인보다 30-50배나 강하다.[9]

중독성이 있는 다른 불법 마약은 코카인, 메스암페타민(methamphetanine), 환각제, 진정제, 각성제, 마리화나 등 끝없이 다양하고 계속해서 늘어나고 있다.

카페인, 설탕, 지방

잠재적으로 해로운 중독성 물질들에 관한 논의에서 자주 간과되는 물질들은 음식 속에 있다. 앞서 살폈듯이 카페인 중독은 심각한 육체적 폐해를 낳고, 우울증과 직접적으로 연관이 있다.

설탕과 지방도 마찬가지다. 설탕과 지방은 매우 다양한 가공 식품들에 흔히 들어 있다. 전혀 뜻밖의 식품들에도 설탕과 지방이 다량 포함되어 있다. 많은 연구가 설탕 섭취와 기분 조절 교란 사이의 직접적인 연관성을 밝혔다.[10]

프로세스

프로세스 중독에 관한 체계적인 연구는 이제 막 시작된 상태이기 때문에 포괄적인 통계 자료를 찾기 힘들다. 하지만 점점 더 많은 사람이 삶에 큰 폐해를 낳는 온갖 강박적인 행동에 빠져들고 있다는 증거가 적지 않다. 그런 행동에는 다음과 같은 것들이 있다.

식사

앞서 말했듯이 설탕과 지방 함유량이 높은 음식들은 뇌의 쾌감과 보상 중추에 작용해서 도파민을 분비시킨다. 음식에서 위로와 보상을 받으려고 하면 폭식 습관이 생길 수 있다. 음식 중독은 건강에 악영향을 미칠 뿐 아니라 우울증과 직접적인 연관이 있는 무기력과 죄책을 낳는다.

인터넷

3장에서 우리는 첨단 기술이 우울증을 일으키고 악화시키는 다양한 과정을 살펴보았다.

온라인 도박을 하거나 포르노를 강박적으로 보거나 소셜 미디어를 쉴 새 없이 확인하는 정도만 아니면 문제가 없다고 착각하는 사람이 적지 않다. 어떤 사이트를 방문하든 한 번에 몇 시간씩 인터넷을 하는 것은 중독이며, 우울증을 악화시킬 수 있다.

소셜 미디어

소셜 미디어를 강박적으로 하는 것은 전 세계적인 문제가 되고 있다. 중요한 것을 놓치고 남들에게 뒤처질지 모른다는 두려움으로 인해 많은 사람이 소셜 미디어에 연결되는 것을 자신의 건강보다도 중시하고 있다.

비디오 게임

강박적인 게임을 임상적인 중독으로 봐야 하는지에 관해서는 학자들 사이에 의견이 분분하다. 하지만 그것은 탁상공론일 뿐, 현실에서 게임은 분명한 중독의 모습을 보이고 있다. 만성적이고 강박적인 게임은 사회적 고립과 감정의 급변을 낳고, 삶 속의 다른 관계들과 책임들에 온전히 참여하지 못하게 만든다.[11]

포르노-섹스

강박적인 성행위는 많은 모습으로 나타나지만, 그중 중독성이 가장 강한 것은 포르노일 것이다. 포르노는 앞서 말했던 뇌의 쾌감과 보상 메커니즘에 영향을 미치고 사회적 관계들과 자존감을 망가뜨릴 수 있다.[12]

관계-사랑

상호의존은 정의하기가 어렵지만, 다른 사람, 주로 자신도 큰 문제를 안고 있는 사람에게 감정적, 정신적으로 과도하게 의존하는 것이기 때문에 '관계 중독'이라고 불린다.

상호의존은 정신적인 문제를 가진 사람들에게서 흔히 나타난다. 즉 해결되지 않은 어릴 적 트라우마와 깊은 열등감에서 주로 비롯한다. 이 두 가지는 바로 우울증의 연료들이다.

쇼핑

강박적인 구매는 정신 건강 전문가들이 인정하는 장애다. 무엇보다도 물질적인 구매를 통해 인정과 정체성을 찾으려는 마음이 큰 원인으로 보인다. 원인이 무엇이든 쇼핑 중독은 재정과 관계를 무너뜨리고 우울증과 불안증을 낳는 경우가 많다.

도박

앞서 소개한 연구로 볼 때 도박은 《정신 장애 진단 및 통계 편람》(Diagnostic and Statistical Manual of Mental Disorders)에서 공식적으로 인정하는 유일한 행동이다. 도박은 심각한 우울증을 비롯한 온갖 부작용을 낳는다.[13]

운동

심리학에서 "신체 변형 장애"로 부르는 이 증상은 원래 유익하지만 도를 지나쳐서 부작용을 낳는 행동의 좋은 사례다.

운동에 중독된 사람은 일과 개인적인 삶이 방해를 받을 정도로 운동에만 매달린다. 심지어 몸을 망가뜨릴 정도로 운동을 하고, 운동을 원하는 만큼 하지 못한 날에는 금단 현상을 경험하기도 한다.

분노-통제

분노, 두려움, 죄책감이라는 감정들이 어떻게 우울증을 가중시키는지 자세히 살펴볼 것이다.

분노를 폭발하고 심지어 육체적 폭력까지 휘두르는 것은 스스로 통제할 수 없는 강박이 될 수 있다. 이런 사람에게는 이성을 잃는 것이 분노를 풀기 위한 유일한 방법이다. 이는 다른 두 가지 유해한 감정으로 이어진다. 관계를 잃을지 모른다는 두려움과 변하지 못하는 자신에 대한 죄책감이 그 감정들이다. 이 둘은 우울증의 완벽한 온상이다.

중독에 맞서다

중독적인 물질과 행동이 이렇게 많다. 이런 중독을 다루는 것은 결코 쉽거나 간단하지 않다. 결단과 노력이 반드시 필요하다. 하지만 좋은 소식이 있다. 중독을 다루면 정신 건강을 비롯해서 삶의 모든 영역이 당장 좋아진다. 강박 행동의 단기적인 유익은 자유와 건강이라는 값을 따질 수 없는 보화에 비할 바가 아니다.

그렇다면 어디서부터 시작해야 할까? 해독이 좋은 출발점이다. 어떤 물질이나 행동에 의존하고 있던 첫 번째 단계는 언제나 그 중독의 직접적인 힘을 와해시키는 것이다. 그러기 위해서는 금단 현상을 참아내야 한다. 당장의 고통을 참아내야 더 큰 고통을 피할 수 있기 때문이다. 몸과 정신의 반란을 대비해야 한다. 이것들은 우리를 진흙탕 속에 묶어 두기로 단단히 작정했기 때문이다. 하지만 이것은 우리가 이길 수 있는 전쟁이요 이겨야만 하는 전쟁이다. 우울증에서 해방되는 한걸음을 더 나아갈 수 있다.

어느 정도 시간이 지나면 정신이 깨끗해질 것이다. 그때는 다음과 같은 질문으로 시각을 바꾸고 새로운 선택들을 할 수 있다.

내가 중독되어 있는가?

당신이 지속적으로 하는 행동이 삶에 분명한 악영향을 미치는데도 계속해서 하고 있다면 결론은 하나뿐이다. 당신은 확실히 중독되었다. 이 사실을 직시해야만 해방되기 위한 노력이 시작될 수 있다. 아직도 원하면 언제든지 끊을 수 있다고 생각하는가? 그렇다면 왜 여태 끊지 못했는가?

이 행동이 어떤 욕구를 해결해 주는가?

스스로에게 물으라. 이 행동을 하기 전과 후에 내 기분이 어떠한가? 그 기분으로 볼 때 내게 어떤 욕구들이 있는가?

내가 이 행동을 통해 무엇을 피하고 있는가?

항상 많은 양의 술을 마시는 사람은 과거의 상처나 현재의 갈등을 회피하고 있을 수 있다.

인터넷을 과도하게 하는 것은 현재의 일이나 관계가 마음에 들지 않는다는 사실을 인정하지 않고 변화에 대한 두려움을 직시하지 않는 태도에서 비롯할 수 있다.

이 질문에 대한 답은 근본적인 치유라는 퍼즐의 더 많은 조각들을 찾기 위해 어디를 파야 할지 알려 주는 귀중한 정보가 될 것이다.

욕구를 어떤 다른 방법으로 해결할 수 있을까?

자신에게 어떤 욕구가 있는지를 알았다면 그 욕구를 해결하기 위해 더 건강한 방법들이 있다는 사실을 보기가 더 쉬워진다. 포르노 중독이 외로움에서 비롯했고 당신이 진정으로 원하는 것은 사람들과의 진정한 관계라는 것을 알았다면 컴퓨터를 끄는 것이 진짜 사람들을 만나기 위한 첫 번째 단계다. 진짜 사람들과 관계를 맺으려면 시간이 걸리고 자신을 개선하려는 노력이 필요하지만 그것만이 중독이 진정으로 해결해 주지 못한 욕구를 진정으로 풀 수 있는 유일한 길이다.

거대한 범선이 바다를 항해하던 시절에는 닻을 올리는 일이 무척 힘들었다. 여러 선원이 닻을 감아올리는 장치에 달려들어 거대한 닻을 조금씩 끌어올려야 했다. 하지만 땀을 흘려가며 이 일을 마치고 나면 전혀 새로운 세상을 향해 항해할 수 있었다.

중독을 이기는 행동 계획

앞서 말했듯이 중독은 우울증을 유발하고, 우울증은 중독을 유발하는 경우가 많다. 이 안타까운 사실을 직시하되 용기를 주는 사실을 잊지 말자. 매년 수많은 사람은 중독적인 행위를 다루어 해방을 경험하고 있다. 당신도 할 수 있다! 다음과 같은 단계로 치유를 향한 여행을 시작하라.

고백하라

남모를 중독을 오랫동안 주변에 속이고 살아와서 고백하기에는 너무 늦었다고 생각하는가? 하지만 당신을 아끼는 사람들은 뭔가 이상하다는 의구심을 계속해서 품고 있기보다는 진실을 듣기를 원한다. 비밀을 털어 놓으면 그렇게 후련할 수가 없다. 그렇게 되면 마음 놓고 중독 및 우울증과의 싸움에 집중해서 승리를 거둘 수 있다.

도움을 구하라

당신이 아는 모든 종류의 중독에 대해 재활 프로그램이 존재하는 것은 우연이 아니다. 이런 프로그램이 유지되는 것은 당신과 똑같은 사람들이 부인할 수 없는 한 가지를 발견했기 때문이다. 그것은 바로 혼자서는 벗어날 수 없다는 것이다. 전문 상담, 믿을 만한 친구와 가족, 신앙 공동체를 통한 도움도 가능하다.

적극적으로 행동하라

회복을 원하는 것만으로는 충분하지 않다. 치유는 수동적으로 받는 것이 아니라 적극적으로 이루는 것이다. 중독에서 해방되기 위해 당장 할 수 있는 단계들을 정하라. 쉬운 목표만 세우지 말고, 두려운 목표, 심지어 불가능하게 보이는 목표에도 도전하라.

벗어나라

쇼핑 중독에 빠져 있다면 쇼핑몰에서 나오라. 술에 중독되어 있다면 술집에서 나오라. 다시 말해, 당신을 옭아맨 것은 특정한 환경, 특정한 사람들, 특정한 시간과 연관이 있다. 그것들이 무엇인지 알아내서 그것들에게서 벗어나라.

도와줄 사람을 찾으라

당신의 뇌는 말을 잘한다. 특히, 도파민을 얻을 때는 설득력이 대단하다. 뇌의 정당화는 그럴듯하고 해롭지 않게 들린다. 하지만 당신이 좋은 선택을 하도록 돕기로 약속한 사람에게 뇌의 감언이설을 알리면, 그 말의 실체를 파악하기가 훨씬 쉬워진다.

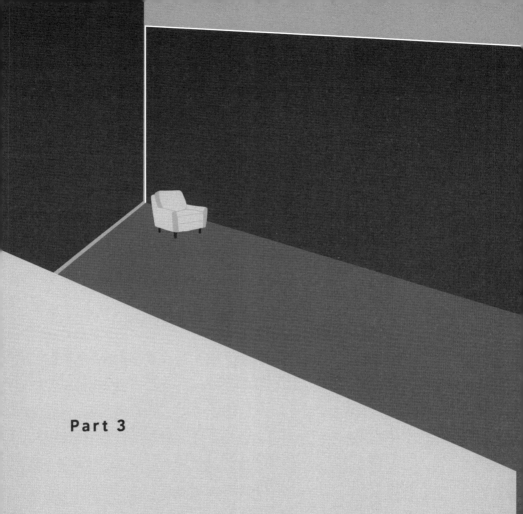

Part 3

'감정의 블랙홀'에서
벗어나기

당신의 마음은 안녕하신가요?

Soul

Healing
Depression
for Life

Chapter 6

분노, 죄책감, 두려움

**죽음에 이르는
감정들을
방치하지 말라**

앤드류는 얼핏 보기만 해도 삶의 희망을 포기한 사람처럼 보였다. 우울증 치료를 받기로 한 것은 그의 선택이 아니었다. 아내가 그렇게 하지 않으면 이혼하겠다고 엄포를 놓았기 때문이다. 아내는 남편을 비난하지는 않았다. 단지 우울증 환자를 가족으로 둔 수많은 사람들처럼 충격과 혼란에 휩싸였을 뿐이다.

내가 앤드류에게 상황을 이야기해 보라고 했더니 이런 대답이 돌아왔다. "불면증에 시달립니다. 밤에 잠만 푹 자도 모든 것이 좋아질 텐데요." 하지만 그의 상태와 감정에 관해 이야기를 나눌수록 중증 우울증이라는 확신이 강해졌다. 불면증은 우울증의 흔한 증상들 중 하나일 뿐이었다. 불면증은 그가 겪는 고통의 증상인 동시에 원인이었다.

앤드류는 소방관으로 일했고, 한때는 그 일을 사랑했다. 하지만 지금은 높은 사다리를 올리고 무거운 호스를 들어올리기는커녕 매일 아침 잠자리에서 나오기도 힘들었다. 난생 처음으로 편두통이 찾아왔고, 그 횟수와 강도는 점점 늘어났다. 소방서에서 나오는 식단은 대개 건강식이었지만 쉬는 날이면 그는 패스트푸드, 인스턴트 음식, 당이 많은 간식을 즐겼다. 헬스 클럽에도 발길을 끊었다. 그러다 보니 소방서 동료들의 관심을 끌 만큼 몸무게가 급속도로 불어났다. 그로 인해 그렇지 않아도 가기 싫은 일터에 더욱 가기가 두려워졌다. 몸의 상태가 나빠지면 결국 직장이 위태로워질 수 있다는 걸 알면서도 행동할 힘이나 결심이 생기질 않았다. 쉬는 날에만 반주로 가볍게 맥주 한 잔만 즐기던 것이 어느 새 매일 밤 대여섯 병 이상을 해치우는 수준으로 발전했다.

앤드류의 가족 주치의는 이런 변화를 눈치챘고, 앤드류의 정신 건강 평가에서 여러 수치가 위험할 만큼 높게 나오자 우울증임을 확신했다. 의사가 항우울제를 권하자 앤드류는 즉시 거부했다. 앤드류는 자신이 약에 의지해야 한다는 사실에 발끈했다. 의사는 끈덕지게 권유하며 근처 정신과 클리닉에 방문 약속을 잡았지만 앤드류는 나타나지 않았다.

직감적으로 나는 앤드류에게 최근 일터에서 특별한 트라우마를 겪은 적이 있는지 물었다. 소방관들은 끔찍한 사고나 폭력의 현장에 가장 먼저 나타나고, 아무리 그들이라도 그런 일을 아무렇지도 않게 넘어갈 수는 없기 때문이었다.

"없습니다." 앤드류가 퉁명스럽게 대답했다. 하지만 직감에 따라 나는 다시 한 번 물어보았다. 그러자 그가 마지못해 대답했다. "최근에는 없습니다. 이 직장에서는 없어요."

"그러면 언제 어디서 어떤 일이 있었나요?" 앤드류의 반응에 마침내 돌파구에 근접했다는 확신이 왔다. 그가 입술을 꽉 깨물자 턱 근육이 경직되었다. 숨소리가 가빠졌다. 눈은 주변을 두리번거리고 유일한 탈출구인 문 쪽으로 자주 향했다. 몇 분간 우리는 아무 말 없이 앉아 있었고, 앤드류는 진정하려고 애쓰는 눈치였다.

"앤드류 씨, 무슨 일을 겪으셨나요?" 내가 부드럽게 묻자 마치 댐이 무너진 듯 감정의 급류가 쏟아져 나왔다. '어디서'에 관한 답변을 듣자마자 '무엇'인지를 짐작할 수 있었다. 앤드류는 아프가니스탄 전쟁에 참전하면서 이루 말할 수 없는 끔찍한 일들을 겪었다. 그는 나와 만나기 4년 전에 해병대를 전역한 뒤에 소방서에 취직한 상태였다. 시간이 지났는

데도 아프가니스탄 전장에서의 2년간 보고 저지른 짓이 바로 어제 일어난 일처럼 기억 속에 생생히 남아 있었다.

앤드류는 심각한 우울증에 빠진 것이 분명했다. 기력과 의지의 상실, 자신이 무가치하다는 느낌과 절망감, 수면 장애, 폭식과 폭음을 비롯한 온갖 자멸적인 행동 같은 우울증의 전형적인 증상들이 보였다. 하지만 이 모든 증상의 이면에서 나는 한 가지 더 근본적인 감정을 보았다. 의료계는 이 독한 감정을 좀처럼 우울증과 연관짓지 않았지만, 다행히 상황이 변하기 시작했다.

앤드류의 증상에 핵심이 있다면 그것은 바로 이 감정이었다. 바로 그는 강한 '분노'에 휩싸여 있었다. 아프가니스탄에서 앤드류는 수개월 동안 거의 매일같이 위험한 상황에 처해 있었다. 그는 그저 "세상을 더 나은 곳으로 만들기" 위해 고향을 떠나 머나먼 타지까지 온 젊은이들이 바로 옆에서 죽거나 끔찍한 상처를 입는 모습을 지켜보았다. 적들도 안타깝기는 마찬가지였다. 그들의 죄는 그저 잘못된 시대에 잘못된 곳에서 태어난 것밖에 없어 보였다. 무엇보다도 앤드류는 군인으로서 자신이 폭력을 저질러야 한다는 사실이 끔찍하게 싫었다.

다행히 앤드류는 육체적으로 상하지 않고 전역했다. 하지만 육체가 상하지 않았다고 내면까지 상하지 않은 것은 아니었다. 그는 자신처럼 지극히 평범한 사람이 그토록 잔인하고 위험한 곳에 가서 후회스러운 짓을 할 수 밖에 없게 만든 세상에 분노하고 있었다. 무엇보다도 그는 많은 전우가 죽었는데 살아서 돌아온 자신에게 분노했다.

앤드류가 고통스러운 과거를 말하고 나자 분노가 그의 우울증의 주된 원인임을 알 수 있었다. 실제로 내 경험상 풀리지 않은 분노와 우울중은 함께 나타나는 경우가 많다. 둘 중 하나가 다른 하나의 불길에 부채질을 하면 결국 그 열기가 사람의 삶을 완전히 태울 수도 있다.

이를 증명해 주는 과학적 연구 결과가 많다. 고삐 풀린 분노와 우울증이 서로 원인과 증상을 가중시키는 요인이 된다는 연구 결과가 이어지고 있다. 하지만 이런 발견이 우울증의 근본적인 치료에 도움이 되지만 여기서 멈춰서는 안 된다. 분노는 서로 떼기가 거의 불가능한 세 감정 중 하나일 뿐이기 때문이다. 이 셋이 뭉치면 사람을 더 깊은 우울증으로 몰아가는 것은 시간 문제다.

나머지 두 감정을 밝히기 위해 앤드류의 이야기를 계속해서 들어보자.

끔찍한 삼인조

앤드류가 민간인으로 돌아왔을 때 가족과 친구들, 특히 그의 아내는 당연히 기뻐했다. 그들에게 앤드류의 귀향은 축하할 일이었다. 그리하여 앤드류는 일련의 '환영 파티'를 참아내야 했고, 그로 인해 자신의 진짜 감정을 다룰 틈이 별로 없었다. 그의 안에서 타오르는 맹렬한 분노는 남들의 기대와는 전혀 다른 것이었다. 그래서 사람들을 실망시키거나 기분 나쁘게 하기 싫어 내면의 혼란을 억누르기 위해 애를 썼다.

'아니 땐 굴뚝에 연기 나랴'라는 말이 있다. 그렇다. 불이 나면 숨길 수 없다. 연기가 나게 되어 있다. 주변의 모든 것이 열기에 일그러지고 시든다. 앤드류의 경우, 내면의 분노를 억누르려고 할수록 엉뚱한 곳에서 더 크게 폭발했다. 별다른 이유도 없이 아내에게 시큰둥하거나 신경질적으로 굴었다. 동료들도 참아 주지 못하고 툭하면 독한 말을 내뱉었다. 운전을 하다가 조금만 기분이 나빠도 이성을 잃고 거의 사고 나기 직전까지 화를 내곤 했다. 그는 이런 충동을 조절할 능력을 완전히 상실했다. 마치 먹잇감을 찾는 굶주린 사자 한 마리가 그의 내면에서 살고 있는 것 같았다.

이런 상황은 그를 두려움으로 몰아갔다. 그는 매일 예기치 못하게 폭발하는 것보다 감정적으로 마비된 상태인 우울증에 빠져 살아가는 편이 나아 보였다. 실제로 풀리지 않는 분노와 죄책감, 두려움을 가진 사람들이 방어와 탈출을 위한 수단으로 의식적으로 우울증을 선택하는 일이 흔하다. 이 세 가지 감정에 비해 우울증은 상대적으로 감정적으로 마비된 상태이기 때문이다.

분노는 세 가지 치명적인 감정 중 두 번째 감정을 낳는다. 그것은 바로 '죄책감'이다. 분노 외에도 앤드류는 사람들을 대하는 자신의 모습에 대해 죄책감을 느꼈다. 잘하고 싶은데 그렇지 못하는 자신이 부끄러웠다. 이는 곧바로 세 번째 감정으로 이어진다. 그 감정은 바로 '두려움'이다.

앤드류는 전쟁 경험이 자신을 절망적으로 망가뜨리고 아내와 가족, 미래까지 자신의 모든 것을 잃게 만들까 봐 두려워졌다. 또한 감정을 다스리지 못하는 모습을 볼 때마다 자신에게 뭔가 큰 문제가 있는 것 같아 두려웠다.

설상가상으로 이것들은 앤드류가 죄책감과 두려움을 느끼는 유일한 이유가 아니었다. 자신이 전쟁 중에 저지른 끔찍한 짓들과 남들이 그런 짓을 할 때 옆에 서서 방관했던 일이 자꾸만 떠올랐다. 그때마다 '내가 도대체 어떤 인간인가?'라는 질문이 그를 괴롭혔다. 자신의 기억 속에 있는 것들을 남들이 보면 어떤 생각을 할까 두려웠다.

그렇게 분노와 죄책감, 두려움은 앤드류의 마음속에서 유독한 안개를 형성했고, 그 안개는 결국 '우울증'을 일으켰다. 이런 상황에 처한 사람들의 생각을 짐작하기란 그리 어렵지 않다.

'나는 무가치해.'
'내 삶은 절망적이고 의미가 없어.'
'나는 건강하고 행복하게 살 자격이 없어.'
'나는 누구에게도 사랑을 받을 자격이 없어.'

이런 생각에 빠지면 삶이 급속도로 추락한다. 앤드류의 경우 우울증이 건강하지 못한 식습관으로 이어져 몸무게가 급속도로 늘고 건강이 악화되었다. 폭음이 시작되었고, 그것은 아내와 직장을 잃을지 모른다는 두려움과 무기력한 모습에 대한 죄책감을 가중시키는 요인이 되었다. 그리고 이 모두는 우울증의 골을 더 깊게 만들었다.

회복의 선행 조건

우울증 회복을 간절히 원하는 사람들을 수십 년간 치료하면서 앤드류의 이야기가 전혀 드문 경우가 아니라는 사실을 발견했다. 분노와 두려움, 죄책감이라는 세 가지 죽음에 이르는 감정들은 정도의 차이는 있을 뿐 모든 우울증 환자들에게 볼 수 있다. 그리고 그들 속에서 이 세 감정이 서로의 불길에 부채질을 하면서 시시각각 커가는 모습을 보면 실로 무섭다는 생각밖에 들지 않는다. 물론 모든 우울증 환자가 앤드류만큼 극적인 사연을 갖고 있지는 않다.

하지만 그것은 중요하지 않다. 그리고 무엇이 처음 불을 붙였든 상관없이 분노와 두려움, 죄책감이 환자의 삶에 미치는 악영향은 똑같다. 내가 본 유독한 분노의 흔한 원인들은 다음과 같다.

- 어릴 적(실질적 혹은 자신의 상상 속에서) 학대
- 일터에서의 승진을 부당하게 거부당하거나 다른 상황에서 받아 마땅한 인정을 받지 못한 경우
- 가족이나 친구들과 풀리지 않은 갈등
- 외도와 이혼
- 질병, 그리고 그 질병으로 인한 "왜 하필 나?"라는 억울함
- 재정적인 어려움
- 가슴 아픈 상실에 대한 슬픔이 원망으로 발전한 경우
- 일반적인 사회 불평등과 '의분'

안타깝게도 사람들이 떨쳐내지 못하는 상처가 사실이 아닌 착각에서 비롯하는 경우도 더러 있다. 한 여성은 내게 언니가 자신의 대학원 졸업을 축하해 주지 않은 바람에 몇 개월 동안 너무 우울하고 화가 나 있었다고 말했다. 그런데 나중에 알고 보니 마음이 담긴 언니의 비싼 선

물이 배송 과정에서 유실된 것이었다.

위의 목록에 있는 것들이 다 죄책감과 두려움의 원인이 될 수도 있다는 점을 알아야 한다. 이 치명적인 감정들 사이의 상호작용은 마치 변화무쌍한 만화경과도 같다. 각 감정은 쉽게 모양을 바꿔 다른 감정에 섞여들어갈 수 있다. 예를 들어, 배우자의 외도에 대한 분노는 자신에 대한 죄책감 혹은 자신도 언젠가 외도를 할지 모른다는 두려움으로 변할 수 있다. 분노는 배우자의 외도가 자신에게 큰 문제가 있기 때문이라는 죄책감으로 변했다가 다시 자신이 더 이상 행복해질 수 없다는 두려움으로 발전할 수 있다.

이런 사고 패턴이 왜 정신 건강에 그토록 해로운지 눈에 들어오는가? 이런 치명적인 감정들과 우울증 중 무엇이 먼저인지를 명확히 분간하기는 쉽지 않다. 하지만 어떤 경우든 이것들은 서로에게 강한 악영향을 끼친다. 다른 이유로 우울증에 걸렸더라도 이런 유독한 감정들이 균형을 유지하거나 회복하기 위한 자연적인 회복력을 갉아먹는다.

모든 우울증 환자가 꼭 알아야 할 사실은, 삶의 표면 아래서 들끓고 있는 분노와 죄책감, 두려움을 조사하고 다루지 않으면 근본적인 치유는 불가능하다는 것이다. 이런 감정은 좋은 영향, 충분한 잠, 운동 같은 다른 노력의 효과를 반감시킨다. 따라서 이런 감정을 간과하는 전통적인 우울증 치료법과 달리 전인적 모델은 이런 감정을 다루는 것을 무엇보다도 우선시한다.

가장 적절한 순간

분노와 죄책감, 두려움을 단순히 불쾌한 감정 정도로 분류하면서 넘어가려고 하면 우울증 치료는 불가능하다. 많은 위험한 것들이 그렇듯 정신과 육체의 건강에 치명적인 악영향을 끼치는 감정들도 우리의 삶 속에서 긍정적인 역할을 할 수 있다. 모든 동전에는 양면이 있다. 그래서 감정들에서 어두운 우울증으로 이어지는 측면과 건강한 측면의 근본적인 차이점을 구분할 수 있어야 한다.

구분의 핵심은 도움이 되느냐 사람을 무기력하게 만드느냐다. 고삐 풀린 분노와 죄책감, 두려움의 즉각적인 결과는 우울이 아니다. 그것은 '무기력'이다. 바로, 스스로 자신의 삶을 전혀 통제하고 있지 못하다는 기분이다. 앤드류는 자신이 무기력해서 전우들을 구하지 못했다고 생각했기 때문에 분노했다. 그는 자신에게 힘이 없어서 마지못해 폭력에 참여했다는 사실에 분노했다. 그는 전쟁을 경험하지 못한 사람들에게 자신의 감정을 제대로 전할 수 없다는 사실에서 무기력감을 느꼈고, 그것이 그를 분노하게 만들었다. 그는 점점 강해지는 죄책감과 두려움, 그로 인한 해로운 행동들을 통제하지 못하는 데서 무기력감을 느꼈다.

이는 우울증이 자라는 온상이다. 우울증을 낳는 감정들이 우리에게 도움이 될 수도 있을까? 그렇다. 사실, 모든 감정, 심지어 분노와 죄책감, 두려움 같은 강한 감정들의 목적도 우리에게 도움이 되는 것이다. 이 감정들은 삶을 더 좋게 만들어 주는 생각과 감정을 낳기 위한 것들이다. 어떻게 그럴 수 있는지 살펴보자.

분노가 적절할 뿐 아니라 유익한 상황도 있다. 고통과 마찬가지로 분노는 우리 환경 속의 뭔가가 잘못되었다는 신호이기 때문이다. 분노는 중요한 뭔가에 관심을 기울여야 한다는 신호다. 분노는 우리로 하여금 다음과 같이 하게 만든다.

- 세상과 자신 속에서 바로잡아야 할 것을 바로잡게 만든다.
- 개인적으로 적절한 경계를 정하고 지키게 만든다.
- 위협을 당할 때 자신을 보호하게 해 준다.
- 도움이 필요한 사람들을 위해 나서게 해 준다.
- 공동체 안에서 중요한 문제에 관해 목소리를 내게 해 준다.

적절한 분노는 삶의 계기판에서 행동이 필요함을 알려 주는 경고등이다. 죄책감에는 두 가지 종류가 있다. 하나는 '자신을 바로잡아 주는' 죄책감이고, 다른 하나는 '자신을 혐오하는' 죄책감이다. (합당한) 진짜 죄책감과 (부당한) 거짓 죄책감이란 표현을 사용할 수도 있다. 전자는 자신의 실수를 깨달았을 때 자연스럽게 생긴다. 이것은 실수를 바로잡기 위해 노력하고 앞으로 같은 실수를 되풀이하지 않기로 결심하게 만드는 죄책감이다.

예를 들어, 당신이 직장에서 동료를 깎아내리는 대화에 참여한다고 해 보자. 그 대화에서는 그 동료의 입지를 위태롭게 만들 만큼 독한 험담이 오간다. 나중에 당신은 잘못을 깨닫고 후회한다. 이 죄책감은 자신을 바로잡아 주는 건강한 죄책감이다. 이 죄책감으로 인해 당신은 그 동료에게 사과를 하고 상황을 바로잡기로 결심한다. 최소한, 다음번에는 옳은 말을 하기로 결심할 수 있다.

두 번째 종류의 죄책감은 자신을 혐오하는 죄책감이라는 표현에서 알 수 있듯이 우울증을 유발하고 악화시키는 요인이다. 이 죄책감은 자기 성찰과 자기 발전으로 이어지는 대신, 자신이 무가치하다는 확신을 강화시킨다. 상황을 바로잡지 못해 죄책감이 커지면 결국은 자신의 '행동'이 문제가 아니라 자신이 본래 그런 '인간'이라는 생각으로 발전한다. 이런 죄책감이 다른 두 요소와 만나면 우울증이 발생하는 것은 시간 문제다.

위험한 동네에서 한밤중에 홀로 컴컴한 주차장을 걸을 때 두려움으로 인해 분비되는 아드레날린은 자기 방어에 매우 유용하다. 아드레날린은 신경과 반응을 예민하게 만들어 위급할 때 싸우거나 도망칠 준비를 하게 한다. 주변에 굶주린 육식 동물과 약탈하는 적들이 가득했던 시대에 두려움이 우리의 선조들을 죽지 않게 보호해 주었다.

하지만 두려움(혹은 분노나 죄책감)이 삶의 방식이 되면 어떤 일이 벌어질까? 두려움이 위험에 대한 일시적인 반응으로 나타났다가 사라지는 것이 아니라 낮은 수준으로 지속된다면? 그때 이 감정들은 정반대의 효과를 낳는다. 우울증을 비롯해서 우리의 삶에 온갖 악영향을 미친다. 메이오 클리닉 연구가들의 말을 들어보자.

스트레스-반응 시스템이 장기적으로 활성화되고, 그로 인해 코르티솔 같은 스트레스 호르몬에 과도하게 노출되면 몸의 거의 모든 프로세스가 망가진다. 그렇게 되면 불안증, 우울증, 소화불량, 두통, 심장질환, 수면 장애, 비만, 기억력과 집중력 저하를 비롯한 온갖 건강 문제의 위험이 높아진다.[1]

참고로, 두려움이 느껴질 때 '스트레스-반응 시스템'은 만성 분노의 경우와 똑같은 신경화학물질들인 아드레날린과 코르티솔을 분비시킨다. 연구에 따르면, 이 둘의 조합은 단기적으로는 꼭 필요하고 유익하지만 이 호르몬들에 만성적으로 노출되면 몸의 면역 체계가 심각하게 교란되어 온갖 부차적인 건강 문제를 유발한다. 흥미롭게도 위의 인용문에 나열된 증상들은 모두 우울증 환자들이 흔히 보이는 증상들이다. 다시 말해, 우울증은 단독으로 나타나지 않는다. 언제나 우울증은 다른 온갖 요인들의 원인이자 결과로 나타나며, 그 요인들에는 세 가지 치명적인 감정이 포함된다.

얼마든지 극복할 수 있다

좋은 소식은, 감정의 지배를 당해 우울증에 빠질 필요가 없다는 것이다. 감정들이 무기력의 원인이 될 정도로 발전하지 않도록 조절하는 것이 가능하다.

앞서 말했듯이 분노와 죄책감, 두려움 중 건강한 감정과 파괴적인 감정의 차이점은 도움이 되느냐 사람을 무기력하게 만드느냐에 있다. 분노가 일시적이고 긍정적인 변화의 의지를 일으킨다면, 죄책감이 자신의 개선점을 깨닫게 만든다면, 두려움이 위험을 재빨리 알아차리고 그 위험에서 벗어나도록 우리를 민감하게 만든다면, 이 감정들이 우리에게 도움이 된 것이다. 이 감정들이 우리를 더 강하고 좋고 지혜롭게 만든 것이다.

반면, 분노와 죄책감, 두려움이 우리를 무기력에 빠지게 만든다면, 상황을 극복할 희망이나 자신감을 앗아간다면, 자멸적인 행동과 중독에 대한 변명거리가 된다면, 우리는 이 감정들의 노예로 전락한 것이다.

지나친 감정들에 관한 좋은 소식은, 계속해서 그 노예로 살 필요가 없다는 것이다. 자신의 감정과 그 원인을 얼마든지 극복할 수 있다. 치명적인 분노와 죄책감, 두려움에 너무 오랫동안 빠져 살아온 나머지 그것들이 인격의 일부인 것처럼 느껴지는가? 절대 그렇지 않으니 절망하지 말라. 전문가와 주변 사람들의 도움을 받아 집중적으로 노력하면 얼마든지 당신의 감정들을 다스릴 수 있고, 그러면 삶의 극적인 변화를 경험할 수 있을 것이다.

바로 이것이 앤드류 이야기의 결말이다. 앤드류는 한사코 부인해 왔던 감정들을 다루는 일을 포함한 전인적 치료 프로그램에 최선을 다해 참여했다. 그랬더니 몇 달 만에 그의 삶은 그가 처음 내 사무실에 들어왔을 때와는 완전히 달라졌다. 다시 단잠을 잘 수 있게 되었고 몸무게도 몰라보게 빠졌다. 무엇보다도 그의 삶에서 기쁨과 의미를 앗아갔던 절망의 그림자가 사라졌다. 당신도 이런 치유를 경험할 수 있다!

과도한 감정을 다루는 행동 계획

우울증에서 해방되려면 먼저 과도한 감정들이 단순히 감정적인 문제가 아니라 문제의 큰 원인이 아닌지를 확인해야 한다. 다음 장에서 유독한 감정을 다룰 방법을 살펴보겠지만 여기서 먼저 다섯 가지 출발점을 소개한다.

분노와 죄책감, 두려움이 아프게 할 수 있다는 점을 받아들이라

이 주제에 관한 연구 자료가 무수히 많다. 유독한 만성 감정들이 건강에 미치는 수만 가지 악영향을 조사하라. 이런 결과가 무엇보다도 감정을 다루지 않은 자신의 책임임을 받아들이라.

분노와 죄책감, 두려움의 근원을 조사하라

일기장에 "나는 ~ 때문에 분노를 느낀다"라고 쓴 뒤에 생각나는 모든 이유를 쓰라. 포장하지 말고 있는 그대로 쓰라. 이제 죄책감과 두려움에 대해서도 똑같이 하라. 이 활동을 하고 나면 삶의 어떤 영역에서 감정적인 문제가 발생했는지를 확인할 수 있다. 건강해지기 위해서는 관심을 기울여야 할 생각과 믿음, 기억들을 찾아낼 수 있다.

현재의 감정을 버리고 다른 감정을 품으라

이것은 말처럼 쉽지 않다. 많은 노력과 끈기가 필요하다. 강력한 감정은 중독성이 있다. 우리의 몸은 특정한 감정과 함께 분비되는 화학물질에 강한 의존성을 갖게 될 수 있다. 이 감정들을 분출하면 부작용이 있는 '보상'을 얻기 때문에 그것들에 중독이 된다. 따라서 이런 행동을 다른 행동으로 대체하기로 굳은 결심을 해야 회복이 가능해진다. 다시 일기장을 펴서 "~ 때문에 항상 분노(혹은 죄책감이나 두려움)를 느끼는 것이 지긋하다. 대신 ~ 를 느끼겠다"라고 쓰라.

'한낱' 인간으로 살아갈 수 있게 숨통을 틔우라

고삐 풀린 분노와 죄책감, 두려움의 주요 원인 중 하나는 비현실적인 기준에 따라 살려고 하고 남들도 그러기를 바라는 것이다. 당신을 비롯한 모든 인간은 실수할 수 있다. 믿음의 사람으로서 나는 하나님이 우리 모두를 사랑하시며 실수하는 우리를 미워하시지 않는다고 확신한다. 하나님처럼 자신과 남들을 너그럽게 봐 주면 치유를 향해 성큼 나아갈 수 있다.

전문적인 도움을 구하라

유해한 묵은 감정들을 다룰 때 인지 행동 치료가 큰 도움이 될 수 있다. 더 센터에서는 이를 좀 변형해서 변증 행동 치료라는 것을 사용한다. 이는 강한 감정들을 해로운 것과 유익한 것으로 분류하는 분명하고도 강력한 프로세스다. 유능한 상담자는 이런 기법을 통해 어떤 강한 감정들이 부적절한 행동과 습관들로 발전했는지 낱낱이 파악해서 환자가 다른 행동을 선택할 수 있게 해 준다.

Chapter 7

용서 없는 삶

용서,
독한 감정들의
해독제

앞서 분노와 죄책감, 두려움이 우울증 치료를 방해한다는 글을 읽으면서 혹시 이런 생각을 하지 않았는가? '그래서 어떻게 하라고? 내 감정들이 어떤 것인지는 알면 뭣 하는가? 벗어날 길이 없는데.'

다행히 상황은 전혀 절망적이지 않고, 회복의 길은 그렇게 멀지 않다. 독한 감정에 증명된 해독제가 있다. 감정을 다스려 건강한 삶을 회복할 수 있는 강력한 강장제가 있다. 하지만 근본적인 우울증 치료로 가는 길의 다른 모든 것과 마찬가지로 이것은 복용하기만 하면 즉각적으로 우울증이 사라지는 마법의 약이 아니다. 이 치료법은 힘든 선택과 자제, 결단을 필요로 한다. 오랫동안 옷장에 깊이 숨겨 놓았던 감정의 괴물들을 직면해서 다루는 용기가 필요하다. 하지만 분명 할 수 있다! 당신보다 먼저 '용서'라는 오래된 치료법으로 자유를 찾은 수많은 사람들이 그 증거다.

물론 '용서'라는 단어를 싫어하는 사람이 많다는 것을 잘 안다. 종교적인 느낌이나 감상적인 대중문화의 색채가 짙기 때문이다. 내가 우울증 환자들에게 처음 용서란 단어를 말할 때 주로 경험하는 반응은 "무엇을 해야 할까요?"다.

"선생님께 상처나 고통을 준 사람들을 다 용서하세요." 내가 그렇게 말하면 대개 콧방귀가 돌아온다. "장난하세요? 나를 그렇게 대한 사람을 그냥 두라고요? 잊어버리라고요? 말도 안 되는 소리 하지 마세요. 절대 그럴 수 없어요."

용서에 대한 이런 거부 반응은 부분적으로는 습관 때문이다. 그러니까 오랫동안 분노를 끓이며 복수하는 꿈을 꿔온 사람에게 그 강한 감정들이 없는 삶은 상상하기 어렵다. 많은 사람에게 분노와 죄책감, 두려움, 비난은 단순한 감정 이상이다. 그 감정들이 정체성이 되었다. 그들은 그 감정들 없는 삶은 상상도 하지 못한다.

하지만 그 감정들 없는 삶이 무조건 더 낫다! 기독교에서는 용서를 필수적으로 여긴다. 그것은 용서가 영적인 의무이기 때문만이 아니라 건강과 행복, 그리고 우울증 치료에 좋기 때문이 아닐까 싶다.

용서는 짐이 아니라 축복이다. 용서는 근본적인 우울증 치료로 가는 길이다. 용서가 우울증을 치료한다는 것은 단순한 바람이 아니라 과학적으로 증명된 사실이다. '용서 : 당신의 건강이 여기에 달려 있다'(Forgiveness : Your Health Depends on It)라는 제목의 논문에서 존스홉킨스대학의 학자들은 다음과 같이 말했다.

> 좋은 소식: 용서가 건강에 매우 좋다는 연구 결과가 나왔다. 용서는 심장마비 위험을 줄여 주고, 콜레스테롤 수치와 수면 습관을 개선해 주며, 고통과 혈압, 불안증, 우울증, 스트레스를 줄여 준다. 연구에 따르면 용서와 건강의 상관 관계는 나이를 먹을수록 증가하는 것으로 보인다.[1]

용서와 정신 건강 사이의 상관 관계에 관한 연구들을 대대적으로 분석한 메타 분석이 이루어진 적이 있었다. 그 분석은 *Handbook of Forgiveness*(용서 안내서)란 책으로 출간되었는데, 그 분석을 통해 로렌 투생과 존 R. 웹은 90퍼센트의 연구들이 모두 같은 결론을 내렸다는 사실을 발견했다. 그 결론은 용서가 우울증 치료에서 중요한 역할을 한다는 것이다.[2]

"그가 반칙을 했어!"

2003년 영화 〈씨비스킷〉(Seabiscuit)은 상처 입은 레드 폴라드란 경마 기수에 관한 이야기를 통해 용서의 진정한 가치를 보여 준다. 이 이야기는 더 나은 삶을 되찾기 위해 과거를 떨쳐내고 용서하는 것에 관한 교훈을 담고 있다.

영화 속에서 폴라드는 대공황 시대가 지나면서 마침내 자신의 삶에 서광이 비치는 것을 감지한다. 대공황 시대의 기수들은 자신들이 타는 말보다도 못한 대우를 받았다. 심지어 폴라드는 부모님이 1929년 대공황으로 망하면서 그를 버리는 바람에 겨우 입에 풀칠만 하며 살았다. 그는 좋은 기수가 되기에는 몸집이 너무 크다는 지적을 받았고, 돈을 벌기 위해 술집에서 복싱 시합을 자주 하다가 한쪽 눈을 잃었으며, 동정받기를 죽도록 싫어한다.

다시 말해, 그의 삶은 분노와 원망으로 가득했다. 그러던 그가 이제 자신만큼이나 상처와 분노로 가득한 씨비스킷이란 젊은 경주마의 안장에 앉게 된다. 여러 모로 둘은 완벽한 조합이었다. 폴라드는 그저 말의 주인과 조련사가 본 '흙 속의 진주'를 꺼내기만 하면 되었다. 그리고 또 하나, 조련사의 지시를 따르기 하면 된다. 시비스킷의 본격적인 첫 시험대 중 하나인 캘리포니아 주 미드레벨 경주에서 우승의 희망이 피어오른다. 조련사 톰 스미스는 경주의 대부분을 앞으로 나서지 않으면서 속도를 낼 순간을 신중하게 고르자는 전략을 세웠다.

하지만 출발문의 빗장이 풀리자마자 폴라드는 다른 기수에게 진로 방해를 받는다. 순간, 어릴 시절 했던 무자비한 경주가 생각났다. 성난 그는 앙갚음을 하기 위해 추격전을 벌인다. 전략은 사라지고 오로지 분노에 찬 행동만 하기 시작한다. 결국 씨비스킷은 큰 격차로 경주에서 패한다. 해설자들과 관중들은 폴라드와 씨비스킷을 우승하기에는 너무 문제가 많은 기수와 말로 여긴다. 경기 후에 조련사가 따지자 폴라드는 폭발한다. "그가 반칙을 했어. 내가 어떻게 해야 해? 그런데 그냥 두라고?"

그러자 스미스는 이렇게 말한다. "그래, 상대가 41세일 때는." 사실 씨비스킷의 능력이나 폴라드의 기술에는 아무런 문제가 없다. 영화를 계속해서 보면 알겠지만 둘 다 엄청난 잠재력을 소유하고 있다. 하지만 그 잠재력을 끄집어 내려면 폴라드는 눈만큼이나 실질적인 약점을 극복해야 한다. 그 약점은 바로 용서하고 내려놓는 능력의 부족이다.

"그가 반칙을 했어!" 분노에 찬 폴라드의 이 말은 단순히 한 경기의 한 기수를 향해 하는 말이 아니었다. 그 말은 그의 부모를 비롯해서 그에게 고통을 가한 수많은 사람을 향한 분노에서 비롯한 말이었다. 용서하고 잊지 못하는 태도는 그의 삶을 바닥에 꽁꽁 묶어 두는 닻과도 같았다. 그로 인해 그가 하는 모든 일이 몇 배나 힘들어졌고 대부분 실패로 끝났다. 그는 오늘날 우울증을 겪는 수많은 사람들처럼 용서란 단어를 떠올리는 것조차 싫어했다.

하지만 그런 상태에 계속 머물러 있을 필요는 없다. 당신은 이 감정으로부터 해방될 수 있다. 용서에 대한 거부는 무엇보다도 그 단어의 의미를 제대로 이해하지 못한 데서 출발하는 경우가 많다.

용서에 대한 오해

용서에 대한 오해는 사람들을 분노와 두려움, 정죄의 감옥에 가둔다. 그런 의미에서 어떤 종류의 오해가 있는지 살펴보자.

용서는 상대방을 잘못하게 내버려 두는 것이 아니다. 우리가 용서를 거부하는 가장 큰 이유 중 하나는 용서가 상대방이 못된 짓을 저질러도 눈감아 주는 것이라고 오해하기 때문이다. 많은 사람이 용서를 부당한 면책권으로 본다. 그들이 용서를 싫어하는 것은 분명히 잘못된 행동에 대해 "괜찮다"라고 말하는 것은 있을 수 없다고 생각하기 때문이다.

이런 오해는 용서가 가해자를 변호해 주는 것이라는 생각에서 비롯한다. 전혀 그렇지 않다. 용서의 목적은 가해자에게 뭔가를 해 주는 것이 아니라 과거와 고통에 대한 유해한 집착을 버림으로써 '나 자신'이 해방되는 것이다. 분노와 억울함, 복수심을 품고 살아가면 상처는 날마다 새로워질 뿐이다. 그 과정에서 우리는 고삐 풀린 분노와 두려움의 온갖 육체적, 심리적 악영향에 노출될 수밖에 없다.

이런 식으로 생각해 보라. 어떤 사람이 당신에게 해를 끼치고 고통을 가했다. 하지만 그 사람은 괴물이 아니라 다른 모든 사람처럼 그저 흠 있는 인간일 뿐이다. 일단 일이 벌어진 뒤에는 당신이 그것에 대해 할 수 있는 일은 아무것도 없다. 이미 벌어진 일은 어쩔 수 없다. 하지만 그 다음으로 벌어질 일은 '당신의' 선택에 달렸다. 당한 일을 계속해서 곱씹으며 자신을 더욱 망가뜨릴 것인가? 복수심과 "왜 하필 나인가?"라는 부질없는 질문에 대한 집착을 버릴 것인가?

첫 번째 길로 가면 몸에서 코르티솔과 아드레날린이 과다하게 분비된다. 이런 신경화학물질이 뇌의 기능에서 혈압과 면역력까지 몸 전체에 악영향을 끼쳐 온갖 질병의 위험을 높인다는 것은 충분히 증명된 사실이다. 이것은 고통을 다루겠다고 고통을 가중시키는 어리석은 짓이다. 그래서 "복수의 여정을 떠나기 전에 무덤 두 개를 파라"라는 옛 격언이 나온 것이다. 복수심을 품고서 자신을 해치지 않는 것은 불가능하다.

용서는 이 늪에서 나오는 길이다. 가해자의 나쁜 행동을 변호해 주거나 그가 받아야 할 벌을 막아 주지는 않되 "더 이상 원한을 품지 않겠어. 나는 내 삶을 살아가겠어"라고 말할 수 있어야 한다.

용서는 약함의 증거나 더 많은 해를 당하는 지름길이 아니다. 이런 두려움은 자신이나 가족이 당한 일에 대해 정죄하고 복수하려는 인간 본연의 충동에서 비롯하는 것으로 보인다. 스스로 복수를 하지 않으면 아무도 대신 나서지 않고 이후 더 많은 공격이 날아올 것이라는 두려움이 예로부터 우리 안에 있었다.

하지만 생각해 보라. 가해자의 행동이 자신의 건강과 행복을 결정하게 두는 것과 용서를 통해 분노와 복수의 환상에서 벗어남으로 자신의 운명을 스스로 결정하는 것, 둘 중 무엇이 더 약해 보이는가? 계속해서 분노를 폭발하면 남들이 '강하게' 봐 줄 것이라는 것은 완전한 착각이다. 용서하는 자는 약한 자가 아니다. 오히려 정반대다. 그런 의미에서 중국 철학자 노자는 이런 말을 했다. "남들을 다스리는 것은 강함이다. 하지만 자신을 다스리는 것이야말로 진정한 힘이다."

용서는 화해와는 다르다. 가까운 사람과 가슴 아픈 갈등을 빚었다면 관계 회복을 위해 최대한 노력해야 한다. 이것을 화해라 부른다. 이 과정을 통해 우리는 더 강하고 남들을 더 잘 참아 주는 사람으로 성장한다. 웬만한 가해자에 대해서는 화해를 시도하는 것이 좋고 이는 건강한 일이다. 화해가 없다면 그 어떤 관계도 유지되지 못할 것이다. 서로에게 조금의 폐도 끼치지 않고 살아가는 것은 불가능하기 때문이다.

하지만 용서가 화해를 위해 꼭 필요한 단계이기는 하지만 용서를 위해 화해가 꼭 필요한 것은 아니다. 가해의 정도가 너무 심해서 관계를 지속하는 것이 불가능하거나 바람직하지 않은 경우도 있다. 물론 이런 경우에도 우리가 앞서 살핀 이유들로 인해 용서하는 것이 가능하다. 하지만 화해는 다른 문제이며, 대개 가해자의 진정한 반성과 보상, 미래의 안전에 대한 담보를 필요로 한다. 심각한 가해 이후에 화해가 이루어지려면 양쪽 모두 진정한 참여가 필요하다.

용서를 우울증 치유의 도구로 사용할 때 용서와 화해를 혼동하지 않는 것이 중요하다. 가해와 갈등으로 망가진 관계가 화해로 다시 이어질 수 있다면 좋은 일이다. 그렇게 되면 치유에 도움이 될 것이다. 하지만 그렇지 않더라도 용서만으로도 큰 도움이 되니 너무 부담을 가질 필요는 없다.

완전한 용서

용서에 관한 오해를 살피면서 용서가 무엇인지를 제대로 알기 시작했을 것이다. 용서는 바로 '자신'이 해방되는 길이다. 용서를 통해 우리는 우울증과 그 부작용들과 직접적인 관련이 있는 묵은 상처와 감정의 감옥에서 해방될 수 있다.

첫 번째 단계는 정말로 그럴 수 있다는 점과 그 해방이 용서를 위해 노력할 만한 가치가 있다는 점을 받아들이는 것이다. 그래서 용서하기로 마음을 먹으면 구체적인 방법들은 자연스럽게 알게 될 것이다. 이번 장의 끝에 실린 '용서를 위한 행동 계획'에도 몇 가지 방법을 소개해 놓았다.

하지만 먼저 이 여행을 위한 마지막 한 가지 통찰을 챙겨야 한다. 즉 당신의 용서가 필요한 대상은 가해자만이 아니라는 것이다. 지금까지 우리는 당신에게 해를 끼친 사람들과 그들을 용서하지 못하면 고통의 노예 상태에서 벗어날 수 없다는 사실에 관해서만 이야기했다. 하지만 당신이 분노와 원망을 품는 대상은 그들만이 아닐 수 있다.

자신을 용서하라. 많은 면에서 이것은 살과 피로 이루어진 남들의 죄를 다루는 것보다 더 어렵다. 자신에 대해 비난하는 것들은 대개 내적이며 보이지 않는 것이기 때문이다. 새벽에 눈을 뜨면 자신이 저질렀다고 생각하는 짓들이 마음속에서 거대한 괴물로 자라난다. 그러다 보면 단순히 행동의 문제가 아니라 그 행동이 자신이 '끔찍한 인간'이라는 증거라는 생각까지 들기 시작한다. 짐작했겠지만 이것이 깊은 우울증의 늪에 빠진 사람들에게서 흔히 볼 수 있는 마음가짐이다. 즉 그들은 자신이 철저히 무가치한 인간이라고 생각하고 있다.

물론, 전혀 그렇지 않다. 위에서 '끔찍한'을 뺀 것이 우리의 실체다. 즉, 우리는 그냥 인간일 뿐이다. 우리는 완벽하지 않아서 온갖 실수를 저지르는 인간이다.

당신이 창피한 일을 저지른 적이 있는가? 물론 있을 것이다. 당신을 믿고 의지하는 사람들을 실망시킨 적이 있는가? 물론이다. 당신이 누군가의 신뢰를 저버린 적이 있는가? 남의 것을 취한 적이 있는가? 자신을 보호하기 위해 거짓말을 한 적이 있는가? 진실을 과장한 적이 있는가?

시험을 볼 때 커닝을 한 적은 없는가? 하나님이나 자신, 남들에게 한 약속을 어긴 적은 있는가? 자신의 이익을 위해 누군가를 위험에 빠뜨린 적이 있는가? 물론이다. 아니, 당신의 잘못은 이보다 훨씬 더 많을 것이다. 내가 어떻게 알 수 있을까? 당신은 인간이며, 세상 모든 인간은 장점과 문제점, 성공과 실패가 뒤섞인 존재이기 때문이다.

아이러니하게도 우리는 남들보다 자신에게 더 높은 잣대를 적용하는 경우가 많다. 이것은 일종의 오만이며, 이 오만은 우리 마음의 크고 작은 모든 흠이 환히 비춰지는 수치의 벽을 세운다. 내가 우울증에 깊이 빠져 있을 때 회복의 가장 큰 장애물 중 하나(이로 인해 회복의 노력을 시작하기도 전에 포기할 뻔했다)는 그토록 지독한 잘못들을 저지른 나를 절대 용서할 수 없다는 사실이었다. 당시 나는 수만 가지 실패와 실수를 떠올리며 쉴 새 없이 나 자신을 손가락질했다.

자신을 심문 중이라면 어떻게 용서할 수 있을까? 이렇게 한번 해 보라. 자신이 법정에 있는 상상을 하되, 현재의 모습이 아닌 6-7세 아이의 모습이라고 상상해 보라. 그 아이의 기분이 어떠한가? 두려움에 떨고 있는가? 외로워하고 있는가? 위로를 필요로 하고 있는가? 당신의 작은 자아 옆에 앉아 이렇게 말하는 상상을 해 보라. "괜찮아. 너는 아직 배우는 중이니까. 이 경험 덕분에 더 성장할 거야. 잘했어!" 이렇게 자신을 용서하는 것이 세 가지 치명적인 감정 중 두 번째인 죄책감을 퇴치하는 비결이다. 이렇게 하면 우울증의 구름이 서서히 걷히는 경험을 하게 될 것이다.

하나님을 용서하라. 속수무책으로 갑자기 일어나는 고통스러운 사건에 대해 누구를 탓하는가? 사랑하는 사람의 목숨을 앗아간 도무지 일어나기 힘든 교통 사고, 병원을 덮쳐 무고한 사람들을 죽인 토네이도,

우리의 모든 에너지를 앗아가고 고통 속에서 비명을 지르게 만드는 질병, 사업 실패, 기근, 전쟁 등을 용서하라.

이런 일이 벌어질 때 우리는 하나님(혹은 '삶')이 잔인하고 부당하다고 생각한다. 예로부터 수많은 신학자와 철학자들이 이런 고난의 문제와 씨름해 왔지만 누구도 만족할 만한 대답을 내놓지 못했다. 나쁜 일들이 일어나고 대개 그 일에 대해 우리가 할 수 있는 일이 거의 혹은 전혀 없다는 것이 삶의 현실이다. 때로는 말할 수 없이 고통스러운 일이 벌어져 사랑 많은 전능자 하나님에 대한 믿음을 버리고 싶은 유혹이 들기도 한다.

하지만 현실에 대해 하나님께 분노하는 것은 고통을 더욱 악화시키는 길이다. 물론 힘든데 힘들지 않다고 말할 필요는 없다. 하지만 분노를 내려놓지 못해 스스로를 불행의 노예로 전락시킬 필요도 없다. 분노를 내려놓는 열쇠는 설명에 대한 강박증을 내려놓는 것이다. 하나님의 일은 하나님께 맡기고 계속해서 일상을 살아가라. 우리는 고난이 벌어지는 이유를 다 알 수 없지만 고난 속에서도 '평안'을 누릴 수 있다.

용서, 해 보라!

나쁜 소식은 이것이다. 용서하지 않으면 점점 더 수치심에 빠지고 건강하지 못한 행동으로 흘러 자신을 망칠 수밖에 없다. 이번에는 좋은 소식이다. 용서는 언덕을 굴러 내려가는 눈덩이와도 같다. 일단 움직이기만 하면 점점 커지고 속도가 붙는다. 내가 치료하던 내담자들이 용서하는 법을 배우고 나서 얼굴과 인생관이 밝아지고 치료 기간이 줄어들며 나중에 우울증이 재발해도 자연적으로 회복되는 경우를 수없이 봤다.

전문가의 도움이 중요하지만 회복의 열쇠는 바로 '당신'이다. 우울증 치료의 길에서 당신이 자신의 가장 든든한 동반자요 자산이다. 그것은 용서하면 누구보다도 자신이 온전함으로 향해 성큼 나아갈 수 있고, 용서는 오직 당신 안에서만 이루어질 수 있는 것이기 때문이다. 용서하라는 하나님의 명령을 따르는 것은 그저 추상적인 종교 개념이 아니라 건강한 모습으로 돌아가는 데 실질적으로 도움이 되는 길이다.

믿어 보는 것이 어떤가? 시도해 보는 것이 어떤가?

용서를 위한 행동 계획

앞서 말했듯이 용서와 우울증 회복의 강한 연관성을 보여 주는 연구 결과가 수없이 많다. 분노의 부정적인 영향들에 관한 자료들을 보면 그런 결과는 너무도 당연한 것이다. 그런데도 이렇게 말하는 사람이 있을지도 모르겠다. "좋은 이야기이지만 나는 원래 용서를 잘할 줄 모르는 인간이야."

하지만 좋은 소식이 있다. 같은 연구들에서 용서하는 능력이 '배울' 수 있는 것임이 밝혀졌다. 당신에게는 그럴 능력이 충분히 있고, 그 능력은 발휘할수록 강해진다. 용서하는 방법 몇 가지를 소개한다.

용서하기로 선택하라
오랫동안 누군가를 향한 분노와 복수심을 숨겨온 사람이 마음의 방향을 바꿔 용서를 하려고 하면 처음에는 마음이 저항하기 마련이다. 해방을 진정으로 바란다는 증거로 자신과 계약을 맺으라. 일기장에 "이제부터 다음과 같은 상황들을 다음과 같은 이유로 용서하기로 맹세한다!"라고 쓰라. 구체적으로 쓰라. 각 상황에 대해 왜 용서가 옳은 선택인지를 쓰라. 날짜를 적고 서명한 다음, 안 좋은 일을 겪을 때 그 결심을 잊어버리지 않도록 눈에 잘 보이는 곳에 두라.

공감을 훈련하라

앞서 살폈듯이 우리에게 해를 끼친 사람들을 괴물이 아닌 평범한 인간으로 생각하는 것이 중요하다. 끔찍한 짓을 포함해서 인간의 모든 행위는 분노와 죄책감, 두려움, 상처가 포함된 복합적인 감정 상태에서 비롯한다. 우리의 모든 행동은 그 순간에는 나름대로 해야 한다고 생각해서 한 행동이다. 이것이 나쁜 행동에 대한 변명이 될 수는 없지만 남들의 상황 속으로 들어가 그들의 눈으로 상황을 보면서 연민의 이유를 찾을 필요성은 있다. 그래야 용서하고 나서 자신의 삶을 살아가기가 훨씬 쉬워진다.

감사를 실천하라

삶에서 감사할 것을 되새기는 일만큼 강력한 일도 별로 없다. 감사할 거리를 써서 큰 소리로 읽으라. 상황이 허락한다면 큰 소리로 외쳐도 좋다. 진심으로 그리고 꾸준히 이렇게 하면 용서하지 못한 일에 대한 분노와 고통이 줄어드는 경험을 하게 된다. 그것은 우리가 두 가지 생각을 한 번에 하는 것이 불가능하기 때문이다. 감사하면서 복수를 생각할 수는 없다. 현재 '가진' 복에 집중하기로 선택하면 누군가의 행동으로 인해 잃어버린 것이 그렇게 억울하게 느껴지지 않고, 그것을 잊어버리기가 훨씬 쉬워진다.

현재 속에 거하라

당신이 용서하지 않은 일은 모두 과거에만 존재한다. 다시 말해, 당신의 마음속에만 존재한다. 도둑이 계속해서 당신의 집에 들어오고 있는 것은 아니다. 가해자는 당신을 괴롭히는 짓을 오래전에 멈추었고, 친구의 배신은 과거에 한 번만 일어났을 뿐이다. 지난 일을 계속해서 곱씹는 일을 멈추기 위해 안전한 현재에 생각을 집중하는 마음 챙김 기법들을 배우면 좋다. 이를 위한 많은 기법이 존재한다. 당신에게 맞는 기법을 골라서 시도해 보라.

하나님께 도움을 요청하라

크던 작던 남에게 상처를 입고 나서 용서하는 것은 누구에게나 쉽지 않다. 용서는 자연스러운 인간 성향이 아니다. 따라서 그 방법을 배워야 한다. '진심으로' 용서하는 법을 배워야 한다. 다행히 위대한 선생이신 하늘 아버지께서는 구하는 모든 이에게 그 방법을 알려 주신다.

Chapter 8

믿음 없는 삶

건강한
영적 습관을
들이라

나는 우울증에 빠져서 삶을 거의 포기할 뻔했었음을 고백했다. 그때 내가 지금까지 당신에게 소개한 치료법과 건강한 습관들을 채택할 수 있도록 가족이 도왔다는 이야기도 했다.

내가 강연회에서 이런 이야기를 하면 강연이 끝나고 나서 뭔가 탐탁치 못한 표정으로 찾아오는 사람들이 종종 있다. 그들은 내 설명이 너무 단순해서 뭔가가 빠져 있다고 말한다. "저희 가족은 선생님의 가족이 한 것과 똑같이 했어요. 하지만 큰 효과가 없었어요. 이렇게 다른 이유는 뭐죠?" 우울증에 시달리는 한 여성은 그렇게 말했다.

하지만 다른 것은 '아무것도' 없다는 것이 내 솔직한 대답이다. 나는 다른 사람들과 조금도 다르지 않다. 나는 여느 사람들보다 조금도 낫지 않다.

이 여인의 질문은 중요한 사실 하나를 말해 준다. 내게 특별한 점은 하나도 없지만 내 삶 속에 내 회복에 결정적인 역할을 한 뭔가가 있었다(그리고 지금도 있다). 이것은 누구나 갖고 있지는 않은 요소다. 이것은 바로 믿음이다.

나는 농장과 목장, 카우보이, 거친 서부 역사로 유명한 캔자스 주 도지시티에서 자랐다. 감사하게도 나는 독실한 기독교 가정에서 태어났다. 교회에 다니며 하나님께 삶을 바친 사람들에게 둘러싸여 살던 기억이 내 어릴 적의 가장 좋은 기억 중 하나로 남아 있다. 그래서 내가 우울증에 걸려 심리적, 감정적으로 무너지기 직전에 이르렀을 때 내 안에는 결국 치유의 주된 원동력이 된 요인이 숨어 있었다. 나보다 훨씬 위대하신 하늘 아버지께 본능적으로 도움을 요청하는 법을 배우지 않았더라면 내 가족과 친구들의 도움만으로는 충분하지 않았을 것이다.

영혼을 돌보는 습관들

민음은 다양한 형태로 찾아오고, 하나님은 삶의 곳곳에서 발견될 수 있다. 다음은 나의 신앙 여정에서 찾아낸 로드맵과 주요한 이정표들이다. 내 신앙을 당신에게 강요할 생각은 추호도 없다. 다만 이 습관들은 나와 더 센터 식구들이 톡톡히 효과를 본 영적 도구들이며, 당신이 우울증에서 해방되기 위해 영혼을 돌보는 데 도움이 되리라 확신한다.

믿음을 선택하라

어려운 순간에 처해 있을 때 좋은 의도로 "믿음을 가지라"라는 말을 들으면 상대가 믿음을 너무 단순하게 여기고 있다는 생각을 하게 된다. 믿음처럼 손에 잡힐 듯 잡히지 않는 것을 원하면 마음대로 '가질' 수 있다는 말인가? 이런 말은 우울증에 시달리는 사람에게 그냥 '기분을 풀라고' 말하는 것만큼이나 도움이 되지 않는다. 앞서 당신은 회복으로 가는 발걸음 하나마다 용기와 결심이 필요하다는 것을 배웠다. 달리 표현하면, 당신의 '선택'이 필요하다. 아무리 좋은 방법을 제시받는다 해도 그 방법대로 해 보기로 스스로 선택해야 실질적인 효과를 볼 수 있다.

민음도 다르지 않다. 믿음은 우리가 붙잡아야 하는 영묘한 뭔가가 아니다. 믿음은 행동에 더 가깝다. 믿음은 우리가 의식적으로 행하는 것이다. 물론 하나님은 현재 있는 곳에서 우리를 만나 치유의 길로 이끄실 수 있고, 이끌어 주실 것이다. 하나님의 보이지 않는 역사가 우리를 보호할 때가 얼마나 많은지 모른다. 하지만 우리는 믿음의 행동을 보여야 한다. 믿음은 밤이 칠흑같이 어두워도 혼자가 아니라는 사실을 믿기로 선택하는 것이다. 때로는 억지로라도 믿어야 한다. 하나님은 우리의 믿음을 필요로 하시지 않는다. 믿음이 필요한 것은 우리 자신이다. 하나님의 힘은 쇠하지 않고, 우리의 힘이 쇠하기 때문이다.

믿음은 의식적인 선택에서 시작되며, 다름 아닌 바로 이런 이유로 인해 우리의 정신적, 감정적 면역 체계를 그 어떤 것보다도 폭발적으로 강화시킨다. 어떻게 그럴 수 있을까? 모든 우울증 환자가 영원히 잃었다고 생각하는 한 가지를 보여 줌으로써 가능하다. 그 한 가지는 바로 소망이다. 히브리서 기자는 우리에게 이렇게 약속한다. "믿음은 바라는 것들의 실상이요 보이지 않는 것들의 증거니"(11:1).

히브리서 기자는 보이지 않는 뭔가를 소망하는 것이 무슨 의미인지를 알았으며, 그 뭔가를 기다리는 동안 적극적이고도 의식적인 믿음이 우리를 지탱해 준다는 점을 이해했다. 우리는 건강의 위기나 관계의 악화, 실직, 재정적인 어려움을 겪을 수 있다. 그리고 이 모든 고난이 우리가 원하는 결과로 이어지지 않는다. 하지만 우리는 결국 이 모든 일이 하나님이 원하시는 결과요 우리에게 가장 좋은 결과로 이어질 줄 확신할 수 있다. 우리가 이렇게 확신할 수 있는 이유는 우리의 믿음이 운명이나 운 같은 이 땅의 것들에 있지 않기 때문이다. 우리의 믿음은 절대적으로 선하신 하나님께 있다.

우리는 확신과 의심, 능력과 패배감 중 어떤 태도로 인생의 상황을 맞을지 늘 선택하며 살아간다. 어떤가? 이왕이면 믿음의 능력을 선택하는 편이 낫지 않은가?

하나님께 이야기하라

영혼을 돌보는 또 다른 방법은 하나님께 이야기하는 것이다. "혹시 '기도'를 말하는 것인가?" 그것은 당신이 자주 오해를 받는 이 단어를 어떻게 정의하느냐에 달려 있다. 기도를 '교회에서 들은 문장들을 기계적으로 반복하는 것'(가까운 친구들과는 절대 하지 않는 것)으로 정의한다면, 내가 말하려는 것은 그런 것이 전혀 아니다. 불평과 신세한탄으로 이루어진 기도를 말하는 것도 아니다.

내가 말하려는 요지는 이것이다. 절망 대신 믿음을 선택할 때 회복되는 소망은 '실질적인' 것이다. 그 소망은 창조주께서 이유 불문하고 당신을 사랑하시며 당신에게서 단 한 순간도 눈을 떼시지 않는다는 절대적인 확신이다. 하나님은 지나가는 사람마다 붙잡고 지갑에서 자식들의 사진을 꺼내 자랑하는 아버지와도 같은 분이다.

오늘 그런 아버지와 찻잔 사이로 마주앉아 있다면 무슨 말을 하겠는가? 상처받은 이야기? 크고 작은 성공들? 꿈과 야망? 악몽과 실망스러운 일들? 까다로운 질문들? 가슴 깊은 곳의 두려움? 사랑하는 것들. 원하는 것들. 이런 것을 이야기하며 함께 웃고 울까?

분명 그럴 것이다. 그리고 얼마든지 그래도 좋다. 당신은 하나님과 진솔한 대화를 나눌 수 있다. 무엇보다 가장 좋은 것은 하나님과 이야기할 때 이 시련을 이길 지혜와 인도하심을 구할 수 있다는 것이다. 세상 누구나 일상 속에서 하나님의 지혜와 인도하심을 누릴 수 있다. 물론 우울증 환자도 마찬가지다. 기도는 치유를 향하는 당신에게 통찰과 영감의 강력한 원천이 되어 줄 것이다.

주의 깊게 들으라

많은 사람이 하나님이 대답하신다는 개념에 코웃음을 친다. 하지만 그것은 하나님의 음성을 직접 들어본 적이 없기 때문이다. 기도에 대해 생각할 때 중요한 단어 중 하나는 '대화'다. 그렇다. 기도는 쌍방향 커뮤니케이션이다. 응답을 받지 못한다면 애써 기도할 이유가 없다. 하나님은 항상 말씀하시며, 말이란 개념의 범위를 넓히기만 하면 그분의 음성을 듣는 데 아무런 문제가 없다. 시편 기자의 말을 들어보자.

하늘이 하나님의 영광을 선포하고 궁창이 그의 손으로 하신 일을 나타내는 도다 날은 날에게 말하고 밤은 밤에게 지식을 전하니 언어도 없고 말씀도 없으며 들리는 소리도 없으나 그의 소리가 온 땅에 통하고 그의 말씀이 세상 끝까지 이르도다(시 19:1-4).

시편이 아름답게 묘사하는 것처럼 하나님은 자연을 통해 분명히 말씀하신다. 이 메시지는 장엄하고 광대한 메시지인 동시에 균형과 아름다움, 다시 태어남에 관한 메시지다. 하나같이 우리가 힘들 때 부여잡을 만한 속성들이다.

하지만 이것은 시작일 뿐이다. 하나님은 창조주이시기 때문에 온 세상 곳곳에서 그분의 말씀을 들을 수 있다. 더 나은 사람이 되고 더 나은 행동을 하게 만드는 이야기와 미술, 음악 속에서도 하나님의 음성을 들을 수 있다. 하나님은 크고 작음에 상관없이 모든 친절한 행위를 통해 말씀하신다. 하나님은 성경을 통해, 그리고 무지의 어둠 속에 빛을 비추기 위해 애썼던 역사 속의 지혜로운 인물들의 말을 통해 말씀하신다. 하나님은 우리의 꿈과 직관을 통해 말씀하신다.

하지만 여느 대화와 마찬가지로, 하나님의 말씀을 한마디도 듣지 못할 수도 있다. 언제 그럴까? 우리가 귀를 기울여 듣지 않을 때 그럴 수 있다. 하나님이 실제로 우리 질문에 답하시고 우리의 두려움을 달래 주신다고 믿기 전까지는 다급하게 우리 말만 할 뿐 하나님이 응답하실 틈을 주지 않을 수 있다. 이런 불필요한 실수를 피하려면 하나님 앞에 조용히 무릎을 꿇고 온 촉각을 그분께 집중할 시간이 필요하다. 세상에 가득한 하나님의 다양한 사랑 표현을 찾으려고 하면 누구나 찾을 수 있다.

매순간 감사하라

간단히 말해, 감사는 낙관론을 길러 주고 낙관론은 희망을 키워 준다. 이것이 감사보다 더 효과적인 영혼의 약을 상상하기 어려운 이유다. 중세 기독교 철학자이자 신비주의자 마이스터 에크하르트(Meister Eckhart)는 이런 말을 했다. "당신이 평생 할 수 있는 기도가 '감사합니다'뿐이라고 하면 그것만으로 충분하다." 우리가 지독히 어두운 순간에도 감사할 수 있고 감사해야 하는 것들은 가히 끝이 없을 정도다.

심각한 우울증에 빠지면 살아 있다는 사실이나 곁에 있는 사랑하는 사람들에 대해 감사하는 마음을 그러모으기가 어려울 수 있다. 그러니 작은 것들부터 시작하라. 누구나 작은 감사거리는 댈 수 있다. 소소하고 특별한 것일수록 좋다.

예를 들어, 나는 아이스크림과 그것을 발명한 기발한 천재에게 감사한다. 여름날 밤에 갓 정리한 잔디의 냄새와 맨발로 밟을 때의 감촉에 감사한다. 당신은 어떤가?

데리야끼소스, 나비, 연, 모차르트, 뭐든 당신을 웃게 만든 것에 열정적으로 감사를 표현해 보라. 뜨거운 샤워와 부드러운 타월에 감사하다고 말해 보라. 롤러코스터, 야구, 엘비스 프레슬리, 폭죽, 먼짓길 위에서 솟아난 튤립들, 아이의 주체 못할 웃음, 영화관에서 조명이 꺼지는 마법과도 같은 순간 등 감사할 것이 한두 가지가 아니다.

나는 비오는 쌀쌀한 아침에 따뜻한 양말을 신으면서 깊은 감사를 느낀다. 그런데 알고 보니 나만 그런 것이 아니다. 노벨상을 수상한 칠레 시인 파블로 네루다의 시 '내 양말에게 바치는 송시'(Ode to My Socks)는 다음과 같은 멋진 구절로 끝맺음을 한다.

내 송시에 담긴
교훈은 이러하니
털로 짠
양말 한 짝이
겨울에는
두 배로 아름답고
두 배로 좋다는 것.[1]

이쯤 하면 무슨 말인지 알 것이다. 이 시가 말하듯이 감사는 우리 주변의 모든 것을 더 아름답고 좋게 보이게 만든다. 또한 감사는 그 모든 것을 주신 사랑의 하나님을 더욱 분명히 보게 해 준다. 어두운 생각들이 모든 밝을 생각을 몰아낼 때 창조주에 대한 감사는 밝은 생각을 즉시 되돌아오게 만든다.

실수를 인정하라

어린 나이에도 나는 자랑스럽지 못한 짓을 인정하고 책임질 때 찾아오는 후련함을 알았다. 부모님이나 선생님, 친구에게 남모를 죄를 숨기고 있는 것은 호주머니에 돌을 가득 채우고 다니는 것처럼 힘들었다. 진실을 말하는 순간, 그 모든 짐이 내 어깨에서 내려졌다. 물론 대가는 남아 있었지만, 언제나 진실을 솔직히 털어놓는 편이 났다는 사실을 배웠다.

바로 이것이 고백의 효과다. 고백은 잘못을 들킬지 모른다는 두려움에서 해방시킨다. 믿음을 적극적으로 선택하는 것과 마찬가지로, 고백도 하나님이 아닌 우리를 위한 것이다. 잘못에 책임을 지는 것은 곧 자신이 한낱 인간임을 인정하는 것이다. 그런데 아이러니하게도 이것을 인정하고 나면 오히려 힘이 솟는다. 들킬까 두려워하는 마음의 원인 중 하나는 우리가 실제보다 더 나아야 한다는 잘못된 생각이다. 사실, 하나님은 우리에게 전혀 그런 기대를 하시지 않는다. 우리의 실수를 인정하는 순간, 앞으로 더 나아질 힘과 의욕을 얻는다. 고백은 자신의 현주소를 인정하고 개선을 위해 계속해서 노력하게 만든다.

나아가 고백은 하나님의 평안과 위로, 용서를 받게 해 준다. '고백하다'(Confess)란 단어는 '동의'(agreement)란 단어에서 비롯했다. 따라서 고백은 우리의 잘못에 대한 하나님의 시각에 동의하고 나서 그 잘못을 바로잡기 위한 하나님의 계획에 동의한다는 뜻이다. 시편 기자는 고백에 담긴 치유 효과를 누구보다도 잘 알고 있었다. "내가 입을 열지 아니할 때에 종일 신음하므로 내 뼈가 쇠하였도다 … 주께 내 죄를 아뢰고 내 죄악을 숨기지 아니하였더니 곧 주께서 내 죄악을 사하셨나이다"(시 32:3, 5).

함께 모이라

우울증을 치료하려는 사람들에게 가장 무서운 적 중 하나는 '고립'이다. 혼자 있으면 건강하지 못한 습관과 왜곡된 사고 패턴에 빠질 위험이 훨씬 높아진다. 혼자 있으면 우리 안에서 절망의 목소리만 끝없이 증폭된다. 이런 고립의 벽을 무너뜨리기 위해 필요한 것은 동변상련의 마음으로 두 팔 벌려 우리를 받아줄 사람들이 있는 공동체다.

좋은 신앙 공동체가 그런 공동체가 되어 줄 수 있다. 나와 함께 신앙생활을 하는 크리스천들은 대부분 나름대로 힘든 길을 통해 믿음에 이르렀다. 이처럼 자신도 힘든 길을 걸어온 신앙인들은 우울증에서 돌아오는 길에 만나는 난관들을 남들보다 더 잘 이해해 줄 수 있다. 그들은 당신을 정죄하는 대신 기댈 어깨를 빌려 줄 것이다.

신앙 공동체에 소속되면 세상에 힘든 사람이 당신만이 아니라는 사실을 구체적으로 확인하게 된다. 지독히 어두운 순간에도 자신이 혼자가 아니라는 사실을 기억할 때 치유의 힘이 생긴다. 나아가 교회 모임에서 음악과 축하, 기쁨, 감사, 섬김이 여전히 살아 있음을 확인할 수 있다. 수십, 수백, 수천 명의 목소리가 한데 어우러져 부르는 노래는 상처 입은 마음에 큰 위안이 될 수 있다.

섬기라

힘든 사람이 자신만이 아니라는 사실을 깨닫게 되면, 다음 단계는 자기 밖으로 나와 남들을 돕는 것이다. 신앙 공동체에는 그 어느 곳보다도 섬김의 기회가 넘쳐나며, 그곳에서 당신에게 딱 맞는 섬김의 자리를 찾을 수 있다.

만약 신앙 공동체에 참여할 생각이 없다면 지역 사회에서도 얼마든지 섬김을 실천할 수 있다. 대도시마다 노숙자 쉼터, 가정 폭력 희생자들을 위한 상담 센터, 동물 구조 단체, 장애를 가진 재향 군인을 위한 프로그램, 호스티스 센터, 암 지원 단체, 자살 예방 클리닉, 친구를 필요로 하는 사람들이 가득한 요양소가 있다. 다 나열하자면 분량이 꽤 될 것이다. 이 모든 프로그램은 도움이 필요한 처지를 잘 아는 자원 봉사자들의 힘으로 운영된다. 섬김의 가장 좋은 점은 도움을 받는 사람만큼이나 도움을 주는 사람의 삶도 좋아진다는 것이다. 2007년 CNCS(Corporation for National and Community Service)에서 발표한 '자원 봉사가 건강에 미치는 유익들'이란 제목의 보고서에서 이런 부분이 있다. "자원 봉사 활동은 사회적 연대를 강화하여 개인들이 힘든 시기에 고립되지 않게 해 주며, 남들을 돕는 경험은 자존감과 자신감을 높여 준다."[2]

이 보고서에 인용된 한 연구에 따르면 남들을 섬기는 사람들은 그렇지 않은 사람들보다 오래 산다.[3] 이런 식으로 생각해 보라. 교회를 통해서 혹은 개인적으로 지역 봉사 활동에 참여하면 건강에 좋은 약을 공짜로 먹는 것이나 다름없다!

웃으라

때로는 전혀 뜻밖의 곳에서 지혜를 발견할 수 있다. 바로, 지미 버핏의 1977년 히트송 가사에 담긴 지혜가 그런 경우다. "웃을 수 없으면 다 미칠 거야."

물론 지미 버핏이 과학적으로 맞는 말인 줄 알고서 이 가사를 쓰지 않았을 것 같다. 하지만 웃음의 육체적, 심리적, 감정적 효과는 전혀 뜬금없는 소리가 아니다. 자주 웃으면 좋다는 증거가 계속해서 나오고 있다. 최근의 한 연구는 웃음의 몇 가지 효능에 주목했다.

- 스트레스 수준을 줄여 준다.
- 면역력을 높여 준다.
- 몸의 자연적인 진통제인 엔도르핀 분비를 촉진시킨다.
- 심박수와 주요 기관들의 산소화를 높여 준다.[4]

웃음은 육체적 건강에 좋은 습관일 뿐 아니라 '영적' 습관이기도 하다. 웃으면 신앙생활에 큰 유익이 있다. 우리 힘의 궁극적인 근원이신 하나님은 우리가 좋은 시절을 즐기고 힘든 시절을 견딜 수 있도록 유머와 웃음, 위트라는 선물을 주셨다. 시편 기자는 하나님의 도우심으로 슬픔의 골짜기(혹시 우울증이지 않을까?)에서 빠져나와 즐겁게 웃었던 경험을 묘사했다. "주께서 나의 슬픔이 변하여 내게 춤이 되게 하시며 나의 베옷을 벗기고 기쁨으로 띠 띠우셨나이다 이는 잠잠하지 아니하고 내 영광으로 주를 찬송하게 하심이니"(시 30:11-12). 무엇보다도, 하나님이 주신 웃음은 우울증 치료의 특효약이다.

혹시 웃음이 이번 장의 다른 습관들과 마찬가지로 저절로 나오는 것만이 아니라 우리 스스로 선택할 수 있는 행동이라는 것을 아는가? 예를 들어 '웃음 요가'는 의도적으로 웃는 그룹 활동이다. 처음에는 억지로 웃는 것 같아 이상하게 느껴지지만, 곧 진짜 웃음이 터져 나와 배꼽을 잡고 웃게 된다. 한번 해 보라. 격려가 필요할 때마다 사용할 수 있는 웃음이 내내 당신 안에 있었다는 사실에 깜짝 놀라게 될 것이다.

믿음을 갖기 위한 행동 계획

믿음을 통해 영혼을 돌보는 습관들은 단순한 프로그램이 아니라 새로운 삶의 방식이다. 이 습관들은 유익하지 않은 낡은 것들을 드러내고 유익한 새로운 삶의 길을 보여 줌으로써 우리를 내면에서부터 변화시킨다. 이 신앙의 습관들이 이 책의 다른 것들과 균형을 이루면 놀라운 효과가 나타날 수 있다. 몇 가지 첫 단계들을 소개한다.

하나님께 도움을 요청하라

예수님은 제자들에게 이렇게 말씀하셨다. "구하는 이마다 받을 것이요 찾는 이는 찾아낼 것이요 두드리는 이에게는 열릴 것이니라"(마 7:8).

도와달라는 간단한 간구보다 더 강력한 기도는 없다. 하나님께 우울증을 극복하고 치유에 좋은 결정을 내릴 지혜를 달라고 요청하라.

남들의 도움을 구하라

신앙의 가치에 관해 의구심이 드는가? 괜찮다. 당신만 그런 것이 아니다. 이 주제에 관한 탐구에 도움을 줄 수 있는 믿을 만한 사람을 찾으

라. 신앙의 길을 먼저 걸은 사람들이 그동안 배운 것을 당신에게 가르쳐 줄 수 있다.

성경과 지혜로운 글들을 읽으라

인류 역사는 인간의 기원과 진정한 본질을 이해하기 위한 오랜 탐구라고 할 수 있다. 감사하게도 이 탐구에 관한 기록들이 남아 있다. 자신과 사랑의 하나님에 관해 알려 주는 지혜로운 시와 글이 많이 남아 있다.

생각을 지키라

새로운 생각이 들어오면 낡은 생각들은 저항하며 맹렬한 싸움을 벌이게 되어 있다. 이 싸움에서 당신은 단순한 구경꾼이 아니다. 어떤 생각을 먹이고 어떤 생각을 굶어 죽일지 선택할 힘이 당신에게 있다. 특정한 말과 메시지가 끊임없이 우리의 마음속을 채우고 있다. 이런 자기 대화는 감정과 선택, 시각에 좋은 쪽이나 나쁜 쪽으로 강한 영향을 미친다. 치유에 도움이 되는 생각을 자꾸 하고, 기분을 저하시키고 의심을 일으키는 생각은 몰아내라.

수시로 감사를 표현하라

앞서 말했듯이 감사는 우울증 치료의 열쇠 중 하나다. 하지만 우울해져 있을 때는 자신이 받은 복을 보지 못하거나 인정하지 않는다. 매일 감사하기로 선택하라. 감사 일기를 쓰라. 잠자기 전에 당신의 삶 속으로 찾아온 선물들을 되돌아보라. 친구와 함께 걸을 때 감사할 거리들을 언급하라. 감사의 기도를 드리라

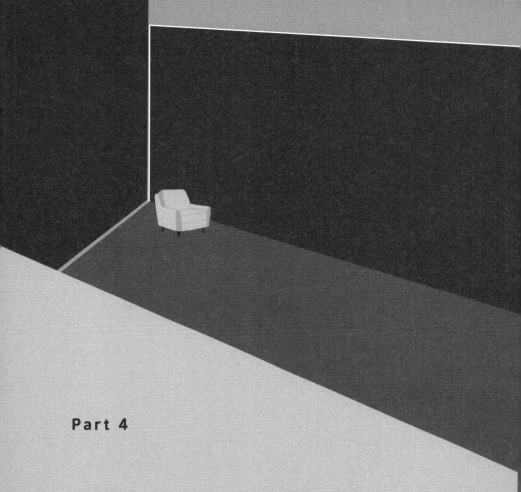

Part 4

'육체의 블랙홀'에서
벗어나기

당신의 몸은 안녕하신가요?

Body

Chapter 9

운동

육체활동을 하면
기분과 신진대사가
좋아진다

지나는 오후 2시 40분에 알람을 맞추지 않으면 딸아이를 유치원에서 데려오는 것을 까먹기 일쑤였다. 그녀는 깊은 우울증에 빠져 있었다. 감정과 행동을 보면 분명히 알 수 있었다. 슬픔과 무기력감에 빠져 일상적인 일을 하는 것조차 버거웠다. 딸을 유치원에 데려다 준 뒤에는 돌아와서 다시 데리러 갈 때까지 잠을 자거나 거실의 창문으로 밖을 멍하니 응시하는 것이 일상이었다. 저녁식사가 끝나자마자 지나는 이불 속으로 기어들어 갔다. 다섯 살배기 딸의 저녁식사를 마무리하는 것은 언제나 남편 스티브의 몫이었다.

하루는 스티브가 아내에게 인터넷 우울증 검사를 받아보라고 권했다. 역시나 검사 결과는 임상 우울증이라는 진단이었다. 결국 부부는 더센터에 왔고, 우리는 지나가 항우울제를 복용해야 한다는 판단을 내렸다. 그런데 지나의 담당 의사는 부부와 진료 자료와 검사 결과를 분석한 뒤에 이렇게 말했다. "항우울제도 좋지만 하루에 30분씩 일주일에 다섯번 걷기 운동을 하면 최소한 항우울제 이상의 효과가 있을 겁니다."

우울증의 원인들은 지나의 삶과 몸, 뇌 안의 곳곳에 퍼져 있었다. 그래서 우리는 전인적 모델을 통해 다각도에서 문제를 다루었다. 무엇보다도 핵심은 지나를 다시 움직이게 만드는 것이었다.

운동이 우울증을 완화하고 예방한다는 것은 전혀 새로운 개념이 아니다. 기분을 안정시키고 개선하는 데서 운동이 항우울제만큼이나 효과적이라는 개념도 마찬가지다.

한 연구는 주요 우울증에 걸린 156명의 성인을 세 그룹으로 무작위로 분류했다. 첫 번째 그룹은 일주일에 세 번 유산소 운동을 했고, 두 번째 그룹은 항우울제를 복용했다. 세 번째 그룹은 운동과 항우울제 복용을 병행했다.

4개월 뒤, 운동만 한 그룹은 다른 두 그룹만큼 좋은 차도를 보였다. 운동만 한 그룹의 우울증 재발률이 더 낮았다는 점이 특히 흥미롭다. 또한 연구가 끝난 뒤에도 10개월 동안 꾸준히 운동한 참가자들은 운동을 하지 않은 참가자들보다 재발률이 50퍼센트 이상 낮았다.[1]

이 외에도 많은 연구가 비슷한 결과를 보여 준다. 실제로 토론토대학 교수들은 우울증과 운동의 연관성에 대한 26년간의 연구들을 분석했다. 25개 이상의 연구 보고서를 분석한 결과는 하루 20-30분의 가벼운 육체 활동이 모든 연령대에서 우울증을 완화하거나 예방할 수 있다는 것이다.

이 분석 보고서의 공동 저자인 조지 마멘은 이렇게 말한다. "이 분석에서 활동의 영향이 육체적인 차원을 훨씬 넘어선다는 희망적인 증거를 발견할 수 있었다. 현재 육체 활동을 하고 있다면 계속해서 해야 하고, 육체 활동을 하고 있지 않다면 시작해야 한다."[2]

어떻게든 시작하라

나는 내담자들을 상담할 때 '운동' 대신 주로 다른 단어를 사용한다. 운동하면 고된 활동이나 과거의 실패가 떠올라서 지레 겁을 먹고 포기하는 경우가 많기 때문이다. 그래서 대신 나는 '육체적 움직임'이란 표현을 사용한다.

우울증 한자들에게 운동 프로그램을 시작하라고 권하기보다는 좀 더 움직이라고, 육체 활동을 늘리라고 권한다. 많은 우울증 환자가 기력과 의욕이 없어서 운동이라고 하면 질색을 한다. 내 환자 중 한 명은 도무지 운동을 할 엄두가 나지 않아 '아주' 점진적인 방법을 생각했다. 그 환자는 그저 운동복을 입고 헬스클럽까지 차를 몰고 가서 러닝머신 위에 서 있다가 오는 것을 하루의 목표로 삼았다. 그 이상 생각조차 할 수 없었다.

그런데 이것이 출발점이었다. 이 세 가지만 하면 하루의 목표가 달성되는 것이었다. 덕분에 너무 피곤해서 할 수 없다는 변명의 여지는 없어졌다. 그런 변명이 떠오를 때면 그 환자는 실제로 뭔가를 '할' 필요성이 없다는 사실을 떠올렸다. 그냥 러닝머신 위에 서 있다가 오면 되니까 부담을 가질 까닭이 없었다.

그런 전략은 시간이 없어서 운동을 할 수 없다는 변명의 여지도 없애주었다. 그런 변명이 떠오를 때마다 그 환자는 헬스클럽에서 오래 있을 필요가 없다는 사실을 떠올렸다. 그냥 아주 잠깐만 서 있다 오면 끝이었다.

어떻게 되었을지 짐작이 가는가? 이 환자는 헬스클럽에 도착해서 러닝머신 위에 서면 '이왕 여기까지 왔는데 딱 10분만 뛰고 가자'라는 생각이 들었다. 그 10분은 몇 주 뒤에 20분이 되었고, 나중에는 40분이 되어 그 해 말까지 몸무게가 10킬로그램이나 줄어드는 성과로 이어졌다. 뿐만 아니라 식습관도 몰라보게 좋아지고 밤에 숙면도 취할 수 있게 되었다. 그로 인해 몸의 활력과 함께 자존감도 상승했다. 물론 우울증 증상이 마법처럼 단번에 사라지지는 않았지만 기력과 의욕이 상승한 덕분에 삶의 다른 측면들까지 차츰 제자리를 잡기 시작했다.

몸을 조정하기 전에 자신의 상황에 맞게 속도를 조정한 것은 매우 현명한 전략이었다. 그리고 그 전략은 주효했다. 천천히 시작하면 뇌가 아는 것을 몸과 의지가 따라갈 시간이 있다. 중요한 것은 작고 간단한 것도 좋으니 '뭐라도' 하기 시작하는 것이다.

하루 30분, 마법의 시간

우울증과 싸우기 위해서 꼭 개인 트레이너를 고용하거나 헬스클럽에서 몇 시간씩 운동할 필요는 없다(물론 그렇게 하면 좋지만). 간단한 움직임이라도 늘리면 기동성과 정신 건강이 개선될 수 있다. 예를 들어, 직장에서 조금만 더 먼 곳에 차를 주차하고, 엘리베이터 대신 계단을 이용하고, 저녁식사 후에 강아지와 산책하고, 하루에 30분 정도는 정원을 가꾸고, 일주일에 몇 번씩 친구를 만나 공원을 거닐면, 별 것 아닌 것 같지만 효과가 엄청나다.

〈미국 정신의학 학회지〉에 발표된 한 연구에서 연구가들은 33,908명의 건강한 성인들을 11년간 추적하여 운동, 우울증, 불안증에 관한 데이터를 수집했다. 연구 결과는 앉아만 있는 사람들의 우울증 발병 가능성이 일주일에 한두 시간이라도 운동한 사람들보다 44퍼센트나 높다는 것이었다. 특히, 한 시간의 위력은 실로 대단했다. 그 연구의 몇 가지 결론을 살펴보자.

- 우울증 예방에 좋은 유익들의 대부분은 일주일에 한 시간의 가벼운 운

동을 통해 이루어졌다.

- 낮은 강도의 운동이 고강도 운동만큼 유익했다.
- 연구 대상 중 일주일에 최소한 1시간 이상의 육체 활동을 하지 않다가 우울증에 걸린 사람이 12퍼센트나 된다.[3]

적당한 육체 활동의 유익들은 광범위하고도 실질적이다. 미국 암 학회 CPS-3(Cancer Prevention Study-3)의 전략 책임자 알파 파텔 박사는 이렇게 말했다. "아무 활동을 하지 않던 사람이 얼마만큼이라도 활동을 하면 어떤 이유로든 조기 사망할 위험이 뚜렷하게 줄어든다."[4] 여기서 나는 "얼마만큼"이란 단어가 특히 눈에 들어온다.

물론 고강도 운동을 꾸준히 하면 추가적인 유익들이 있다. PAGA에 따르면, 한 주에 적절한 계획은 (빨리 걷기 같은) 적절한 강도의 유산소 활동 2시간 반과 모든 주요 근육(다리, 엉덩이, 등, 복근, 가슴, 어깨, 팔)을 키워 주는 근육 강화 운동 이틀이다. 이런 가이드라인을 지키면 당뇨, 심장질환, 뼈와 근육 강도 등을 개선해서 말 그대로 목숨을 건질 수 있다.[5]

특히 활동량을 조금이라도 늘리는 것이 정신 건강에는 너무도 중요하다. 평소에 늘 앉아서 생활하는 사람이라면 더더욱 그렇다.

육체적 움직임이 우울증에 어떻게 도움이 될까?

하지만 움직이는 것이 왜 그렇게 중요한가? 《운동화 신은 뇌》(The Revolutionary New Science of Exercise and the Brain)의 저자 존 레이티(John Ratey)는 우울증

을 "뇌의 감정적 회로가 물리적으로 변경된 상태"로 부른다. 레이티는 우울해진 뇌에서 다음과 같은 일이 벌어지고 있다고 설명한다.

노르에피네프린(Norepinephrine)과 도파민, 세로토닌은 시냅스들 사이로 정보를 나르는 중요한 메신저들이다. 하지만 충분한 연결이 이루어지지 않으면 이런 신경 전달 물질이 그 작업을 제대로 할 수 없다. 뇌의 역할은 정보를 전달하고 끊임없이 스스로를 재배선하여 우리가 적응하고 생존하도록 돕는 것이다. 우울증에 걸린 경우에는 뇌의 적응력이 멈추는 것으로 보인다. 우울증은 세포 차원에서의 학습이 멈춘 상태다. 뇌가 부정적인 자기혐오의 루프에 빠질 뿐 아니라 그 구덩이에서 스스로 빠져나올 유연성을 상실한 상태다.

레이티는 이렇게 덧붙인다. "전전두엽 피질(prefrontal cortex)의 연결이 한동안 끊어져 있었다면 그것을 재프로그램해야 하는데, 운동이 그러기 위한 완벽한 방법이다."[6]

우울해진 뇌의 재배선에 운동이 왜 그렇게 효과적인 것일까? 운동을 하면 뇌의 건강과 기분에 주요한 영향을 미치는 화학물질과 호로몬들의 분비량이 늘어나기 때문이다. 운동의 영향을 받는 다섯 가지 뇌 화학물질과 호르몬에 관해서 살펴보자.

노르에피네프린

호르몬인 동시에 뇌 화학물질인 노르에피네프린은 집중력과 기억력을 좋게 만든다. 이런 이유로 일리노이대학의 한 연구에서 운동이 ADHD

아동들의 인지 능력 개선에 효과적이라는 점이 증명되었다. 이 연구에서 단 20분의 운동이 아이들의 집중력을 높여 시험에서 더 좋은 점수를 만들어냈다.[7]

도파민

도파민은 쾌감 및 동기 유발과 연관된 신경 전달 물질이다. 도파민은 미리 계획하고, 집중하고, 목표를 달성했을 때 기쁨과 성취감을 느끼는 데 도움을 준다. 육체적 움직임은 도파민 분비를 자연적으로 증가시키는 가장 효과적인 방법 중 하나다. 나아가, 밖에서 활동하면 더 좋다. 햇빛이 도파민 수용체의 숫자를 증가시키고, 도파민 분비를 돕는 비타민D를 형성시키기 때문이다.

세로토닌

이 뇌 화학물질은 감정이 큰 영향을 미치는 자연적인 신경 안정제다. 또한 식욕과 잠, 기억, 성욕, 사회적 행동을 조절하는 데도 도움을 준다. 운동은 세로토닌 분비를 증가시킬 뿐 아니라 우리의 몸이 그것을 잘 사용하도록 돕는다.

BDNF(Brain-Derived Neurotrophic Factor)

이 화학물질은 뇌 세포들 사이의 새로운 연결을 촉진시키기 때문에 전반적인 뇌 건강에 극도로 중요하다. 운동은 뇌 속에서 BDNF 생산을 3배나 늘릴 수 있다.

엔도르핀

이 신경화학물질은 불편과 스트레스를 크게 줄여 준다. 사실 엔도르핀은 뇌의 자연적인 진통제이며, 황홀감 및 전반적인 행복감과 연관이 있다. 투르쿠대학의 연구가들은 엔도르핀 분비를 가장 활발하게 촉진시킨 한 가지 종류의 운동(고강도 인터벌트레이닝)을 규명했다.

레이티 박사의 말을 들어보자. "운동이 즉효약은 아니지만 뇌가 다시 돌아가게 만들어야 한다. 몸을 움직이면 뇌는 다른 선택의 길이 없다. 이것은 긴 과정이다. 최상의 전략은 한 번에 한 한 걸음, 그 다음에는 크게 한걸음을 내딛는 것이다. 천천히 시작해서 꾸준히 하라. 우울증은 기본적으로 뇌가 움직이지 않는 상태로 정의할 수 있다. 운동은 이런 부정적인 신호를 흐트러뜨려 뇌가 동면에서 깨어나도록 속이는 것이다."[8]

하지만 잠깐, 여기서 끝이 아니다. 내 환자들 중에 움직이기 시작하는(그리고 나서 계속해서 움직이는) 사람들이 우울증 완화나 치료, 그리그 향후 재발에서 훨씬 성공적인 결과를 보인다. 하지만 움직임의 효과는 여기서 끝이 아니다.

ACSM(American College of Sports Medicine)의 소비자정보위원회 회장 마이클 브라코(Michael Bracko) 박사는 이렇게 말한다. "운동은 마법의 약이다. 운동은 일부 심장질환을 비롯해서 실제로 병을 치유할 수 있다. 운동은 일부 형태의 암들을 예방하거나 치유하는 것으로 알려져 왔다. 운동은 관절염 회복에 좋다. 운동은 우울증 예방과 완화에 효과적이다."[9]

운동이 몸 전체에 좋다는 점을 모르는 사람이 없겠지만, 건강과 관련된 중요한 유익들 몇 가지만 소개하고 싶다. 육체적 움직임은 다음과 같은 효과가 있다.

172

뼈를 강화시킨다. 체중이 실리는 운동은 새로운 뼈 조직을 자라게 해서 근육을 강화시킨다. 체중이 실리는 운동은 자신의 체중을 지탱하게 만드는 운동을 말한다. 걷기, 조깅, 계단 오르기, 춤, 점프 등이 그런 운동이다. 체중이 실리지 않는 운동에는 수영과 자전거 타기가 있다.

근력을 강화시킨다. 근력 강화 운동은 나이가 먹을수록 중요해진다. 40세 즈음부터 근육량이 줄어들기 시작하기 때문이다. 자연적인 노화에 순응하지 않고 근육 유지, 나아가 강화에 도움이 되는 운동을 하면 삶의 거의 모든 영역이 좋아진다. 근육이 강해지면 자녀나 손자를 들고 자동차에서 장바구니를 내리기가 편해지는 것 같은 당연한 효과 외에도 몸의 균형이 좋아져서 나이를 먹어도 잘 넘어지지 않는다. 아울러 근육이 강해지면 골 부피가 유지되기 때문에 골다공증에 걸릴 확률이 줄어든다.

숙면을 취하게 해 준다. 우리는 이미 우울증과 수면의 관계를 살펴 밤에 꾸준히 단잠을 자면 감정적인 건강이 극적으로 개선된다는 점을 확인했다. 한 연구에 따르면, 만성 불면증 환자들이 걷기 같은 중간 강도의 유산소 운동을 하면 더 빨리 잠들고 더 오래 잔다.[10]

심혈관 건강을 증진시킨다. 미국에서 매년 73만 명의 성인이 심장발작으로 쓰러진다. 사실, 심장 질환은 남녀 모두의 중요한 사망 원인이다. 매년 미국에서 60만 명 이상이 심장 질환으로 목숨을 잃는다.[11] 육체를 움직이지 않는 것이 심장질환 발병의 주요한 원인이며, 운동이 심장질환 발병 위험을 크게 낮추고 발병 후에도 회복에 도움이 된다는 연구 결과가 계속해서 나오고 있다. 하지만 많은 사람이 충분히 움직이고 있지 않다. 성인 5명 중 4명이 미국 보건복지부에서 추천한 건강을 위한 PAGA 가이드라인을 따르지 않고 있다. 심장 건강을 위해 가장 좋은 운동 네 가지는 빨리 걷기, 달리기, 수영, 자전거 타기다.

혈당을 낮춰 준다. 운동은 인슐린 감수성을 높여 혈당을 낮춘다. 운동 도중과 후에 인슐린 감수성이 높아지면 근육 세포가 포도당을 흡수하기 위해 인슐린을 사용하는 데 도움이 된다. 또한 운동 중의 근육 수축은 세포들이 심지어 인슐린 없이도 포도당을 흡수하고 사용하는 데 도움을 준다.[12]

운동은 많은 것을 바꾼다

육체적 움직임은 뇌와 몸에 기적을 발휘할 뿐 아니라 전반적인 태도와 마음가짐을 바꾸는 결정적인 역할을 한다. 레이티 박사는 운동이 우울해진 전전두엽 피질 재프로그램에 완벽한 방법이라고 말한다. 운동은 우리가 생각하고 상황에 대처하는 방식도 변화시킬 수 있다. 규칙적인 운동의 몇 가지 유익을 더 소개한다.

자신감을 높여 준다. 건강한 몸에서 오는 자신감이 있다. 또한 자신이 매일 몸에 좋은 뭔가를 하고 있다는 데서도 자신감이 솟아날 수 있다. 어떤 경우든 규칙적인 육체적 움직임은 자신감을 높여 준다.

창의성을 높인다. 스탠퍼드대학의 한 연구에 따르면, 그냥 걷기 같은 단순한 활동도 수렴적 사고(문제 해결)와 확산적 사고(독창적인 아이디어)를 모두 촉진시켜 창의성을 높인다.[13]

상황에 올바로 대처하게 해 준다. 앞서 운동을 하면 몸의 자연적인 진통제인 엔도르핀이 분비되고 불안증과 스트레스가 줄어든다는 이야기를 했다. 이런 이유로 운동은 건강한 대처 방식을 채택하기 위한 완벽한 활동이다. (알코올 남용, 과식, 과도한 텔레비전 시청 같은) 건강하지 못한 대처 방식들은 일시적인 위로가 될 수는 있을지 몰라도, 기껏해야 편법일 뿐이고 장기적으로는 유익보다 해를 더 많이 끼친다. 하지만 육체적인 움직임은 순간적인 위로를 제공할 뿐 아니라 뇌와 몸의 장기적인 건강에 수많은 유익을 끼친다.

준비, 출발!

한 번에 한 걸음씩 건강을 향한 여행을 시작하라고 했지만 지나는 거부했다. 지나는 겨우 차에 타서 두 시간 뒤 집으로 돌아오는 것보다 더 많이 움직일 힘도 의지도 없다며 눈물을 흘렸다.

하지만 몇 주 뒤 한 이웃이 매일 지나에게 딸을 유치원에 데려다 주고 와서 잠깐 산책을 하지 않겠냐고 제안했을 때 지나는 용기를 그러모아 고개를 끄덕였다. 지나는 힘을 내서 천천히 시작해 보기로 결심했다.

처음 사흘 동안 두 여성은 겨우 몇 블록씩 걸었다. 지나는 자신이 너무 느리게 걷고 조금밖에 걷지 않는 것 때문에 이웃이 답답해 할까 걱정했다. 하지만 알고 보니 이웃도 몸이 힘든 사람이었다. 또한 그 이웃은 누구보다도 연민과 이해심이 많은 사람이었다.

지나는 강도보다 꾸준함을 선택했다. 그녀는 억지로 많이 걸으려고 하기보다는 매일 아침 문밖으로 나가는 것 자체에 의미를 두었다. 그랬더니 일주일 만에 두 여성은 처음보다 두 배로 많은 거리를 걷게 되었다. 또한 지나는 이웃과 매일 대화하며 우정을 키워가는 것이 어둠에서 빛으로 나오는 데 큰 도움이 되는 것을 느꼈다. 몇 달간 이어진 꾸준한 운동과 우정은 지나의 우울증 치료를 위한 초석이 되었다.

운동은 전 방위적인 유익을 끼치기 때문에 실로 강력한 도구다. 나는 운동이 내 환자들의 삶에서 여러 긍정적인 변화를 일으키는 모습을 수없이 보았다.

그러니 이번 장을 마치자마자 잠시 책을 내려놓고 산책을 하거나 자전거를 타기를 바란다. 천천히 시작하면 곧 감정적인 건강이 몰라보게 회복되는 경험을 하게 될 것이다.

운동을 위한 행동 계획

하루만 활동량을 늘리는 것도 좋은 출발점이다. 하지만 가장 큰 효과는 꾸준함에서 온다. 일단 움직이기 시작한 뒤에는 어떻게 하면 매일, 매주 꾸준히 움직일 수 있을까? 더 활동적인 생활 습관을 길러 장기적인 유익을 거둘 다섯 가지 방법을 소개한다.

일기를 쓰라

운동 전후와 도중에 어떤 생각과 기분이 드는지를 쓰라. 몸이나 태도, 감정이 어떻게 좋아지는지를 기록하라. 운동 도중이나 후에 새로운 생각이 떠오르면 그것도 적으면 좋다. 운동은 창의력과 문제 해결 능력을 키워 주기 때문에 어떤 희망적이고 유용한 생각이 떠오를지 모른다.

꾸준함을 목표로 하라

특히 처음 시작할 때는 강도보다 꾸준함이 중요함을 기억하라. 몸과 정신이 강해지면 운동 강도를 높이고 싶은 생각이 들기 마련이다. 하지만 처음에는 꾸준함을 첫 번째 목표로 삼으라.

한 번 실패하면 끝이라는 생각을 버리라

운동이 효과를 보려면 꾸준함이 필수이지만, 조금 느슨해졌다고 해서 자신을 너무 몰아붙일 필요는 없다. 한 번 실패하면 끝이라는 생각으로 인해 제대로 시작도 해 보지 못하고 운동을 그만둔 사람이 수없이 많다. 하루 이틀 운동을 빼먹었다고 해서 너무 심각하게 생각하지 말라. 그냥 다시 시작하라. 꾸준함은 강도보다 중요할 뿐 아니라 완벽한 기록보다도 중요하다. 한 번 실패했다고 건강으로 가는 길을 포기하지 말라.

피트니스 앱의 도움을 받으라

꼭 휴대폰에서 피트니스 앱을 다운로드하거나 활동 추적기를 사야 (그래서 그러기 전까지 운동을 미루어야) 하는 것은 아니지만 그것이 사람에 따라 동기 유발이 될 수 있다. 앱이나 추적기로 걸음수를 세거나 활동 목표를 달성할 때 뿌듯함을 느낀다면 그렇게 하는 것이 좋다.

운동할 때 들을 음악 목록을 짜라

음악과 운동은 강력한 조합이다. 명랑한 음악들의 목록을 짜면 활동하는 데 도움이 되고, 매일 특정한 음악들에 맞추어 운동을 하면 그 음악들이 나올 때 뇌와 몸이 알아서 반응하기 시작한다.

Chapter 10

음식

먹는 것이
바로
내가 된다

모든 원예사는 물과 빛, 좋은 흙이라는 필수 요소들이 없으면 식물이 자랄 수 없다는 것을 안다. 물을 너무 많이 주면 식물이 익사한다. 물을 너무 적게 주면 말라 죽는다. 일조량이 너무 적으면 식물이 시든다. 일조량이 너무 많으면 말라 죽는다. 흙에는 영양소와 미네랄이 적절한 균형을 이루어야 정원이 풍성해진다.

몸도 비슷하게 반응한다. 적절한 요소들이 균형을 이루고 있지 않으면 몸은 건강해질 수 없다. 물론 내가 "우리의 몸"이라고 말할 때는 뇌 기능에서 신진대사와 근육 조직, 골강도, 기력, 면역력, 성적 활력, 소화력까지 육체적으로 우리를 구성하는 '모든 것'을 지칭한다. 그리고 내가 "적절한 균형"이라고 말할 때는 적절한 영양과 수분을 의미한다. 즉 몸이 최상의 기능을 유지할 만큼의 음식과 물이 필요하다. 좋은 음식은 언제나 좋은 결과를 낳는다.

놀라운 기록을 세운 운동선수를 보면 때로 우리는 "몸이 기름을 잘 친 기계 같네!"라고 말한다. 당신을 위한 좋은 소식이 있다. 하나님은 '당신의' 몸도 기름을 잘 친 기계로 창조하셨다. 당신이 마라톤을 완주할 수 있는지 혹은 매일 수영장 레인을 백 번 왕복할 수 있는지 혹은 장거리 사이클링을 할 수 있는지는 상관없다. 시편 기자는 인간의 몸을 시적으로 묘사하며 하나님이 우리를 "지으심이 심히 기묘하심이라"라고 말한다(시 139:14). 당신의 몸과 정신은 고도로 정교한 시스템이며, 이 시스템은 역시 하나님이 심히 기묘하게 지으신 음식들로 가동되고 강화된다. 하나님은 몸과 이 땅의 풍부한 음식들이 조화를 이루어 우리의 건강과 행복을 극대화하도록 창조하셨다.

이번 장의 요지는 영양가 높은 음식이 육체적 건강만이 아니라 정신적 건강까지 증진시킨다는 것이다. 지난 몇 십 년 사이, 적절한 영양 섭취와 정신 건강 사이의 부인할 수 있는 연관성을 보여 주는 연구 결과가 수없이 나왔다. 하버드의학대학 의학 박사 모니크 텔로(Monique Tello)의 말이 참으로 옳다. "음식은 영양정신의학이란 새로운 의학 분야를 탄생시킬 정도로 정신 건강에 극도로 중요한 요소다. 우리가 먹는 것이 건강의 모든 측면에서 중요하지만 특히 정신 건강에 중요하다. 최근 다양한 연구 결과를 조명한 여러 분석들은 우리가 먹는 것과 우울증 위험 사이에 구체적인 연관성이 있다는 사실을 뒷받침해 준다."

실질적인 정보들을 제공하겠지만 이번 장의 핵심 메시지는 매우 간단하다. 매일 입에 넣는 것이 기분과 정신 건강에 직접적이고도 극적인 영향을 미친다.

먹는 것에 유의하라

영양 불균형이나 부족에서 가장 흔한 범인은 고지방식이다. 당과 지방의 중독성을 분석한 의학 문서들을 살펴보면 그 증거를 쉽게 발견할 수 있다.

이 문제의 무서운 점은 설탕이 '그냥' 설탕이 아니라는 점이다. 요즘 식음료 제조업체들은 거의 모든 가공식품에 화학조미료로 설탕을 집어

넣는다. 많은 음식, 심지어 보통 사람들이 '달게' 여기지 않은 음식에도 대게 액상 과당의 형태로 설탕이 첨가된다. 예를 들어, 사과 주스와 딸기 주스에도 자연적인 단맛 외에 많은 과당이 첨가된다.

요즘 현대인들은 단 음식에 너무 익숙해져서 정말 건강한 음식을 '맛이 없게' 느낀다. 그래서 많은 사람이 식습관을 바꾸기 어려워한다. 설상가상으로 저탄수화물 식사를 하지 않는 사람들의 대부분은 많은 술에 당이 포함되어 있다는 사실과 알코올이 몸 안의 혈당량에 부정적인 영향을 미친다는 사실을 생각하지 않는다. 문화권에서는 매일 적당량의 술 섭취를 당연하게 여기고 있다.

인공 감미료도 문제이다. 단순히 당을 피하는 것만으로는 충분하지 않다. 그것은 탄수화물에 대해서는 균형이 잘 잡힌 식단이라 해도 지방(소위 '좋은' 지방이라 해도) 함량이 높으면 몸의 기능이 망가지기 때문이다. 다이어트를 해 본 사람이라면 알겠지만, 이 문제는 단순히 먹고 마시는 것을 바꾸는 것처럼 간단하지가 않다. 습관을 바꾸기도 매우 힘든데, 생리학적인 문제도 큰 걸림돌이라는 연구 결과들이 있다.

조지아대학의 연구가들은 쥐들에게 두 가지 다른 식단을 적용했다. 하나는 단백질, 지방, 탄수화물이 균형을 이룬 식단이었고, 다른 하나는 지방이 높은 식단이었다. 2개월 뒤 고지방식을 한 쥐들은 다른 쥐들보다 몸집이 훨씬 클 뿐 아니라 내장 박테리아의 균형도 무너졌다. 이 연구의 결과를 발표한 신경과학자 크리슈토프 체자 박사에 따르면 이런 박테리아 불균형은 (뇌를 내장에 연결시키는) 미주 신경을 심각하게 망가뜨려 포만 신호를 뇌에 제대로 보낼 수 없게 만든다.[2] 다시 말해, 이 파괴적인 식단으로 인해 쥐들은 이후 건강한 식단으로 바꾼 후에도 포만감을 느끼지 못하게 되었다.

우리 몸의 많은 것들이 그렇듯 우울증의 원인들은 각각 별개로 작용하지 않는다. 예를 들어, 항생제는 소화와 영양소 섭취를 방해하고 식습관은 몸에 큰 영향을 미친다. 새로운 연구들에 따르면 이 두 요인이 결합되면 어느 한 요인보다 훨씬 더 큰 문제를 일으킬 수 있다. 또 다른 연구에서, 쥐들에게 페니실린과 '함께' 고지방식을 먹였다. 그랬더니 이 쥐들이 항생제나 고지방식 중 하나에 노출된 쥐들이나 둘 다에 노출되지 않은 쥐들에 비해 높은 체지방과 (당뇨병을 일으키는) 높은 인슐린 수치를 기록했다.

또 다른 예로, 여러 연구 결과 아스파탐(많은 다이어트 음료와 인공감미료가 첨가된 저칼로리 식품들에 들어가는 주요 감미료)은 인슐린 저항성을 높여 당뇨 위험을 높이는 것으로 드러났다. 연구가들은 아스파탐이 인슐린 저항성을 높이는 것으로 알려진 변종 박테리아들의 과다 번식을 촉진시켰다고 보고했다. 요컨대, 아스파탐은 결국 더 많은 당을 갈구하게 만들어 우리를 파괴적인 악순환으로 몰아간다.

이 외에도 먹는 것에 극도로 유의해야 한다는 점을 보여 주는 예는 수없이 많다. 일반적인 식단에 육체적 정신적 건강을 크게 해치는 요소들이 포함되어 있다는 연구 결과가 계속해서 나오고 있다. 그중에는 우리가 식품 제조의 '정상적인' 부분으로 당연하게 여기거나 무시하는 요소들이 많다.

인간의 몸 같은 정교한 생태계에서는 해로운 요소 하나가 들어오면 시스템 전체에 파급 효과를 일으킨다. 따라서 우울증이 어떤 요인으로 발생했든 비타민과 미네랄이 풍부한 음식으로 몸의 균형을 회복하고 유지하려는 노력이 병행되어야 한다. 건강을 원하는 모든 사람, 특히 우울증에 걸린 사람들은 건강해지려는 우리의 노력을 방해하는 현대 사회의 다양한 방식에 경각심을 가져야 한다. 특히, 우리가 매일 접하는 식음료 제품들을 조심해야 한다.

우울증을 악화시키는 음식들

좋은 영양의 유익과 그런 영양을 챙기기 위한 방법들을 깊이 파헤친 책들이 시중에 많이 나와 있다. 여기서는 건강에 좋은 식음료에 관한 기본적이면서도 중요한 가이드라인을 제시하고자 한다.

특히 이 책의 목표에 맞게, 어떤 음식이 우울증을 가중시키고 어떤 음식이 우울증 증세를 완화시켜 줄 수 있는지에 초점을 맞출 것이다. 이것이 좋은 소식이다. 우울증 치료에 좋다는 사실이 과학적으로 증명된 음식과 음료가 있으니 말이다.

되도록 먹지 '말아야' 하는 음식부터 시작해 보자. 아래의 음식들은 영양 불균형의 주된 원인이다. 나는 현대인들의 식습관에 깊이 파고든 이 다섯 가지 나쁜 음식들에 대해 '생명력 없는 음식'이란 표현을 자주 사용한다. 이는 사실상 생명 유지에 좋은 모든 것이 빠진 음식들이다. 다섯 가지는 다음과 같다.

1. 가공 음식
2. 정크 푸드

3. 흰 밀가루

4. 백미(白米)

5. 정제당

눈치챘을지 모르겠지만 위의 음식들은 대부분 흰색이다. 모두 가공된 것이며, 몸에 나쁘다. 하지만 생명력 없는 음식들은 가장 입에서 당기는 음식이다. 긴 하루에 지친 몸으로 드라이브스루에서 산 햄버거와 감자 튀김, 밤에 텔레비전 앞에서 먹으면 꿀맛인 마트에서 파는 가공된 쿠키들 등 입맛을 당긴다.

하나같이 거부하기 힘든 음식들이다. 하지만 진정으로 우울증에서 해방되기를 원한다면 이런 최악의 음식들과 전쟁을 벌여야 한다. 물론 그러면 퇴근 후에 지친 몸으로 요리를 해야 한다. 또한 빈 칼로리(empty calories)와 나쁜 요소들이 가득한 튀김 요리와 달리 맛이 없는 음식들을 먹어야 한다.

우울증으로 기력이 떨어지면 이런 음식이 몹시 당기고 이런 음식을 먹으면 일시적으로 힘이 솟는다는 것이 이 음식의 위험성이다. 당이 가득든 카페인 음료를 벌컥벌컥 마시면 즉시 에너지가 충만해진다. 하지만 그것도 잠시, 1시간 뒤에는 전보다 훨씬 더 기운이 떨어진다. 따라서 카페인 음료를 마시는 것은 우울증과 싸우기 위한 좋은 전략이 못 된다.

생명력 없는 식음료들은 몸에 필요한 것을 아주 조금밖에 함유하고 있지 않다. (앞서 언급한 '백색 음식' 같은) 이런 음식만큼 해로운 음식이 정크 푸드다. 정크 푸드의 흔한 성분에는 첨가제, 방부제, 강화되거나 위장된 설탕들(자당과 과당 등), 지방, 소금, 인공 색소, 식용색소가 있다.

물론 사람마다 체질은 다르다. 밤 11시에 커피를 마시고도 푹 자는 사람이 있는가 하면, 잠자기 8시간 전에 카페인을 섭취하면 밤새 잠을 설치는 사람도 있다. 우울증 환자라면 따라야 할 전반적인 규칙과 피해야 할 식음료가 있다. 몇 가지만 소개해 보면 다음과 같다.

카페인은 중독성이 있을 뿐 아니라 흥분이 가라앉고 나면 전보다 더 불안하고 과민하게 만들어 오히려 우울증을 가중시킨다. 술은 안정제 역할을 하는 신경 전달 물질인 뇌의 세로토닌을 감소시켜 사람을 우울하게 만든다. 또한 흥분제 역할을 하고 불안감과 스트레스를 증가시킨다.

정말 많은 음식과 음료에서 발견되는, 특히 해로운 두 가지 첨가제를 조심하라고 강조하고 싶다. 그것은 바로 MSG와 아스파탐이다. 앞서 말했듯이 흔한 인공 감미료인 아스파탐이 DNA를 손상시키고 비만을 불러오고 우울증을 악화시킨다는 연구 결과들이 나와 있다. 또한 아스파탐 같은 MSG는 뇌 신경 전달 물질들의 균형을 교란시킬 수 있다.

핫도그, 대부분의 육류 조제 식품(신선한 유기 축산물이 아닌 경우), 튀긴 음식들을 포함한 가공 식품들을 최대한 멀리하라. 마가린도 좋지 않다. 마가린은 몸에 안 좋은 트랜스지방과 색소, 유화제가 많기 때문에 진짜 버터를 쓰라.

정제당. 쿠키, 대부분의 주스, 그리고 물론 캔디처럼 정제당 함량이 높은 음식을 피하라. 이런 음식은 섬유질은 전혀 함유하고 있은 채 혈당치에 해로운 영향을 미친다. 즉 몸에 정제당이 가득하면 포도당 수치가 급격하게 오르내려서 불안감, 짜증, 우울증을 유발할 수 있다.

유기식품이나 재래식품이 아닌 음식을 이용하라. 유기식품을 구하기 어려운 경우도 있다. 하지만 유기식품(=가공되지 않은 산지직송 자연 식품)일수록 우울증 치료에 해가 아닌 도움이 된다.

우울증 완화에 도움이 되는 음식들

의료계에서 영양으로 우울증을 치료하는 마법의 공식을 발견한다면 얼마나 좋을까? 의사나 영양사가 "금귤 다섯 개, 브로콜리 스무 개, 잣 조금을 하루에 두 번씩 먹으면 우울증이 한 달 안에 사라질 겁니다"라고 말한다고 상상해 보라.

물론 영양식은 이렇게 단순하지 않다. 하지만 그렇게 복잡하지도 않다. 영양식은 대개 상식의 문제다. 일요일 오후에 텔레비전 앞에서 축구 경기를 보면서 감자 튀김과 콜라를 마시면 낙원이 따로 없다. 하지만 이 맛 좋은 간식이 사실상 아무런 영양분 없이 빈 칼로리만 제공하고 온갖 첨가제와 인공 색소로 가득하다는 것을 모든 사람이 알고 있다. 회사의 쉬는 시간에 커다란 도넛 상자를 들고 가면 동료들에게 톡톡히 점수를 딸 것이다. 하지만 잠시 후 과도한 당 섭취로 회사 전체의 생산성은 곤두박질할 것이고, 퇴근 후 헬스클럽의 체중계 위에 선 동료들은 씩씩거릴 것이다.

우리 모두는 어릴 적 어머니의 지혜로운 잔소리에 귀를 기울여야 한다. "과일과 채소를 많이 먹고 케이크와 사탕을 그만 먹어라." 부모의 말이 항상 맞지는 않지만 이 말만큼은 확실히 옳다. 채소를 가까이 하고 단 것을 멀리 하는 것이 옳다.

더 구체적인 정보를 원한다면, 연구가들은 정신 건강에 가장 좋은 음식들과 가장 나쁜 음식들을 많이 구분하였다. 식습관과 우울증 위험 사이의 연관성을 조사한 가장 최근의 메타 분석에서 연구가들은 다음과 같은 결과를 발표했다.

과일, 채소, 전곡, 생선, 올리브 오일, 저지방 유제품, 산화방지제를 자주 먹고 육류 섭취를 삼가는 식사 패턴은 우울증 위험 감소와 분명한 연관이 있었다. 붉은 육류나 가공육, 정제된 곡류, 당, 고지방 유제품, 버터, 감자, 고지방 고깃국을 자주 먹고 과일과 채소를 잘 섭취하지 않는 식사 패턴은 우울증 위험 증가와 분명한 연관이 있었다.[3]

우울증 완화에 도움이 되는 영양식을 좀 더 구체적으로 살펴보자. '건강하게 먹어야' 한다는 것은 누구나 알지만 실제로 뭘 어떻게 먹어야 하는가? 몸과 정신의 건강을 끌어올려 줄 몇 가지 전략과 구체적인 추천 음식들을 소개한다.[4]

산화방지제로 세포 손상을 피하라. '자유 라디칼'(free radical)이라고 하면 저항 운동을 떠올릴 사람이 많을 것이다. 저항 운동 맞다. 다만, 이것은 우리 몸에서 일어나는 저항 운동이다. 프리 라디칼은 불안정한 원자들이다. 이것들은 우리 몸의 세포들을 손상시켜 병과 노화를 촉진한다.

이 자유 라디칼을 완전히 막기는 불가능하다. 하지만 산화방지제가 많이 들어간 음식을 먹으면 그 영향력을 줄일 수 있다. 그런 음식에는 다음과 같은 것들이 있다.

- 베타카로틴 : 살구, 브로콜리, 캔털루프, 당근, 콜라드, 복숭아, 호박, 시금치, 고구마
- 비타민C : 블루베리, 브로콜리, 자몽, 키위, 오렌지, 후추, 감자, 딸기, 토마토
- 비타민E : 맥아, 견과류와 씨앗, 식물성 기름

탄수화물에 유의하라. 기분을 바꾸는 뇌 화학물질인 세로토닌은 탄수화물에 영향을 받는 것으로 드러났다. 연구가들은 탄수화물에 대한 욕구가 낮은 세로토닌 활동과 연관이 있는 것으로 추정한다. 한편, 일부 탄수화물들은 진정 효과가 있는 것으로 드러났다. 하지만 다른 탄수화물들은 그렇지 않다. 당이 많은 음식을 피하고 주로 구운 음식에 단순 탄수화물보다 (전곡 같은) '스마트' 탄수화물 혹은 '복합' 탄수화물을 섭취하는 것이 최선이다.

뇌에 건강한 단백질을 공급하라. 아모노산 트립토판(칠면조와 다랑어, 닭 같은 음식에 들어 있는)은 뇌의 세로토닌 생산을 촉진시킨다. 특별히 기력이 약할 때는 단백질이 풍부한 음식을 하루에 여러 번 섭취하라. 건강한 식단에는 콩, 소의 살코기, 저지방 치즈, 생선, 우유, 가금류, 콩 제품, 요구르트 등이 있다. 내가 다른 책에서도 언급한 적이 있는데, 육류가 포함된 포장 도시락과 랩에 싼 치즈 조각 같은 가공 단백질은 피해야 한다.

비타민B에 신경을 쓰라. 여러 연구로 비타민B12 부족과 우울증의 연관성이 증명되었다. 예를 들어, 4천 명 이상의 남성과 5천 명 이상의 여성을 대상으로 한 한 연구에서는 엽산이 부족한 남성들, 특히 흡연 남성들에게서 우울증 발병률이 높다는 결과가 나왔다. B12가 부족한 여성들, 특히 흡연을 하거나 운동을 하지 않는 여성들에게서도 같은 결과가 나타났다. 비타민B와 엽산은 콩과 식물, 견과류, 여러 과일, 암록색 채소들, 생선 같은 저지방 동물성 식품, 저지방 유제품에 함유되어 있다.

비타민D를 꼭 챙겨 먹으라. 2013년의 한 메타 분석에서 연구가들은 비타민D 부족이 우울증 위험을 높인다는 결론을 내렸다. 비타민D는 뇌에 필수적이기 때문에 부족하면 우울증을 비롯한 여러 정신 질환을 일으킬 수 있다.

다른 연구에서 토론토 대학 연구가들은 우울증, 특히 계절성 우울증에 시달리는 사람들이 비타민D 섭취량을 늘렸을 때 증상이 좋아진다는 사실을 발견했다. 주로 봄과 여름에 효과가 잘 나타난다.

충분한 비타민D 섭취를 위해 연어, 계란 노른자, 전곡, 아몬드 우유, 오렌지 주스, 오트밀, 치즈, 표고버섯, 영양소를 강화한 두부를 많이 먹으라.

셀레늄을 빼먹지 말라. 셀레늄 부족과 우울증의 연관성을 보여 주는 연구 결과가 많다. 어른들에게는 하루에 55마이크로그램의 셀레늄 섭취를 권장한다. 영양 보조제로 셀레늄 부족을 해결할 수 있겠지만 언제나 다음과 같은 건강한 음식으로 몸을 강화하는 것이 최선이다.

- 콩류
- 지방이 없는 살코기(돼지고기와 소고기의 살코기, 껍질을 벗긴 닭과 칠면조)
- 견과류와 씨앗(특히 브라질너트-하지만 셀레늄 함유량이 높기 때문에 하루에 한두 알 이상을 먹지 않도록 한다)
- 해산물(굴, 조개, 정어리, 게, 바다생선, 민물 생선)
- 전곡(전곡 파스타, 현미, 오트밀 등)

오메가3 지방산으로 식사를 최적화하라. 연구가들에 따르면 주요 우울증은 오메가3가 부족한 사람들에게서 자주 발병한다. 그래서 (전형적인 오메가3 함유 식품) 생선을 잘 먹지 않는 사람들에게서 우울증이 자주 생긴다. 오메가3의 좋은 공급원은 다음과 같다.

- 기름진 생선(멸치, 고등어, 연어, 정어리, 청어, 다랑어)

- 아마씨

- 카놀라유와 콩기름

- 견과류, 특히 호두

- 암록색 잎줄기 채소

섬유질이 많은 음식을 찾으라. 당과 지방이 높은 음식 대신 섬유질이 많은 음식을 섭취하라. 아스파라거스, 돼지감자, 브로콜리, 방울다다기양배추, 양배추, 콜리플라워, 콜라드그린, 케일, 대파, 양파, 바나나, 콩류, 견과류 같은 채소에 섬유질이 많다. 섬유질은 보리, 통밀, 귀리 같은 전곡에도 많다. 섬유질은 소화 기관을 조절해서 과식하지 않도록 포만감을 느끼게 해 준다.

초콜릿을 사랑하는 사람들이여, 기뻐하라-마음껏 즐기라. 초콜릿이 사람을 더 행복하게 해 줄 수 있다는 것을 아는가? 연구들에 따르면 다크 초콜릿은 체내에서 감마아미노부티르산(GABA)을 가장 많이 생산하는 두 박테리아의 성장을 촉진시킨다. 감마아미노부티르산은 세로토닌처럼 불안증 수준과 기분을 조절하는 데 도움을 주는 신경 전달 물질이다.

초콜릿에는 이 두 박테리아가 잘 자라도록 최적의 위장 환경을 조성하는 프리바이오틱스 역할을 하는 요소들이 함유되어 있다. 카카오가 75퍼센트 이상 함유된 다크 초클릿을 자주 먹으면 자연스럽게 저혈당 식사로 식습관이 바뀔 것이다.

건강한 음식들로 바꾸라

어떤 음식이 몸에 좋고 어떤 음식이 몸에 나쁜지를 알아야 한다. 하지만 어떻게 나쁜 음식을 좋은 음식으로 대체할 수 있을까? 몇 가지 구체적인 팁을 소개한다.

카페인이 많은 커피와 홍차 대신 카페인이 적거나 아예 없는 허브차나 녹차 혹은 디카페인 커피나 홍차를 마시라. 캐모마일, 레몬밤, 페퍼민트, 로즈마리, 강황차도 좋다. 특히 중국 의학에서는 예로부터 강황차를 우울증 치료제로 사용했다.

독주같은 당이 높은 술보다는 레드 와인, 특히 드라이 레드 와인을 마시라. 레드 와인은 화이트 샤도네 같은 단 와인보다 당 함유량이 낮다. 보드카나 진, 데킬라, 위스키 같은 독한 술을 마시려면 다이키리, 피냐 콜라다, 마르가리타처럼 당을 추구한 칵테일을 피하거나 삼가라. 내가 술에 대해서 이렇게 대안을 제시한 것은 나와 주변 사람들이 아무리 말려도 결국 술을 마실 사람들이 있다는 것을 알기 때문이다. 이미 우울증에 시달리는 사람이라면 알코올이 관련 증상들을 유발하고 악화시킬 수 있기 때문에 금주해야 한다.

탄산음료와 (대개 실제 주스는 전혀 혹은 거의 함유되어 있지 않고 설탕만 가득한) 달콤한 '과일 주스' 대신 100퍼센트 원액으로 된 유기농 주스를 마시라. 효모와 좋은 박테리아로 차를 발효시킨 콤부차도 좋다. 콤부차가 몸에 좋은 '스코비'(SCOBY)로 인해 우울증 증상 완화에 도움이 된다는 증거들이 있다. 스코비는 콤부차 표면을 떠다니는 일종의 젤라틴 '뗏목'으로, 몸에 해로운 외부의 박테리아를 차단시켜 차를 몸에 좋은 발효주로 변화시킨다.

예산 범위 내에서의 현명한 쇼핑

최근 데니스란 여성과 대화를 나눈 적이 있다. 데니스는 13세 이하의 세 자녀를 키우는 엄마였다. 그녀의 남편은 도시 공원 부서에서 근무하고 그녀는 시간이 날 때마다 대체 교사로 일했다.

데니스는 건강식에 돈과 시간, 노력이 들어간다고 말했다. 그녀의 집에서 이 세 가지는 매우 희소한 자원이다. 그녀는 성공한 부동산 중개인 독신녀 친구가 어디서 어떤 식품을 사서 어떻게 요리하라고 자꾸만 알려 준다고 말했다.

하지만 데니스로서는 건강에 좋은 음식을 사서 요리하고 싶어도 돈과 시간이 많이 들기 때문에 쉽지 않다. 예산이 정해져 있는데 어떻게 '유기 식품'(혹은 최대한 비슷한 식품이라도)을 먹을 수 있단 말인가. 물론 유기 식품은 값이 더 비싸다. 그래서 데니스처럼 예산과 스케줄로 인해 신선하고 건강에 좋은 음식을 먹기 어려운 사람들을 위해 몇 가지 팁을 소개한다.

매주 시골 장터에 가라. 시골 장터의 싼 가격을 보면 놀랄 것이다. 지역 특산품은 비쌀 수도 있지만 당근 같은 신선한 계절 채소들을 아주 싼값에 살 수 있다. 아이들이나 친구와 함께 바람 쐬러 다녀오면 좋다.

시간이 걸리는 준비 작업은 주말에 하라. 토요일에도 학원에 가는 아이들이 많기 때문에 모든 가족이 주말에 함께 식사를 준비할 수 있는 것은 아니지만, 주말에 함께 식사를 준비하면 아이들에게 자연스럽게 요리를 가르칠 수 있다. 그렇게 만든 신선한 음식을 냉장실이나 냉동실에 넣으면 주중에 시간과 노력을 많이 줄일 수 있다.

시간과 노력을 줄이는 장비를 활용하라. 당신의 할머니가 했던 것처럼 주방에서 뭐든 신선한 것들은 전기냄비나 전기압력솥에 넣고 일을 보라. 기호에 따라 닭고기나 소고기 같은 단백질을 보충해 넣으라.

세일 품목을 노리라. 마트에서 오는 세일 문자나 전단지를 눈여겨보라. 마트들은 며칠 지난 물건들을 세일 코너(대개 뒤편)에 놓고 판매한다. 이런 물건은 마트에서 오래 보관할 수 없을 뿐 얼마든지 먹어도 좋다. 바로 먹거나 냉동실에 넣으라.

자신의 식단을 추적하라. 한 달 동안 적어 보라. '이따금씩' 즐기는 패스트푸드에 생각보다 많은 돈이 들어가는 것이 확인될 수도 있다. 그럴 경우, 외식을 위한 한 달 예산을 짜서 일주일에 한 번씩만 외식을 하라. 한편, 요즘에는 패스트푸드점에서도 건강에 좋은 음식을(샐러드나 구운 치킨 등) 판다.

창고형 할인 매장에서 식료품비를 절약할 기회를 노리라. 코스트코 같은 대형 마트들은 지갑에서 돈을 빼는 기계가 될 수 있지만, 건강한 식품들을 싼 값에 팔기도 한다. 신선한 농수산물만 사고 최신 120인치 평면 텔레비전에는 한눈을 팔지 말라.

뒷마당 텃밭이나 용기 화단에서 직접 채소나 과일을 기르라. 눈이 많이 내리는 지역이나 아파트에 살아도 식물이 자라는 시기에는 창가 화단 등을 활용하여 실내에서 식물을 기를 수 있다.

건강과 물

몸에 좋은 음식물을 이야기할 때 가장 중요한 영양분 중 하나를 간과해서는 안 된다. 그것은 바로 '물'이다. 우리는 초등학교 때부터 H2O가 지구 생태계의 필수불가결한 요소라고 배웠다. 실제로 물은 초목과 동물, 인간까지 모든 생명을 유지시켜 준다. 우리의 몸이 건강하려면 물이 반드시 필요하다. 미국에서 물이 부족해서 죽을 위험은 별로 없다. 하지만 물 부족으로 건강하게 살지 못하는 사람이 너무도 많다.

과학자들은 탈수와 우울증 사이의 깊은 연관성을 규명해냈다. 심지어 가벼운 탈수도 우리의 기분에 나쁜 영향을 미친다. 코네티컷대학 인간성과연구소에서 시행한 두 연구에 따르면, 상대적으로 가벼운 탈수로도 우리의 에너지 수준과 기분, 명료하게 생각하는 능력이 변할 수 있다.[5] 또한 같은 연구에 따르면, 물 섭취는 우울증을 완화시키고 정신을 맑게 하는 데 '큰 효과'가 있다. 물 섭취는 수면 장애에도 도움이 된다. 이 연구의 리더들 중 한 명인 코네티컷대학 운동학 교수 로렌스 E. 암스트롱은 탈수가 짜증과 피로를 유발한다는 사실을 발견했다. 암스트롱 교수에 따르면 충분한 물을 마시지 않으면 두통, 졸림, 혼동을 유발할 수도 있다.

이 외에도 수많은 과학적 연구가 충분한 물 섭취의 많은 유익을 밝혀내 물 섭취에 관한 코네티컷 대학의 연구 결과를 뒷받침해 주었다. 영양 전문가 캐슬린 M. 젤먼은 충분한 물 섭취의 몇 가지 유익을 소개했다.[6] 물을 충분히 섭취하면 다음과 같은 데 도움이 된다.

체액의 균형이 유지된다. 체액은 소화, 흡수, 순환, 침 생성, 영양소 이동, 체온 조절을 돕는다. 체중을 감소시킨다. 오래전부터 수분 섭취는 효과적인 체중 감소 전략으로 여겨졌다. 물은 칼로리 없이 포만감을 주어 음식물을 덜 섭취하게 해 준다. 칼로리와 몸에 좋지 않은 성분들을 포함한 다른 음료 대신 물을 많이 마셔야 한다. 근육량을 유지시켜 준다. 수분과 전해질이 적절한 균형을 이루지 않은 세포들은 근육 피로를 유발한다. 이것이 운동 중에는 수분을 많이 섭취해야 하는 이유다. 미국 스포츠의학회는 운동 전 약 2시간 동안 약 500ml의 물을 마시라고 권한다. 운동 중에는 때마다 땀을 통해 흘러나간 수분을 보충해 주어야 한다.

신장 기능을 유지시켜 준다. 수분은 체내 노폐물을 이동시키는 역할을 한다. 혈액 요소 질소는 주요 체내 노폐물이다. 혈액 요소 질소는 물에서 용해되면 쉽게 몸과 신장을 통과해서 소변으로 배출된다. 몸에 수분이 충분하다는 증거는 소변에서 확인할 수 있다. 몸에 수분이 충분하면 소변이 냄새가 없고 색이 맑다. 하지만 몸이 필요한 수분을 공급받지 못하면 신장이 다른 목적들로 수분을 보유하고 있어서 소변의 색과 냄새가 진해진다.

소화를 돕는다. 몸에 수분이 충분하면 위장의 흐름을 원활하게 만들어 변비 가능성을 낮춘다. 수분이 불충분하면 결장이 대변에서 수분을 흡수해 변비가 발생한다.

그렇다면 물을 얼마나 마셔야 할까? 매일 최소한 약 250㎖ 잔으로 8잔을 마셔야 한다는 말을 들어본 적이 있을 것이다. 꽤 일리가 있는 말이다. 우리 몸의 60퍼센트가 물이라는 사실을 잊지 말라. 우리 몸이 제대로 기능하려면 많은 물이 필요하다.

더불어 나는 몸무게에 따라 더 많은 물이 필요하다고 생각한다. 나는 내담자들에게 매일 자기 몸무게의 절반에 해당하는 양의 물을 마시라고 권한다. 다시 말해, 몸무게가 80킬로그램이라면 매일 2ℓ를 마셔야 한다. 이 양을 채우려면 아침 일찍부터 시작하고 하루 종일 물병을 가까이 하고 살아야 한다. 심지어 운전할 때도 마셔야 한다.

한 가지 분명히 할 점이 있다. 여기서 나는 '음료'가 아닌 '물'을 이야기하고 있다. 따라서 점심식사 때 먹은 주스나 커피는 매일의 할당량에 속하지 않는다. 우리가 매일 마시는 커피, 소다, 홍차, 맥주 같은 많은 음료에 카페인이나 알코올이 포함되어 있다는 사실을 알아야 한다. 카페인과 알코올은 둘 다 이뇨제다. 다시 말해, 이것들은 물과 '정반대' 작용을 한다. 우리 몸에 수분을 채워 주기는커녕 오히려 수분을 상실시킨다.

균형 잡힌 식단을 위한 행동 계획

이번 장에서 내 목표는 전반적인 건강, 특히 우울증 완화에 좋은 균형 잡힌 영양식을 소개하는 것이다. 식단을 개선하기 위한 구체적인 단계들을 살펴보자.

2주간의 음식 섭취 상황을 기록하라

우리가 먹고 있다고 '생각하는' 것들과 '실제로' 먹는 것들이 너무 달라 깜짝 놀랄 수 있다. 음식 섭취 상황을 꼼꼼히 살펴 개선해야 할 점을 찾고, 식단을 바꿔 더 건강한 습관을 기르라. 이 첫 번째 단계를 통해 당신의 현재 상태를 파악하면 어떻게 해야 할지에 대한 답이 나올 것이다.

설탕이나 감미료가 포함된 식품을 확인하라

설탕이나 감미료가 들어간 식품을 얼마나 줄일 수 있을까? 당신이 좋아하는 단 음식과 음료를 파악하고, 어떤 식음료로 대체할 수 있을지 조사하라.

신경을 써서 장을 보라

앞으로 마트에 가면 되도록 설탕이 들어가지 않은 식음료를 카트에 넣으라.

서로 도와줄 사람을 찾으라

서로 돕고 지적해 줄 친구나 가족을 찾으라. 한 주 동안 이 사람과 수시로 연락하면서 이번 장의 음식들에 관해서 서로 어떻게 하고 있는지 보고하라.

4주 후의 변화를 살피라

식단과 수분 섭취 습관을 크게 바꾸었다면 분명 변화가 느껴질 것이다. 하지만 4주 뒤에는 자신의 활력, 정신의 또렷함, 수면의 질, 특히 기분을 자세히 평가하라.

Chapter 11

몸 해독

내 몸 안의
쓰레기를
내다버리라

6학년 교사인 카티나는 자신이 가르치는 학생들을 사랑했다. 하지만 여름 방학이 다가올수록 캘리포니아 주 휘티어의 자기 교실에서 하루라도 빨리 탈출하고 싶어 견딜 수 없었다. 학기가 끝나자 카티나는 짐과 애완 고양이를 챙겨 시애틀에 사는 어머니의 집까지 1,700킬로미터가 넘는 길을 달려갔다. 그곳에서 몇 주만 지낼 생각이었다. 거기서 여름의 반을 보내고, 며칠 동안 침대에서 거의 나오지도 않게 될 줄은 전혀 몰랐다.

카티나는 10대 중반부터 가끔씩 우울증에 시달렸었다. 하지만 최근에는 피로와 감정적인 무감각 같은 익숙한 증상들이 훨씬 심해질 뿐 아니라 위장 경련과 위산 역류 같은 새로운 증상들까지 나타났다. 카티나에게는 학기를 버티는 일이 너무 괴로웠다. 그녀는 성실한 교사였지만 학생들에게 온전히 집중하지 못할 때가 많다는 것을 자신도 잘 알고 있었다.

계획했던 2주가 지났지만 카티나는 집에 돌아갈 힘이 없어 어머니의 집에 계속해서 머물렀다. 그때 그녀의 어머니 지니에게 한 가지 생각이 떠올랐다. "얘야, 우리 사무실의 한 여성이 오랫동안 깊은 우울증에 시달렸는데 시내에서 치료를 받고 많이 좋아졌단다. 아무래도 그 사람을 만나보는 게 좋을 것 같구나."

카티나는 소파 구석에 그대로 앉은 채로 물었다. "그래서 우울증이 아예 없어졌대요?"

"많이 좋아졌다는구나." 카티나는 오랜 만에 희망을 느꼈다.

"좋아요. 전화해 보세요."

우울증은 삶을 무기력하게 만든다. 피로나 낮은 기력 같은 증상은 일상 삶을 힘들게 만들고 절망이나 무관심 같은 증상은 무엇인가를 시도할 의욕조차 사라지게 만든다. 이런 이중고는 삶의 모든 면에 악영향을 끼친다. 이 외에도 우울증에는 수많은 요인이 작용하기 때문에 그 원인을 파악하기가 여간 어렵지 않다.

예를 들어, 카티나는 자신의 우울증과 건강 문제가 식습관으로 인해 악화되고 있다는 사실을 꿈에도 몰랐다.

우울증을 악화시키는 요인들

새 환자가 찾아오면 우리는 항상 몸을 오염시키는 행동들이 있는지 확인하는 작업을 하며, 그 작업은 주로 음식에 대한 조사로 시작된다.

현시대는 특히 우리가 먹는 음식들에는 뇌와 신경계를 망가뜨리는 화학물질 같은 물질이 있다. 이런 신경독소들은 신경세포들의 전기적 활동을 방해하고 세포간 커뮤니케이션을 망가뜨리고 그 세포들의 수명을 갉아먹는다. 그 결과는 심각하다. 신경독소들은 뇌종양, 알츠하이머병, 편두통, 만성피로, ALS, 불면증, 염증, 브레인 포그(brain fog), 기억력 상실, 팽만, 피로, 갑상선 이상, 신부전증, 근육과 관절 쑤심 같은 온갖 질병을 일으키는 것으로 알려져 있다.

더 센터의 많은 환자들, 그리고 당신에게 특히 중요한 사실은 신경독소들이 우울증의 가장 큰 원인 중 하나라는 것이다. 물고기 시체가 둥둥 떠 있는 하천, 쓰레기 산, 하늘 끝까지 연기를 뿜어내는 공장 굴뚝, 오염된 잿빛 하늘과 같은 환경오염의 피해는 머릿속에 그리기가 쉽다. 많은 사람이 오염된 자연을 정화하기 위해 힘을 모아야 한다고 목소리를 높이고 있다. 그런데 우리는 오염된 우리 몸의 정화에도 같은 열정을 쏟아야 한다.

독소는 어디에서 오는가?

몸에 독소가 들어오는 가장 흔한 방식은 음식이나 환경을 통해서다. 먼저 사람들이 흔히 먹는 것, 특히 우울증 환자들이 주로 먹는 것에 관해 생각해 보자. 햄버거와 아이스크림을 먹는 데 대해 죄책감을 심어 주려는 생각은 추호도 없다. 하지만 우울증 치료를 원한다면 먹는 것에 대해 극도로 조심해야 한다. 이전 장에서 말했듯이 좋은 음식은 좋은 기분을 낳고 나쁜 음식은 나쁜 기분을 낳는다. 너무 단순해 보이지만 정말로 그렇다! 좋은 음식으로 몸의 건강을 챙기는 만큼 정신 건강도 좋아진다.

알다시피 현대인들의 흔한 식단은 당이 많은 음식, 가공 음식, 신경 독소가 넘쳐나는 화학 감미료로 이루어져 있다. 우리가 먹는 음식에는 화학물질이 너무 많다. 우리는 많은 나라에서 위험 물질로 분류해서 금지하는 화학 물질도 매일같이 먹고 있다. 예를 들어, 적잖은 나라에서는 암, 알레르기, 과잉 행동 장애를 일으킨다고 하여 특정 인공 색소들을 금지하고 있다. 심지어 '건강에 좋다는' 음식들도 문제를 일으킬 수 있다. 자연산 연어가 몸에 좋다고 알려져 있지만 양식 연어라면 이야기가 달라진다. 실제로 호주와 뉴질랜드에서는 양식 연어를 금지하고 있다. 이 것은 양식 연어에 흔히 항생제를 투입하기 때문이다. 또한 양식 생선은 여성 뇌졸중 위험을 높이는 오염 물질들을 많이 포함하고 있다. 브롬화 식물성 기름(BVO)도 100개국 이상에서 금지되었지만 미국에서는 감귤맛 탄산 음료와 스포츠 음료의 유화제로 흔히 사용되고 있다.

우리는 몸과 뇌에 해로운 독소들을 얼마나 자주 흡수하고 있는가? 대부분의 사람들에게 답은 '매일'이다. 특히 우리는 다음과 같은 것을 자주 먹고 마신다.

- 인공 방부제, 색소, 증점제 같은 첨가물을 함유한 식품들
- 가공 식품이나 음료에 들어 있는 화학 감미료들
- 정제된 탄수화물, 곡류, 밀가루로 만든 가공 식품과 간식들
- 튀긴 음식들
- 수은이 많이 함유된 바다 생선과 민물 생선들
- 농약과 제초제를 사용해 키운 과일과 채소들

EWG(Environmental Working Group)는 가장 많이 오염된 열두 가지 과일과 채소를 발표했다. 이번 장 끝에 실린 개인적인 행동 계획에서 '더러운 열두 가지'와 '깨끗한 열다섯 가지' 과일 및 채소에 관한 이야기를 더 해 보도록 하자.

음식으로 독소를 흡수할 뿐 아니라 매일 집과 밖에서 환경 독소들에 노출된다. 주방 세제, 접촉제, 카펫, 스모그에서 화학 물질을 흡수하면

신경 독소들에 노출될 수 있다. 음식을 플라스틱 용기에 넣어 전자레인지에 넣거나 알루미늄 호일이나 눌러 붙지 않게 가공한 프라이팬에 음식을 조리해 먹어도 신경 독소들에 노출될 수 있다.

엑스터시, LSD, 코카인, 마리화나 같은 불법 약물을 통해서도 해로운 독소들을 흡수할 수 있다. 알코올도 신경 독소를 포함하고 있다. 폭음이 생각과 감정, 움직임을 관장하는 뇌 세포들과 그 세포들을 지원하는 신경교세포들을 비롯해서 뇌를 손상시킨다는 연구 결과가 많이 나와 있다.[1]

술을 얼마나 마셔야 뇌가 손상될까? 연구들에 따르면 사람마다 다르다. 한 연구는 술이 550명의 뇌에 미치는 영향을 30년 넘게 분석한 결과, 하루에 한 잔 정도(평균 일주일에 4-6잔의 맥주 혹은 5-7잔의 와인)를 마시는 사람들이 술을 전혀 마시지 않는 사람들보다 뇌 위축을 경험할 가능성이 '3배 이상' 높다는 결론을 내렸다.[2] 마지막으로, 카티나도 곧 알게 되었지만 음식 알레르기나 과민성은 우리 몸에서 위의 독소들이 일으키는 손상만큼이나 유해한 염증과 반응을 일으킬 수 있다.

셀리악병, 글루텐으로 인한 염증, 유제품과 설탕 같은 제품에서 비롯하는 염증은 모두 우울증의 주요 원인들이다. 유당불내증(lactose intolerance)와 과당 분해 장애(fructose malabsorption) 같은 유제품 내성도 중요한 아미노산 엘트립토판 부족을 초래해 우울증의 큰 원인이 될 수 있다. 이런 부족은 임상 우울증, 불안장애, ADHD와 연관이 있는 것으로 알려져 왔다.

카티나는 더 많은 정보를 얻고 싶었다. 카티나의 부탁으로 어머니는 직장 동료인 브리에게 연락해, 토요일 아침 집에 와서 그녀의 우울증 경험과 그녀의 우울증을 악화시켰던 음식들에 관해서 이야기해 달라고 부탁했다.

브리는 카티나를 만나기 2년 전에 절박한 심정으로 우리 센터에 찾아왔던 사람이다. 당시 우울증뿐 아니라 두통과 피로, 만성 소화불량에 시달리던 브리는 온갖 치료를 해 봤지만 효과를 보지 못하던 상태였다. 그런데 우리가 글루텐 프리 식단을 시작하자마자 그녀의 우울증이 호전되었다. 오래지 않아 다른 증상들도 대부분 사라졌다.

브리는 기꺼이 카티나를 만나 자신의 경험담을 나누었다. 그녀는 자신에게 글루텐 불내성이 있는데 그걸 모르고서 오랫동안 잘못된 음식을 먹으며 우울증을 키워왔다는 이야기를 해 주었다. 카티나는 궁금한 것이 아주 많았다. 그녀는 처음에는 회의적이었지만 정보를 얻을수록 희망을 느끼기 시작했다.

글루텐이 왜 그렇게 큰 문제인가?

최근 '글루텐'이란 단어가 사방에서 들리는 듯하다. 글루텐 프리 제품들이 마트 한쪽을 가득 메우고 있다. 글루텐 프리 메뉴들을 파는 식당도 많다. 요즘 왜 이토록 많은 사람들이 글루텐 없는 음식을 원하는 것일까?

글루텐은 밀, 보리, 호밀에 있는 단백질이다. 필시 셀리악병과 글루텐 불내성에 관해 들어본 적이 있을 것이다. 이것들은 글루텐 단백질에 대한 다른 반응들이다. 둘 다 비슷한 증상을 보이지만 실제로는 다른 반응들이다. 셀리악병은 면역 체계가 소장의 내벽을 공격하는 자가 면역

질환이다. 글루텐 자체는 셀리악병 환자의 몸을 손상시키지 않지만 그 환자에게 글루텐은 몸이 스스로를 공격하게 만드는 촉매제 역할을 한다. 반면, 셀리악병과 상관없는 글루텐 과민성은 몸이 글루텐을 침입자로 인식하여 소화관 내부와 주변의 염증을 통해 공격할 때 일어난다.

글루텐 과민성의 첫 번째 증상은 주로 소화관과 관계되며, 가스, 팽만, 설사, 변비를 동반한다. 이런 증상만 해도 충분히 불편한데 또 다른 문제들도 발생할 수 있다. 글루텐 과민성을 가진 사람들은 브레인 포그, 정신적 육체적 피로, 현기증을 경험하는 경우가 많다. 하시모토 갑상선염, 낭창, 다발성경화증 같은 자가면역질환 진단을 받는 경우도 드물지 않다.

글루텐 과민성의 또 다른 흔한 증상은 바로 우울증이다. 실제로, 한 플라세보 대조 연구는 글루텐 과민성과 유청 과민성을 분리하기 위한 식단 하에 참가자들의 우울증 수치를 비교했다.[3] 연구 결과, 글루텐을 먹은 참가자들의 90퍼센트는 플라세보를 받은 사람들보다 더 심한 우울증을 보였다.[4] 이 연구에서 '단기적인 글루텐 노출'에서 비롯한 우울증이 확인되었다는 점도 흥미롭다. 이는 글루텐에 민감한 사람의 경우에는 잘못된 음식을 먹으면 단기간에도 금방 우울증에 걸릴 수 있다는 뜻이다.

요지는, 체내에서 신경독성이나 염증 같은 위험한 반응을 유발하는 음식을 먹고 있다면 우울증이 걸리기 쉽다는 것이다. 이제는 바꿔야 할 때다. 당신은 삶의 통제권을 되찾을 수 있다. 육체적 정신적 건강을 회복할 수 있다. 그 방법은 한 번에 하나씩 차근차근 바꿔나가는 것이다.

요즘 '클린 이팅'(cleaing eating)이란 말이 들리지 않는 날이 없다. 여기에는 다 이유가 있다. 식단에서 오염 물질과 독소를 제거하는 것이 육체적 정신적 건강을 회복하기 위한 근본적인 길이기 때문이다.

몸 해독을 어떻게 시작할 것인가

몸은 간, 신장, 림프계, 폐, 피부를 비롯한 다양한 기관과 계통으로 이루어져 있다. 이 부분들이 협력하여 몸에서 독소를 걸러내고 배출한다. 안타깝게도, 우리 식단과 환경 속에 포함된 다량의 독소로 인해 이 기관과 계통들이 제 기능을 상실할 수 있다. 설상가상으로 식단과 생활 습관에 웬만큼 신경을 써서는 이런 기관과 계통의 건강을 제대로 챙기기 어렵다.

새로운 우울증 환자가 찾아오면 대개 나는 몸을 깨끗하게 해독하기 위한 3주간의 처방전을 권한다. 이 처방전은 해독제, 식단 변화, 몸의 기능을 최상으로 유지해 주는 행동들(육체적 정신적 건강을 해치는 독소들 제거하기)로 이루어진다. 자, 처방전을 소개한다.

해독제

매일 다음 중에서 최소한 두 가지를 하라.

* 아침과 오후에 민들레뿌리차를 한 잔씩 마시라.
* 하루에 두 번 NAC(N-acetyl cysteine) 500밀리그램을 복용하라.
* (잎이 아닌 열매나 씨앗에서 추출하고 실리마린이 70-80퍼센트 함유되어 있는) 밀크시슬 300밀리그램을 복용하라.

식단 변화

- 술, 탄산음료, 에너지 음료, 설탕이 들어간 커피나 주스를 '완전히' 끊으라.
- 사탕처럼 단것들을 삼가라.
- 갓 짠 채소 주스를 하루에 두 잔 이상 마시라.
- 육식을 줄이라. 신선한 육류라도 하루에 170그램 이상을 섭취하지 말라.
- 버터 외에 모든 유제품을 삼가라.
- 최대한 유기농 제품을 먹으라.
- 물을 하루에 2리터 이상 마시라.

혈액과 림프관

매일 다음 중에서 최소한 두 가지를 하라.

- 목욕이나 샤워 전에 부드러운 브러시로 피부를 쓸라. 이렇게 하면 각질을 부드럽게 벗겨내고 혈액순환을 돕고 새로운 세포의 성장을 촉진시킬 수 있다.
- 사우나에 들어갔다가 90초 이하로 찬물에 헹구라(일주일에 세 번 이상을 권한다).
- 한 번에 최소한 20-30분 이상 운동을 하라. 운동은 몸 전체의 혈액순환을 촉진시켜 독소의 배출을 돕는다.

잠

밤에 최소한 7시간 반 이상 자라. 그렇게 하면 편안해지고 스트레스가 줄어들 뿐 아니라 염증이 줄어들어 몸이 최상으로 기능할 수 있다.

이 처방을 따르면 몸속에 이미 쌓인 독소를 빼낼 뿐 아니라 체내에서 흔히 음식 알레르기와 염증을 일으키는 음식들(글루텐, 옥수수, 콩, 유제품, 달걀, 설탕)을 찾아내서 자신의 식단에서 뺄 수 있다. 그러고 나서 이 음식들을 3주간에 걸쳐서 천천히 시도하면서 자기 몸의 반응들을 유심히 관찰할 수 있다.

식단에서 뺀 음식 중 하나, 예를 들어 빵을 이틀간 하루에 두 번씩 먹으라. 그러고 나서 몸과 기력, 기분에 어떤 변화가 일어나는지 잘 관찰해서 기록하라. 우울증이 심해지는가? 두통이나 관절 통증이 오는가? 팽만감이나 피로감이 찾아오는가? 브레인 포그가 오거나 집중하기가 힘들어지는가?

몸이 그 음식이 부정적으로 반응하면 다시 식단에서 빼라. 그리고 며칠 기다렸다가 다른 음식을 다시 식단에 넣어서 역시 몸의 반응에 주목하라. 글루텐 과민성이 있든 없든 기분을 관리하려면 클린 이팅이 매우 중요하다.

인생의 새로운 장

카티나는 브리의 이야기에 귀를 기울였다. 육체적 증상. 감정적 괴로움, 이렇다 할 해결책을 찾지 못한 데서 오는 좌절감, 마치 자기 자신의 이야기를 듣는 듯했다.

빵과 파스타를 사랑하는 카티나에게는 음식에 관한 이야기도 관심이 갔다. 카티나는 아침식사로 통밀빵을 먹고 점심식사로 잡곡빵을 먹고 저녁으로 파스타를 먹고도 살이 찌지 않는 것이 행운이라고 생각했다. 하지만 이제 아무 곡류나 원하는 대로 먹을 수 있는 것이 축복보다 오히려 저주에 가까운 것이 아닐까 하는 의구심이 일기 시작했다.

얼핏 카티나와 브리의 유사점은 낙심의 원인이 될 것만 같다. 하지만 카티나는 오히려 그 점에서 희망을 보았다. 증상이 비슷하니 브리에게 통한 방법이라면 자신에게도 통할 것 같았다. 활력이 가득한 얼굴과 행동을 보며 자신도 그렇게 되고 싶다는 의욕이 솟았다. 실로 오랜 만에 치료가 가능하다는 희망을 느꼈다.

그날 밤 잠자리에서 카티나는 평안과 흥분을 동시에 느꼈다. 새로운 삶을 향한 여행을 빨리 출발하고 싶어 견딜 수 없었다. 곧 새로운 학기가 시작되면 만날 6학년 아이들의 얼굴을 떠올리며 새로운 열정을 느끼다 스르르 눈이 감겼다.

음식을 바꾸기 위한 행동 계획

체내 독소 제거에 관한 세상 모든 정보를 다 알아도 자신의 몸에 넣는 음식을 실제로 관리하기 시작하기 전까지는 아무런 변화도 나타나지 않는다. 오늘 당장 시작할 수 있는 다섯 가지 습관을 추천한다.

첫째, 유기농 과일과 채소를 구매하거나 '깨끗한 열다섯 가지'로 만든 제품을 선택하여 농약 섭취를 줄이라. 심지어 과일과 채소를 더 많이 먹어도 농약과 제초제에 노출될 수 있다. EWG는 가장 오염이 많이 된 열두 가지 과일 및 채소와 가장 오염이 덜 된 열다섯 가지 과일 및 채소를 발표했다. 위험 화학물질이 덜 검출되는 과일 및 채소를 선택하기만 해도 농약 섭취를 크게 줄일 수 있다.

유기농 과일 및 채소를 구하기 힘들다면 다음과 같은 '더러운 열두 가지'를 피하기 바란다(유기농이 아닌 이 과일 및 채소를 먹으면 하루에 평균 15가지의 농약에 노출된다). 배, 사과, 파프리카, 셀러리, 복숭아, 딸기, 체리, 포도, 시금치, 토마토, 감자 등이다.

즐겨도 좋은 '깨끗한 열다섯 가지'는 다음과 같다(유기농이 아닌 이 과일 및 채소를 먹으면 하루에 평균 약 2가지의 농약에 노출된다). 아보카도, 스위트콘, 파인애플, 양배추, 양파, 스위트피, 파파야, 아스파라거스, 망고, 가지, 감로멜론, 키위, 칸탈루프, 콜리플라워, 브로콜리 등이다.

둘째, 라벨 읽기를 생활화하라. 우리가 먹는 음식들의 독소 목록은 끝이 없고 계속해서 늘어만 가고 있다. 우리가 피해야 할 가장 흔한 독소들과 그것들이 주로 어디에 있는지를 다음과 같이 정리해 보았다.

- 인공 색소 : 음료, 주스, 시리얼, 사탕
- 아스파탐 : 뉴트라스위트(NutraSweet), 이퀼(Equal), '무가당'이라고 쓰인 음식들, 다이어트 청량음료, 껌
- BHA와 BHT : 시리얼, 간식들, 가공 육류
- 카세인 칼슘(calcium caseinate) : 단백질 보충제, 에너지바
- 다이아세틸(diacetyl) : 전자레인지용 팝콘에 쓰이는 버터
- 액상 과당 : 탄산음료, 차, 인공적으로 맛을 낸 음료, 어린이 주스, 젤리, 양념

- MSG : 포테이토칩, 냉동식품, 가공 육류, 샐러드드레싱 같은 가공 식품들
- 아질산염과 질산염 : 핫도그와 가공 육류를 포함한 절인 육류
- 브롬산 칼슘(potassium bromate)이나 브롬화 밀가루(bromated flour) : 빵과 토르티야
- 수크랄로스 : 스플렌다(Splenda) 인공감미료로 만든 음식과 음료
- 트랜스지방 : 빵, 냉동 피자, 간식, 냉동 음식들

셋째, 트램펄린을 해 보라. 트램펄린 혹은 소형 트램펄린에서 가볍게 점프를 하면 중력이 림프계통을 순환시켜 체내 독소를 배출시키고 면역력, 혈액순환, 소화력을 향상시켜 준다.

넷째, 과일 및 채소 주스 섭취를 생활화하라. 과일과 채소는 해독력이 뛰어나서 건강한 아침 주스로 제격이다. 풋사과, 푸른 잎채소, 아마씨, 대마씨, 아보카도, 레몬, 오렌지, 라임, 녹차가 특히 좋다.

다섯째, 레몬수를 큰 컵으로 한 컵 마시면서 하루를 시작하라. 레몬수는 독소를 배출하고 소화를 도우며 세균과 박테리아를 물리치고, 피부 노화에 좋은 콜라겐 생산에 필요한 비타민C를 제공해 준다.

Chapter 12

장 건 강

튼튼한 장은
나쁜 우울증을 몰아내는
특효약이다

정확히 130년을 사이에 두고 12월에 일어난 두 사건은 우리가 지금 아는 유럽 대륙의 모습을 형성하는 데 결정적인 역할을 했다.

1812년 여름, 나폴레옹 보나파르트 프랑스 황제는 그때까지의 세계 역사에서 가장 큰 대군을 모았다. 같은 해 6월, 60만 명 이상의 대군이 러시아를 침공했다. 그리고 불과 6개월 뒤, 6분 1로 줄어든 군대는 대패해서 굶주린 배를 움켜잡고 퇴각했다.

시간을 빨리 앞으로 돌려 1942년 러시아는 다시 대군들이 충돌하는 중심 무대가 되었다. 이번에는 히틀러와 나치 군대가 제3제국의 영토를 확장하겠다는 야심을 품고 소련을 침공했다. 6월에 독일을 떠난 독일군은 12월 초에 패배를 목전에 두었다.

두 경우 모두, 러시아 침공군 패배의 주요 원인은 아주 단순했다. 그 것은 바로 식량 부족이었다. 수필가이자 철학자인 토머스 칼라일(Thomas Carlyle)은 1866년 프리드리히 대왕의 말을 인용하여 이렇게 썼다. "군대는 뱀처럼 배로 간다."[1] 히틀러와 나폴레옹은 러시아 심장부의 약한 보급로를 따라 자신의 군대가 궤멸하는 모습을 하릴없이 쳐다보면서 겨우 이 진리를 깨달았다.

이와 비슷하게, 사람의 정신적 육체적 건강도 장의 건강에 달려 있다. 우리 위에는 수십억의 작은 '병사들'이 있다. 그 병사는 바로 박테리아다. 건강한 박테리아가 많으면 건강한 삶으로 이어지고, 굶주리거나 죽은 박테리아는 건강하지 못한 삶과 불안증, 질병으로 이어질 수 있다.

하지만 새롭게 발견된 더 흥미로운 사실은 장 건강이 우울증 치료와 관련이 있다는 것이다. 장내 마이크로바이옴(gut microbiome-소화계통 내에 사는 100조 마리 정도의 '좋은' 박테리아를 지칭하는 전문 용어)과 정신 건강의 연관성을 보여 주는 연구 결과가 많이 나왔다. 이 좋은 박테리아가 소화 건강에서 심장 기능과 면역 체계까지 모든 것에 영향을 미친다는 사실이 드러났다.

이 연구 분야는 정신 건강의 이해에 극도로 중요하다. 그래서 2007년 미국국립보건원은 인간 마이크로바이옴 프로젝트를 시작했다. 이 야심찬 연구 프로젝트는 미생물들과 그것이 각종 질병에 미치는 영향에 관한 막대한 데이터를 수집해서 공유하려는 여러 국제 공조 프로젝트들 중 하나다. 이 책과 관련해서 우리가 주목해야 할 발견 사실은 이런 박테리아의 활동이 뇌의 활동에 막대한 영향을 미친다는 것이다. 특히, 기분을 조절하는 신경 전달 물질들의 기능과 기능 이상에 영향을 미친다.

이 연구 분야로 인해 장을 제2의 뇌 혹은 '작은' 뇌로 부르게 되었는데, 사실 이것이 완전히 새로운 분야는 아니다. 이 연구 분야는 1990년대 말 몸 아랫부분의 신경 회로망을 더 분명하게 파악하면서 시작되었다. 당시 장의 벽에 있는 약 1억 개의 신경세포들인 장신경계(enteric nervous system, ENS)가 소화와 배설을 조절하는 놀라운 능력보다 더 큰 힘을 갖고 있다는 사실이 밝혀지기 시작했다.

간단하게 설명하면, 미주신경은 우리 몸에서 가장 큰 신경으로, 뇌에서 장까지 뻗어가며 장에서 신경세포들의 방대한 정보망으로 갈라진다. 이 2차선 고속도로는 면역 체계 및 호르몬들과 함께 장-뇌축(gut-brain axis)으로 알려져 있다. 전에는 주로 뇌가 몸에서 가장 복잡한 작용 중 하나인 소화 기능을 통제하는 것으로 생각했다.

하지만 오히려 미주신경 조직의 90퍼센트가 '뇌로' 메시지를 보낸다는 연구 결과들이 적지 않다. 더 흥미로운 사실은 장신경계가 이 신호들을 보내기 위해 '큰' 뇌만큼이나 많은 30개 이상의 신경 전달 물질을 사용한다는 것이다. 이 사실은 장과 기분 장애 사이의 깊은 관계를 보여준다. 기분 장애는 주로 세로토닌 같은 특정 신경 전달 물질을 생산하고 흡수하고 사용하는 몸의 능력과 관련이 있기 때문이다.

그렇다면 미주세포를 통과하는 이런 메시지의 근원지는 어디인가? 무엇이 '큰 뇌'와 함께 이런 신경 전달 물질을 생산하여 이 2차선 도로를 통해 전달하는가?

폭발적으로 성장해가는 이 의학 분야에서의 가장 최근 연구에 따르면, 그 근원지는 장내 마이크로바이옴의 박테리아인 것으로 밝혀졌다. 이 박테리아의 숫자는 빽빽하게 밀집해 있는 장신경계 세포들보다 훨씬 많다. 장신경계가 척수를 포함해서 나머지 몸 전체를 합친 것보다도 많은 세포를 갖고 있다는 사실을 생각하면, 이 박테리아의 숫자는 실로 엄청난 것이다.

아마 '항생제'와 '프로바이오틱'이란 말을 들어봤을 것이다. 이번 장에서 이것들에 관한 이야기를 조금 해 보도록 하자. 하지만 먼저 이 연구에서 가장 최근에 발견한 사실 하나를 살펴보자. 이것은 우울증과 관련된 사실이다. 아일랜드 코크대학 소화 파마바이오틱 센터의 연구가이자 정신과 의사인 테드 디난(Ted Dinan)이 만들어 낸 용어인 '사이코바이오틱스'는 우리의 기분에 영향을 미칠 수 있는 장내 박테리아들을 지칭한다. 그렇다. 이 작은 생물들은 불안증, 행복, 만족, 그리고 물론 우울증 수준에 직접적인 영향을 미치는 메시지를 뇌에 보낸다.

이런 사이코바이오틱스 중 일부는 우리의 기분에 덜 직접적인 영향을 미친다. 예를 들어, 어떤 사이코바이오틱스는 비타민B 생산에 관여하는데 앞서 몇 번 말했듯이 비타민 B는 신경계의 건강과 감정적 건강에 매우 중요하다. 현대 역사상 처음으로, 뇌가 모든 기분 장애의 근원이 아니라는 입장을 뒷받침하는 의학 연구 결과들이 쏟아져 나오고 있다. 이로 인해 우울증과 관련 장애에 대한 완전히 새로운 치료 방향들이 열리고 있다.

최근 과학자들이 이 분야의 새로운 발견들에 관해 나누는 발표회에 참석한 적이 있다. 너무 많은 데이터가 쏟아져 나오고 있어서 그 모든 데이터를 분석해서 FAD 승인 치료법들로 전환하려면 꽤 시간이 걸릴 것이다. 하지만 바퀴는 이미 돌아가고 있다. 예를 들어, 건강하지 못한 장내 박테리아 생태계를 지니고 있는 사람들에게 연구가들은 대변 이식을 행하고 있다. 저녁 식탁이나 첫 데이트 자리에서 듣고 싶은 주제는 아니라는 것을 알지만, 이는 우울증 완화를 위한 중요한 탐구 분야다. 대변 이식은 약물 치료보다 부작용이 적으면서도 매우 효과적이다. 이미 전 세계적으로 수많은 질병을 치료하고 있다. 미국 기업들은 건강한 기증자들에게 치료 목적의 대변 샘플을 사들이고 있다.

이런 치료법도 좋지만, 내가 이번 장을 통해 원하는 것은 이런 치료법이 필요해지기 훨씬 전에 당신이 장 건강을 잘 챙기도록 돕는 것이다. 좋은 박테리아의 숫자를 늘리고 파괴적인 박테리아의 숫자를 줄이기 위한 더 간단한 방법들이 있다. 무엇보다도 식단 조정이 가장 중요하다.

앞서 우울증 관리의 중요한 측면 중 하나인 적절한 영양에 관해서 살펴보았다. 장 건강에 가장 나쁜 것들을 피하거나 줄이는 것이 극도로 중요하다. 알다시피 정신 건강을 비롯해서 우리의 전반적인 건강에 극도로 유익한 음식들이 있다. 마찬가지로 우리의 기분에 부정적인 영향을 끼치는 해로운 음식들도 있다. 여기서는 특정한 음식들과 살아 있는 미생물 보조제들(프로바이오틱스와 프리바이오틱스)이 건강한 장 박테리아들의 번식을 촉진시킨다는 점을 이해하는 것이 중요하다. 그렇게 되면 우울증 치료에 큰 도움이 된다.

과연 장내 불균형이 당신의 우울증을 극복하기 위한 잃어버린 퍼즐 조각 중 하나일까 하는 의구심이 드는가? 그렇다면 그거 아는가? 거의 모든 현대인의 장내 마이크로바이옴이 불균형 상태에 있다. 이 불균형은 생활 습관과 식습관, 특히 현대인들이 자주 먹는 당이 많은 고지방 음식들의 필연적인 부작용으로 밝혀지고 있다.

장내 마이크로바이옴을 연구하는 전문가들에 따르면, 장내 박테리아는 유전소질을 발현시키는 결정적인 요소일 수 있다. 다시 말해, 유전적으로 우울증 인자를 갖고 있어도 장내 박테리아 생태계의 균형이 깨지기 전까지는 전혀 우울증 없이 살 수 있다. 하지만 불균형이 찾아오면 유전적 인자는 약물만으로는 고칠 수 없는 완전한 만성 질환으로 발현된다.

장과 우울증

더없이 분명한 사실 하나로 시작해 보자. 그것은 바로 장과 뇌가 서로 뗄 수 없는 사이라는 사실. 이는 우리가 우울증을 '기분 장애'라고 부르긴 하지만 사실상 그 병은 단순히 슬프거나 우울한 기분보다 훨씬 더 깊은 차원의 문제라는 뜻이다.

실제로, 전통적인 우울증 진단은 환자의 뇌에 행복감뿐 아니라 성욕, 기억력, 숙면 등에 영향을 미치는 세로토닌 수치가 낮을 때 이루어진다. 그래서 대개는 SSRI(selective serotonin reuptake inhibitors)가 우울증 치료제로 처방된다. 이 약물은 뇌가 세로토닌을 분해하기보다는 다시 순환시키게 만들기 때문이다.

하지만 정신병이 궁극적으로 뇌 속 신경 전달 물질의 불균형에서 비롯하는 것이라면 이 불균형의 근본원인은 어디까지나 뇌이고 따라서 치료의 초점도 뇌여야 하는 것 아닌가? 절대 그렇지 않다. 최소한, 더 이상 그렇지 않다.

앞서 말했듯이, 최근 연구들을 보면 우리 장의 상황이 뇌의 상황에 영향을 미친다. 뇌의 상황이 장의 상황에 영향을 미치는 것이 아니다. 이렇게 뇌가 주로 미주신경을 통해 장에서 올라오는 메시지에 반응하는 것이라면 근본적인 해법을 찾기 위해 먼저 메시지의 출발점부터 살펴봐야 하는 것이 합리적이다.

신경 전달 물질과 호르몬

뇌와 장, 몸의 나머지 부분들 사이를 잇는 신경세포망이 고속도로라면 그 고속도로를 이동하는 화학물질들은 몸의 한 부분에서 다른 부분으로 메시지를 실어 나르는 우편 배달 트럭이라고 할 수 있다. 이 트럭들은 기본적으로 두 가지 종류가 있다. 신경 전달 물질과 호르몬이 그것이다. 이 메신저들은 공통점도 많지만 주목할 만한 뚜렷한 차이점들이 있다.

신경 전달 물질은 신경계통을 통과하고 신경세포들 사이의 틈을 건너 특정한 수용체에 붙는 화학물질이다. 역시 화학물질인 호르몬은 내분비기관(선(glands))에서 생성되어 혈액을 타고 표적 기관의 세포들과 상호작용한다. 둘 다 생각과 감정을 포함해서 우리 몸이 의식적으로 무의식적으로 하는 모든 일의 조절에 밀접하게 관여한다.

기분 장애와 관련된 주된 화학물질은 세로토닌(신경화학물질)이다. 따라서 뭐든 세로토닌을 생산하거나 더 오래 보유하는 몸의 능력에 영향을 미치는 상황은 우울증에 큰 영향을 미친다. 그래서 장에서 일어나는 상황도, 아니 특히 장내 상황이 우울증에 결정적인 영향을 미친다. 실험쥐들이 비피두스균 인판티스(Bifidobacterium infantis-B. infantis)를 입으로 섭취하면 세라토닌 생산의 중요한 요소인 트립토판(tryptophan) 수준이 증가한다는 사실은 이미 밝혀졌다. 몇몇 다른 화학물질들은 세로토닌을 직접적으로 생산하는 것으로 밝혀졌다.

마찬가지로, 뇌에서 감마아미노부티르산처럼 우울증과 관련된 다른 화학물질들이 부족해지면 부정적이고 강박적인 생각 패턴을 낳아 우울증을 악화시키는 것으로 보인다. 연구가들은 젖산간균(Lactobacillus)과 비피두스균 같은 장내 미생물들은 감마아미노부티르산 분비를 촉진시킨다는 사실을 발견했다.

다른 박테리아들은 호르몬인 노르에피네프린(norepinephrine)과 신경 전달 물질인 도파민을 생산한다. 이 두 화학물질도 아마 들어봤을 것이다. 이것들은 우울증에 영향을 받는 기억, 또렷한 정신, 의욕, 각성, 행복감 같은 수많은 육체적 기능과 연관이 있다. 또 다른 박테리아들은 포옹이나 섹스 같은 긍정적인 육체적 접촉을 할 때 우리 몸속에 순환되는 '좋은 기분' 호르몬인 옥시토신(oxytocin) 수준을 높여 준다.

직접적으로 화학물질을 생산하는 박테리아 외에도, 일부 박테리아들은 칸나비노이드 수용체(cannabinoid receptor) 같은 신경세포에 영향을 미친다. 이 수용체는 기분을 조절하는 데 관여하며, 우울증의 원인이 되곤 한다. 다른 수용체들은 미주신경을 통해 뇌에 감마아미노부티르산 수용체들을 더 생산하라는 신호를 보낸다(상대 박테리아가 재료를 더 많이 생산해 주면 도움이 된다).

그렇다면 뇌에 우울증을 유발하는 세로토닌 부족이 발생할 때 장내 마이크로바이옴은 어떻게 세로토닌 분비를 늘리고 다른 기분 조절 화학물질들의 수준을 조정할까? 증거들을 보면 장내 마이크로바이옴은 미주신경을 사용하여, 좋은 기분을 발생시키고 우울증을 퇴치하기 위해 필요한 신경 전달 물질들이 많다는 메시지를 뇌에 전달하는 것으로 보인다. 그러면 뇌는 실제로 자신의 신경경로들에 그런 화학물질이 넘치는 것처럼 반응한다.

좀 더 자연적인 방법으로 우울증을 치료할 능력이 있다는 점에서 이는 보통 좋은 소식이 아니다. 이는 우리가 해로운 부작용이 있는 약물을 개발하기보다 특정 박테리아들의 건강한 성장을 촉진시키는 일에만 집중하면 된다는 뜻이다. 또한 이는 신경 전달 물질을 생산하거나 흡수할 뇌의 능력이 손상되어도 장이 개입해서 문제를 해결할 수 있다는 의미이다.

염증과 스트레스

우울증에 대한 우리의 이해는 변했는데 일반적인 우울증 치료법은 지난 몇 십 년 동안 별로 바뀌지 않았다는 사실이 너무도 안타깝다. 이제 가장 진보한 의료 단체들은 (우울증을 비롯한) 많은 정신질환이 면역적인 질환이며 심각한 만성 우울증과 관련이 있다고 본다. 이런 시각은 정신질환 치료의 전경을 근본적으로 바꿔놓고 있다. 사실, 이는 전혀 놀라운 발견도 아니다. 많은 만성 질환과 퇴행성 질환이 면역 체계가 약해지거나 기능 이상을 일으킬 때 발생한다는 것은 우리가 익히 아는 사실이기 때문이다.

4장과 11장에서 염증과 우울증이란 주제를 다루긴 했지만 사이코바이오틱스 및 건강한 장과 관련해서 이 주제에 관한 이야기를 좀 더 해보자. 염증은 면역 체계, 특히 백혈구가 우리를 감염으로부터 보호하는 프로세스다. 특정한 양의 염증은 정상적이고 긍정적일 수 있다. 하지만 때로 면역 체계는 우리가 건강한데도 잘못 염증 반응을 유발할 수 있다. 또한 감염에 과잉 반응을 해서 우리의 몸이 스스로를 보호하는 대신 해치게 만들기도 한다.

예를 들어, 장내 마이크로바이옴 연구를 통해 '장 누수 증후군'(leaky gut syndrome)이란 증상이 발견되었다. 이는 장내 염증으로 인해 미생물 무리가 뇌에 보낼 트립토판을 다른 곳으로 보낼 때 발생하는 증상이다. 앞서 말했듯이 트립토판은 세로토닌의 핵심 재료다. 따라서 트립토판이 적다는 것은 곧 세로토닌이 적다는 뜻이다. 실제로 이 프로세스를 관찰해 보면 환자들에게서 불안증, 불면증, 우울증이 증가하는 것을 확인할 수 있다.

이에 관한 한 관점은 염증을 치료해서 면역 체계를 회복시키면 정신 질환을 치료할 수 있다는 것이다. 우리 면역 체계의 70퍼센트가 장에 기반하고 있고 장 박테리아의 통제를 받는다는 사실로 볼 때 장과 장내 미생물들이 몸 전체의 건강을 좌우하는 것이 분명하다. 장내 마이크로바이옴이 균형을 잃으면 심지어 감기에도 더 자주 걸릴 수 있다.

나는 우울증에 걸리면 면역력이 약해지고 병에 자주 걸리는 것이 전혀 우연이 아니라고 생각한다. 더 센터에서 그 어떤 접근법보다도 장내 마이크로바이옴의 균형을 회복시켰을 때 머리끝부터 발끝까지 몸 전체의 건강이 크게 회복되는 것도 전혀 우연이 아니다.

4장에서 보았듯이 염증에 관한 논의는 스트레스에 관한 논의를 포함할 수밖에 없다. 그것은 만성 염증의 가장 큰 원인 중 하나가 스트레스이기 때문이다. 또한 스트레스와 우울증이 밀접한 연관성이 있다는 것은 잘 알려진 사실이다. 우울증에 걸려서 살면 스트레스를 받을 수밖에 없고 스트레스를 받으면 우울해질 수밖에 없다는 상식적인 면에서만 그런 것이 아니다. 연구에 따르면 만성 우울증 환자들은 체내 코르티솔 수치가 높아져 있는 경우가 많다. 코르티솔은 바로 스트레스에 대한 직접적인 반응으로 분비되는 화학물질이다.

대부분의 사람들이 모르는 사실 하나는, 특정한 박테리아들이 코르티솔 수치를 낮춰 준다는 것이다. 코르티솔 수치가 낮아지면 스트레스가 줄어들고, 스트레스가 줄어들면 우울증이 완화된다. 2015년 연구는 특정한 박테리아를 장에 주입하면 코르티솔 분비를 줄여 스트레스와 불안증을 완화할 수 있다는 희망을 던져 준다.

2015년 신경학회(Society for Neuroscience)에서 이 연구 결과를 발표했던 제러드 클라크(Gerard Clarke) 박사는 이렇게 말했다. "이번 연구로 원리가 검증되었다. 지금 우리가 묻는 질문은 이 원리를 더 발전시켜 이 사이코바이오틱스로 인생의 부침 속에서 만나는 스트레스 요인들을 다룰 수 있느냐 하는 것이다. 혹은 우울증이나 불안증 같은 스트레스 관련 질환을 앓는 환자들을 위해 더 많은 사이코바이오틱스를 개발할 수 있느냐 하는 것이다."[2]

현재의 의학 수준으로는 이 질문에 확실한 답을 내놓을 수 없지만, 우리 센터는 그 답이 반드시 "그렇다"일 것이라고 확신한다!

미묘한 균형 찾기

확실한 결론을 내리기에는 이 분야의 연구가 시작된 지 얼마 되지 않았지만, 장내 마이크로바이옴의 주된 변화들이 우리가 태어나는 순간에 일어난다는 증거가 쌓여가고 있다. 이런 변화는 우리가 자연분만 혹은 제왕절개를 통해 태어날 때 노출되는 박테리아들의 차이에서 기인한다. 나아가, 유아나 소아가 엄마와 떨어지는 것 같은 초기의 스트레스(성인기 주요 우울증의 알려진 위험 인자)는 장내 마이크로바이옴의 균형을 깨뜨릴 수 있는 추가적인 변화를 일으킨다.

이렇게 불균형은 탄생 순간부터 시작되어 자연스러운 노화의 일부로서 계속해서 우리를 괴롭힌다. 그래서 100조 마리 박테리아의 생태계가 나날이 덜 다양해져가는 것은 어쩔 수 없다. 하지만 우리의 나쁜 식습관과 항생제 남용 등은 상황을 더 악화시킨다. 심지어 지나친 위생도 문제가 될 수 있다.

이 박테리아들이 미묘한 균형을 이루어야 건강하게 살 수 있다. '건강에 해로운' 박테리아가 들어오거나 주체할 수 없이 늘어날 때 혹은 '좋은' 박테리아가 너무 많이 죽을 때 이 균형이 깨지고, 그러면 뇌에 보내지는 메시지들이 영향을 받는다. 그러면 다시 우리 뇌가 몸의 다른 부분들에 보내는 메시지들이 영향을 받는다. 하지만 우리의 선택들이 불균형을 유발하는 것과 마찬가지로, 우리가 다른 선택들을 하면 균형이 다시 회복될 수도 있다.

정말 간단하게 들리지만 실제로는 복잡하다. 장내 불균형과 당신이 현재 앓고 있는 질환 사이의 연관성을 찾으려고 할 때 첫 번째 문제점은 그 결과가 항상 즉각적이지는 않다는 것이다. 예를 들어, 한 연구에서 일반적인 항생제 치료로 일부 환자들은 불과 사흘 만에 "깊고도 급격한" 변화를 보였지만 일부 환자들의 마이크로바이옴은 치료 4년 뒤에야 겨우 부분적으로만 정상화되었다.[3]

좋은 소식, 장내 불균형의 원인이 많지만 적절한 식품 보조제로 균형을 회복하기는 상대적으로 쉽다는 것이다. 많은 경우, 어떤 원인이 불균형을 일으켰는지는 아예 상관이 없다. 그건 그렇고, 언제나 예방이 최선책이다. 따라서 장내 세균 불균형을 해결하는 법과 아울러 문제 재발을 예방하는 법을 함께 이해해야 한다.

항생제

CDC(Centers for Disease Control)에 따르면, 인구 천 명당 약 800-900개의 항생제가 투약되고 있다. 이러니(그나마 미국 내에서의 항생제 처방은 개발도상국들에 비해 줄어들고 있다) 연간 최소한 2백만 명 이상이 항생제 내성균에 감염되는 것도 무리는 아니다.

항생제는 치료에 꼭 필요하고 내성은 안타까운 부작용이라 말할지 모르겠다. 뭐, 대체로는 맞는 말이다. 문제는, 역시 CDC에 따르면 미국 병원 내 항생제 사용의 거의 50퍼센트가 불필요하거나 부적절하다는 것이다. 이는 우리가 불필요하게 막대한 질병 가능성과 항생제 효과 감소를 초래하고 있다는 뜻이다. 항생제를 남용하고 오용하면 특정 질병들이 항생제에 내성이 생겨 급격히 확산될 수 있다는 말이다.

항생제 사용과 남용에 관한 정책은 논외로 하고, 수많은 사람들에게 장내 마이크로바이옴 고장의 가장 큰 원인은 바로 항생제다. 항생제는 거의 모든 미국인에게서 어느 정도 장내 불균형이 발견되는 원인 중 하나다. 항생제로 특정 질병들을 치료할 수 있을지 몰라도, 분명 항생제는 더 많은 질병에 문을 열어준다.

항생제가 어떻게 작용하는지 생각해 보자. 우리 몸에 투여된 항생제는 사냥개처럼 감염의 원인이 되는 박테리아를 추적해서 제거한다. 문제는 많은 항생제, 특히 광범위 항생제가 농약살포기를 단 사냥개와 같다는 것이다. 이런 항생제는 '나쁜' 박테리아를 제대로 추적하지만, 그 박테리아를 제거할 때는 좋은 박테리아까지 무차별적으로 제거한다.

가장 공격적인 항생제들은 우리의 몸을 심각하게 망쳐 일부 좋은 박테리아들이 아예 회복되지 못할 정도의 상황을 만든다. 외부에서 다시 주입하지 않는 이상, 좋은 박테리아들이 때로는 수년, 때로는 아예 돌아오지 않기도 한다.

아마 항생제 투입 후에 진균감염이 발생하는 경우가 매우 흔하다는 말을 들어봤을지 모르겠다. 그것은 항생제가 좋은 박테리아를 너무 많이 죽여 칸디다(Candida)균(진균) 번식이 걷잡을 수 없이 늘어나게 되는 것이다. 이는 곧 장내 불균형을 의미한다.

우리는 항생제 처방 뒤에 진균감염 재발로 고생하는 여성 내담자들을 특히 많이 본다. 그리고 그들 대다수는 병원에서 이 증상이 우울증과 연관이 있다는 말을 들어본 적이 없다. 진균감염을 겪은 적이 있다면 십중팔구 당신의 몸이 장내 불균형을 겪은 적이 있다는 뜻이다. 그리고 당신의 우울증이 계속되는 것은 그 불균형이 완전히 회복되지 않은 탓일 수 있다.

항생제 복용이 장내 불균형으로 이어질 수 있다는 점을 받아들인다면, 항생제 처방을 받을 때마다 이 점을 고려해서 적극적으로 대처해야 한다. 의사들이 설사약 같은 항생제 부작용을 고지하는 경우는 매우 흔하지만, 거기서 더 나아가지는 않는다. 장내 불균형을 기분 장애와 연결시키는 가장 최근의 연구들로 인해 이런 관행이 곧 바뀌기를 희망한다.

그러기 전까지는 환자가 알아서 항생제 사용을 조심해야 한다. 꼭 필요한 경우에만 사용하고, 프리바이오틱스와 프로바이오틱스로 부작용을 줄여야 한다.

프리바이오틱스와 프로바이오틱스

프리바이오틱스는 특정한 미생물 무리의 성장을 돕는 물질인 반면, 프로바이오틱스는 그 자체가 미생물들로 이루어져 있다. 단 하나의 프로바이오틱스 보조제에 수십억 마리의 좋은 박테리아가 포함되어 있다. 몸의 문제를 해결하기 위해 프로바이오틱스를 주입하는 것은 원활한 소화와 영양분 흡수를 위해 장내 미생물 무리를 적절한 수준으로 회복시키려는 것이다.

몸에 주입된 프리바이오틱스와 프로바이오틱스는 가만히 두면 걷잡을 수 없이 번식하는 해로운 박테리아들을 억제시켜 감염을 예방하고 치료한다. 프로바이오틱스와 달리 프리바이오틱스는 미생물이 아니다. 프리바이오틱스는 소화될 수 없고 대개 흡수될 수 없는 영양소들로, 좋은 박테리아의 성장과 번식을 돕는다. 대부분의 프리바이오틱스는 보조제로 복용할 수 있거나 음식 내에서 자연적으로 발생하는 섬유질 혹은 탄수화물이다.

장내 균형은 단시간에 회복될 수 없다. 명심하라. 지금 우리는 살아 있는 유기체 이야기를 하고 있는 것이다. 장을 일종의 정원으로 생각하면 이해하기 쉽다. 우리가 원하는 것은 필요한 박테리아를 더 많이 재배하고 원치 않는 종류의 박테리아를 뽑아내는 것이다. 정원을 가꿀 때와 마찬가지로, 가장 먼저 우리는 키우려는 것들이 건강하게 잘 자라도록 이상적인 환경을 조성해야 한다. 프리바이오틱스가 거름이 많은 '좋은 토양'이라면 프로바이오틱스는 '좋은 씨앗'이다.

프로바이오틱스가 몸에서 어떻게 흡수되는지를 이해하는 것이 중요하다. 먼저, 모든 종류의 프로바이오틱스가 위와 대장을 살아서 통과할 수 있는 것은 아니다. 둘째, 혈액 속으로 '누수'가 되기 쉬운 프로바이오틱스들이 있다. 프로바이오틱스 치료가 효과를 보려면 미생물 무리가 목적지까지 잘 도착해야 한다. 박테리아가 위산을 통과하지 못해 (플라세보 효과 외에) 실질적인 효과가 없는 보조제가 꽤 많다. 따라서 좋은 연구 결과들을 참조해야 하며, 전문가와 상담하는 것이 가장 이상적이다. 전문가와 상담하면 당신에게 정확히 어떤 박테리아들이 필요하며 어떤 브랜드의 보조제들이 당신의 상태와 병을 다루는 데 가장 효과적인지 도움을 줄 것이다.

또한 같은 병을 다루는 프로바이오틱스라 해도 모두 똑같이 제조되지는 않았다는 사실도 알아야 한다. 더 좋은 효과를 내는 프로바이오틱스들이 있다. 따라서 어떤 프로바이오틱스가 효과적인지 확인하는 작업이 매우 중요하다. 가장 적합한 프로바이오틱스 보조제를 고르기 위한 몇 가지 기준을 소개한다.

프리바이오틱스(프로바이오틱스를 위한 섬유질/음식)가 포함된 프로바이오틱스를 선택하라. 이것은 고품질 프로바이오틱스 보조제의 중요한 요소일 뿐 아니라 프로바이오틱스가 살아서 소화기관을 통과하기 위해 꼭 필요한 요소다. 장거리 여행을 할 때 간식을 챙기는 것과 비슷한 이

치다.

적절한 효능을 사용하라. 프로바이오틱스 보조제를 보면 대개 효능이 '억 단위의 UFC'로 표기된 것을 볼 수 있다. CFU는 집락형성단위(colony-forming units)를 말한다. 많은 제조사들이 CFU가 많을수록 좋다는 식으로 말한다. 하지만 연구에 따르면 무조건 많다고 해서 좋은 것은 아니다. 하루 적정량은 100억-200억 CFC다. 그 이상 먹으면 비용만 증가할 뿐 추가적인 효과는 없다.[4]

프로바이오틱스 보조제가 과학적으로 검증된 전달 시스템을 갖추고 있는지도 확인해야 한다. 그래야 프로바이오텍스 박테리아들이 위산과 담즙을 무사히 통과할 수 있다. 박테리아들에게 수분과 영양분이 제대로 공급되었는지도 확인해야 한다. 화학물질과 가공 보조제 없이 장용성 제피와 지연 방출 캡슐, 진주 같은 자연적인 방법으로 박테리아를 나르는 방식을 찾으라. 자신에게 적합해 보이는 프로바이오틱스를 찾은 뒤에 인터넷 검색으로 확인하거나 자격을 갖춘 영양사에게 추천을 부탁하라.

하지만 장에 적절한 박테리아들을 갖추는 일은 프리바이오틱스와 프로바이오틱스, 사이코바이오틱스 이상이 필요한 훨씬 다각적인 작업이다. 우리가 장에 넣는 음식과 음료야말로 장기적인 건강을 결정한다. 우리의 목표는 장내 불균형을 다루고 적절한 균형을 회복시켜 정신 건강을 비롯해서 온 몸을 최상의 상태로 끌어올리는 것이다.

장 건강을 위한 행동 계획

이번 장을 읽기 전부터 장 건강과 사이코바이오틱스에 관해 잘 알고 있던 사람도 있겠지만, 전혀 그렇지 못한 사람도 있을 것이다. 문외한들로서는 전문용어와 어려운 설명이 많아서 꽤 곤혹스러웠을 것이다. 그래서 프리, 프로, 사이코바이오틱스를 사용하여 건강한 장내 마이크로바이옴을 구축하기 위한 간단하면서도 실질적인 방법들로 이 주제에 관한 논의를 마무리할까 한다.

어떤 종류의 프리바이오틱스와 프로바이오틱스, 기분 개선 보조제들이 당신에게 가장 잘 맞을지 조사하라. 더 센터의 제품을 선전할 생각은 없지만 고려해 보기를 권한다. 우리 전문가 팀은 한 영양보조제 업체와 함께 효과를 자신하는 다양한 제품을 개발했다. 영양제 코너를 갖춘 믿을 만한 건강식품 상점을 방문해 보는 것도 좋다. 이왕이면 영양 전문가가 상주하는 곳에 가라. 어떤 브랜드의 프리바이오틱스와 프로바이오틱스, 사이코바이오틱스를 살지 선택했다면 적절한 복용량을 결정하라. 자연요법 전문가와의 상담을 권한다. 가까운 곳에 그런 전문가가 없다면 전화나 인터넷으로 상담하라. 보조제를 30일 동안 복용하면서 일기장이나 이 책의 자매편인 워크북에 기분과 전반적인 건강 상태의 변화를 기록하라. 이번 장의 경고와 제안들을 늘 기억하라.

이 여행을 함께할 친구를 찾으면 더 좋다. 혼자서 노력하는 것보다 함께 격려하고 도우면서 하는 것이 훨씬 더 좋다. 서로 발견한 사실을 나누고, 각자에게 무엇이 도움이 되었는지 토론하며, 서로가 보조제를 꾸준히 먹도록 감시하는 감독이 되어 주라.

4주 뒤에 기존의 증상들이 어떻게 되었는지 확인하라. 부정적인 패턴이나 건강 문제가 줄었는가? 그렇다면 어떻게 줄었는가?

Chapter 13

영양제 복용

우울한 뇌는
영양이 부족한
뇌다

피트는 전국의 고객들을 상대하는 프리랜서 그래픽 아티스트다. 그는 자신을 다혈질이라고 생각해 본 적이 없지만 지난 5-6년 사이에 전에 없이 짜증이 많아지고 외로움을 자주 느꼈다. 무엇보다도 아내 사라와 열 살짜리 쌍둥이 아들에게 자주 폭발하듯 화를 내는 것이 문제였다.

분노는 우울증 환자들의 흔한 증상이다. 아니나 다를까 의사는 피트에게 임상 우울증을 진단하고 항우울제를 처방했다. 몇 주 뒤 피트는 항우울제가 도움이 되기는커녕 기억력만 감퇴시키는 것을 느껴 복용을 멈추었다. 그렇게 그의 기분은 계속해서 하강곡선을 그렸다.

전환점은 어느 토요일 아침 피트가 주방으로 걸어 들어가면서 찾아왔다. 주방에서는 아내와 두 아들이 프렌치토스트를 만들고 있었다. 아내와 아이들이 자신을 보지 못하자 피트는 문간에서 몇 분간 조용히 그들을 관찰했다.

처음 눈에 들어온 것은 웃음이었다. 한 아이가 주방 바닥에 달걀을 떨어뜨리자 두 아이가 키친타월로 노른자위를 잡기 위해 달려들었다. 하지만 노른자위가 잡힐 듯 잡히지 않자 두 아이는 깔깔거리기 시작했다. 그 우스꽝스러운 모습에 엄마도 곧 박장대소를 터뜨리기 시작했다. 피트는 흠칫 놀랐다. 아내와 아이들의 웃음소리를 들은 것이 몇 달 만에 처음이라는 사실을 갑자기 깨달았기 때문이다.

바로 그때 한 아이가 문간의 아빠를 발견하고 다른 아이를 팔꿈치로 살짝 찔렀다. 곧 둘 다 웃음을 멈추고 다른 방에서 해야 할 뭔가를 기억했다. 그리고 둘 다 후다닥 주방을 나갔다. 피트는 아내를 보며 말했다. "애들이 왜 이러지?"

"호통을 들을까봐 그런 거죠." 아내는 깊은 한숨을 내쉬었다.

"당신의 엄한 얼굴과 가혹한 말에 지친 거예요. 나도 그렇고요."

그 일은 그 전까지 자신의 우울증을 부인하며 살아온 피트에게 강한 경종이 되었다. 피트는 자신의 나쁜 기분이 가족에게 어떤 영향을 미쳤는지 잘 몰랐다. 가족은 늘 그를 피했다. 그럴 만도 했다. 그의 기분은 항상 저기압이었으니까 말이다. 이튿날 피트는 아내에게 진지하게 말했다. "어떻게 해 봐야겠소. 하지만 약은 좋아하지도 않지만 효과도 전혀 없는 것 같아." 부부는 충분히 조사한 끝에 더 센터에서 도움을 받기로 했다. 부부는 전인적 치료라는 개념에 끌렸고, 내가 약물이 아닌 맞춤화된 보조제에 관한 이야기부터 하자 두 사람은 아주 오랜만에 처음으로 희망을 느꼈다.

영양이 부족한 뇌

우울한 뇌는 영양이 부족하다. 우울증은 흔히 화학적 불균형으로 불린다. 하지만 이제 우리는 우울한 뇌의 원인이 많은 경우 주요 영양소와 신경 전달 물질의 부족이라는 점도 알고 있다. 10장에서 우리는 건강한 식습관에 관해 살폈다. 이번 장에서는 또 다른 영양 공급원들을 탐구해 보자. 식사만으로는 우울증을 개선하기 힘들다. 그래서 영양 보조제들로 부족한 영양소를 채워 뇌를 강화시켜 줄 필요성이 있다.

《울트라마인드》(*The UltraMind Solution*)의 저자 마크 히먼(Mark Hyman) 박사는 이 점을 분명히 지적했다. "우울증에 관한 사고는 얼마나 퇴보적인지 모른다. 항우울제가 통하지 않을 때에야 비로소 의사들은 비타민을 사용한다. 그러지 말고, 먼저 비타민을 처방하고 나서 비타민과 생활 습관 변화로 효과가 없을 때 비로소 항우울제로 보완해야 한다."[1]

히먼 박사는 폴산 부족을 예로 들면서 이렇게 설명한다. "폴산이 부족하면 항우울제가 통하지 않을 가능성이 높다. 폴산 수준이 낮은 사람들 중 7퍼센트만 항우울제 치료에 반응한다. 반면, 폴산 수준이 높은 사람들의 반응률은 44퍼센트다. 무려 여섯 배나 높다. 의학에서는 15-30퍼센트만 개선되어도 만족스러운 수준이다. 600퍼센트의 개선은 1면 기사감이다."[2]

우리 내담자들에게서 계속해서 같은 반응이 나오고 있다. 비타민과 미네랄 같은 영양소로 뇌를 보충해 주면 신경 전달 물질에 영향을 주어 기분을 변화시킬 수 있다. 나아가 영양 보조제는 브레인 포그, 스트레스를 줄이고 수면의 질을 개선해 줄 수 있다. 마지막으로, 결국 항우울제가 필요한 경우에도 영양분이 잘 보충된 뇌가 영양 부족에 걸린 뇌보다 훨씬 더 잘 반응한다. 다시 말해, 우울증 치료에서 영양 보조제들을 무시해서는 안 된다.

"뇌가 음식에서 필요한 것을 얻을 수 있지 않은가?" 이것은 흔한 질문이며, 나도 자주 듣는 질문이다. 내 대답은 "그렇기도 하고 아니기도 하다"다. 우리 조상들은 신선한 과일과 식물, 생선, 들짐승을 많이 먹었다. 이런 음식들은 뇌에 필요한 영양분을 공급해 주기에 충분했다.

하지만 농경이 시작되면서 밀과 옥수수처럼 비타민이 부족한 식물이 사람들의 주식이 되었다. 농사의 발전으로 영양보다 크기와 성장률, 내충성 같은 특징을 개선한 농작물에 초점을 맞추면서 우리의 영양은 직격탄을 맞았다. 게다가 현대 농경 기술은 토양에서 중요한 비타민과 미네랄, 미생물들을 고갈시켰다. 이로 인해 영양분이 더더욱 적은 식물들이 재배되고 있다.

그 결과는? 열두 개 채소의 영양분을 분석한 한 연구에 따르면, 1975-1997년 평균 칼슘 함유량은 27퍼센트, 철분은 37퍼센트, 비타민A는 21퍼센트, 비타민 C는 30퍼센트 줄어들었다. 다른 연구들에서도 비슷한 하락이 확인되었다. 런던 식품 정책 센터의 팀 랭 교수는 이렇게 말했다. "우리 조부모들이 오렌지 하나에서 얻었던 것과 같은 양의 비타민A를 얻으려면 지금은 여덟 개를 먹어야 한다. 그리고 같은 양의 철분을 얻으려면 다섯 개를 먹어야 한다."[3]

이 안타까운 감소 외에도 현대인들의 '가짜 음식'(fake food) 소비량은 점점 늘어만 가고 있다. 가짜 음식이란 당과 지방, 영양가 제로의 화학물질로 이루어진 복합물이다.

자, 다시 묻자. 우리에게 필요한 모든 것을 음식에서 얻을 수 있을까? 과연 이것이 가능할까? 이론적으로는(그리고 옛날 시대에는 실제로) 가능하다. 하지만 진짜 음식의 영양분이 감소하고 우리가 가짜 음식을 탐닉하는 상황에서 이것이 가능할까? 쉽지 않다.

우리가 피트에게 제시한 처방은 사실 그만을 위한 처방이 아니다. 더 센터는 보조제와 미량 영양소가 정말 중요하다고 믿기 때문에 모든 내담자의 영양 부족을 검사하고 문제 영역에 필요한 보조제를 제공한다. 우울증을 극복하기 위한 전인적 치료의 일환으로 어떤 보조제들을 고려해야 할까?

뭐든 복용하기 전에 먼저 의료 전문가에게 어떤 보조제가 당신에게 가장 적합한지, 그리고 현재 복용 중인 약들과 어떤 충돌이 발생할 수 있는지를 확인할 것을 권한다. 아래의 목록이 그런 대화를 하기 위한 좋은 출발점이 되리라 믿는다. 나는 다양한 보조제를 기분, 인지, 스트레스, 잠에 미치는 영향에 따라 분류했다. 이 정보의 대부분은 레드 리메디스 사와의 협력을 통해 얻은 것들이다. 나는 레드 리메디스 사와 함께 '희망과 가능성'(Hope & Possibility)이라는 보조제 라인을 개발했다(레드 리메디스와 '희망과 가능성' 제품들에 관한 더 많은 정보는 ReddRemedies.com에서 확인할 수 있다).[4]

기분을 좋게 해 주는 보조제들

기분을 좋게 만들기 위해서는 다음과 같은 보조제가 매우 효과적이다. 다음은 전반적인 기분을 상승시키기 위해 내가 가장 자주 추천하는 보조제들이다.

- 5-HTP는 서아프리카 식물 그리포니아 심플리시폴리아(Griffonia simplicifolia)의 씨앗에서 추출하는 자연적인 영양소다. 5-HTP는 뇌 속 신경물질 세로토닌의 전구체 역할을 한다. 따라서 5-HTP는 기분을 개선할 뿐 아니라 불안증, 우울증, 불면증, 먹는 걸로 스트레스를 풀려는 욕구를 완화할 수 있다. 또한 5-HTP가 PMS와 편두통, 심지어 섬유근육통 같은 스트레스 관련 증상들도 완화할 수 있다는 연구 결과도 있다.

- L-타이로신(L-tyrosine)은 신경물질 노르에피네프린과 도파민의 전구체 역할을 하는 아미노산이다. 기분이 저하되었을 때 복용하면 기력과 정신의 또렷함을 끌어올려 우울증을 완화시킬 수 있다.

- 비타민B12와 폴산은 인지와 기분에 영향을 미치는 뇌 화학물질들을 생산한다. 비타민B12와 폴산을 꾸준히 섭취하면 우울증 위험이 낮아질 뿐 아니라 정신적인 기능도 좋아질 수 있다. 한편, 두 영양소는 팀으로 작용하기 때문에 함께 복용하는 것이 중요하다.

- 비타민D는 여느 항우울제와 마찬가지로 뇌의 세로토닌 수준을 높여주는 것으로 보인다. 토론토대학 연구가들은 기분 장애 치료에 대한 비타민D의 효과를 분석한 결과, 일광 노출이 적은 겨울에 비타민D 보조제들을 복용하면 기분이 개선되는 경향이 있음을 발견했다.[5]

또렷하게 생각하도록 도와주는 보조제들

우울증에 시달리는 많은 사람이 정신적인 혼란, 멍함, 건망증, (흔히 브레인포그로 불리는) 집중력 부족에도 시달리고 있다. 따라서 (건강한 식습관, 규칙적인 운동, 보조제 복용 같은) 인지력을 개선해 주는 습관과 행동으로 우울해진 뇌를 도와주는 것이 매우 중요하다. 다음과 같은 보조제가 좋은 출발점이 될 수 있다.

- 비타민B12와 폴산은 앞서 언급했듯이 이것의 부족은 낮은 인지 능력과 뇌 수축, 심지어 알츠하이머 발병과도 연관성이 있는 것으로 알려져 왔다.

- L-타이로신(L-tyrosine)은 기력과 정신적인 또렷함, 기분의 상승과 관련이 있다. 이 요소는 집중력도 개선해 준다. 이 점은 일주일간의 전투 훈련에 참여한 군인 23명을 대상으로 한 이중맹검법을 통해 확인되었다. L-타이로신 보조제를 복용한 군인들은 집중력이 개선되고 기분이 좋아져서 우울한 기분을 느끼지 않았다.[6]

- 암라(Amla)는 산화방지제가 다량 함유된 아유베르다 허브다. 뇌에 영양분을 공급해 기억력을 비롯한 정신 기능을 개선해 줄 수 있다. 또한 연구가들은 베타 아밀로이드 플라크(beta-amyloid plaque)를 청소하여 알츠하이머를 비롯한 퇴행성 질환들의 진행 속도를 늦춰주는 암라의 잠재력에 주목하고 있다.

- 사자 갈기 버섯(Lion's mane)은 수초 형성의 속도를 높여 인지력과 기억력을 향상시키는 아름다운 버섯이다. 또한 사자 갈기 버섯이 뇌 세포의 죽음을 막아 정신적인 또렷함과 기억력을 함께 개선한다는 연구 결과도 있다. 또한 사자 갈기 버섯은 베타 아밀로이드 플라크의 축적을 막는 효과도 증명되었다. 이로 인해 이 버섯은 알츠하이머 치료제가 될 수 있는 가능성이 있다.

- 마그네슘 L-트레오네이트(Magnesium L-threonate)는 마그테인(Magtein)이란 보조제 브랜드로 팔리며, 뇌의 화학작용에 필수적인 미네랄이다. 또한 이것은 우리가 고객들에게 제공하는 브레인 어웨이크닝(Brain Awakening) 보조제의 (암라 및 사자 갈기 버섯과 함께) 주성분이다.[7] 〈알츠하이머병 저널〉(Journal of Alzheimer's Disease)에 소개된 최근의 한 연구에 따르면, 이 독특한 형태의 마그네슘을 보충해 주면 노인들에게서 뇌 위축이 줄어들고 뇌의 유동성이 개선된다.[8] 이 마그네슘은 치매 환자들의 기억력도 개선하는 것으로 드러났다.

스트레스를 줄여 주는 보조제들

스트레스에는 유익도 있다. 예를 들어, 낮은 수준의 스트레스는 신경세포들을 연결시키는 뇌 화학물질들의 생선을 촉진시켜 집중력과 기억력, 학습 능력을 일시적으로 끌어올린다. 스트레스는 더 열심히 노력하거나 문제를 해결하거나 우리의 우선순위를 좋은 쪽으로 바꾸는 동기가 될 수도 있다.

하지만 너무 많은 스트레스는 관계에서 심장 건강과 면역력, 수면의 질, 식습관까지 삶의 거의 모든 측면에 악영향을 끼친다. 사실, 스트레스는 거의 모든 우울증의 주요 요인이다.

THI(True Health Initiative)의 신디 가이어(Cindy Geyer)에 따르면 스트레스와 우울증 사이에는 강한 연관성이 있다.[9] 스트레스가 해마에서 새로운 신경세포들의 성장을 억누른다는 연구 결과가 나와 있는데, 이 상황은 우울증과 연관이 있다. 스트레스는 체내 염증을 유하는데, 이 또한 우울증과 연관이 있다.

스트레스를 줄이려면 다각적인 접근법이 필요하다. 그 중에서도 적절한 보조제로 뇌와 몸을 지원하면 스트레스 완화를 위한 초석을 마련할 수 있다.

- 홀리 바질은 오래전부터 스트레스를 몰아내기 위해 사용되어 온 아유베르다 약초다. 홀리 바질이 뇌를 진정시키고 천연 항불안제와 항우울제 역할을 한다는 연구 결과들이 계속해서 나오고 있다. 우울증과 불안증에 흔히 사용되는 처방약들과 달리 해로운 부작용이 없다는 것이 큰 장점이다.

- 비타민B는 만성 스트레스나 불안증에 시달리는 모든 사람에게 꼭 필요한 영양소다. 비타민B1은 면역력을 강화해서 스트레스 상황을 다루는 몸의 능력을 개선한다. 비타민B3는 세로토닌 합성에 필수적이다. 비타민B5는 신장과 관계되어 있어 스트레스 완화를 돕는다.

- 바코파(Bacopa)는 뇌 영양제로 유명하지만 우울증을 줄이고 마음을 평안하게 진정시키는 효과도 발견되었다. 이는 세로토닌 흡수를 조절하고 도파민 수용체 기능이상을 예방하며 감마아미노부티르산의 활동을 돕는 능력 덕분이다. 덤으로 바코파는 수면의 질도 개선해 준다.

- 콜린(Choline)은 기분 개선 효과가 있는 또 다른 유명한 뇌 영양제다. 진

정 효과가 있다는 연구 결과들도 있다. 또한 조울증을 개선해 준다고 한다.

- 감마아미노부티르산(GABA)은 신경 전달 물질로 기능하는 비필수 아미노산이다. 너무 많은 신경세포가 한꺼번에 발화하는 것을 막아 뇌를 진정시킨다. 스트레스가 심할 때 이 작용은 뇌의 활동을 줄이는 브레이크와 같은 역할을 한다. 덤으로 감마아미노부티르산은 수면의 질을 개선하고, 기분을 좋게 만드는 뇌 화학물질인 엔도르핀의 생산을 촉진한다고 한다.

- L-테아닌(L-theanine)은 녹차에서 발견되는 아미노산으로, 진정 효과가 있다. 스트레스에 대한 생리학적 반응을 줄이고 도파민과 세로토닌, 억제성 신경 전달 물질인(inhibitory neurotransmitter) 글리신(glycine)의 분비를 늘린다. 연구에 따르면 L-테아닌은 복용량에 비례해서 알파 뇌파를 유도한다. 그렇게 되면 졸리지 않으면서 편안하게 된다.

- 마그네슘은 인체에서 네 번째로 풍부한 미네랄이지만 만성 스트레스가 오면 빠른 속도로 고갈된다. 마그네슘이 부족한 상태에서 스트레스를 받으면 더 부족해져서, 가만히 두면 더 큰 스트레스를 초래한다. 그러면 다시 더 많은 마그네슘이 고갈되는 악순환이 이어진다.

- 오미자는 예로부터 중국 의학에서 기분을 끌어올리는 약초로 사용되었다. 오미자는 뇌의 도파민 수준을 높이기 때문에 집중력과 의욕 강

화를 위해 자주 사용된다. 이 고대 약초가 스트레스 기간에 뇌의 코르티솔 양을 억제하는 데 도움이 된다는 연구 결과도 있다.

수면의 질을 개선해 주는 보조제들

누구나 때로는 잠이 잘 오지 않을 때가 있다. 하지만 스트레스나 불안증에 시달리면 생각을 멈추기 힘들기 때문에 잠을 이루기가 훨씬 더 어렵다. 밤의 단잠은 육체적 건강과 기력뿐 아니라 정신 건강과 밝은 시각에 도움이 된다. 조용하고 어두운 장소에서 좋은 침대 위에 눕는 것은 깨지 않고 끝까지 단잠을 자기 위한 기본 조건이다. 건강식을 먹고 너무 늦게 음식을 먹지 않으며 잠자기 전에 마음을 진정시키면(명상이 좋은 방법) 단잠을 잘 확률이 높아진다. 다음과 같은 약초와 영양소들도 도움이 될 수 있다.

- 금영화(California poppy)는 진정, 진통, 진경 효과가 있는 알칼로이드를 다량 함유하고 있는 아름다운 오렌지색 들꽃이다. 불면증 치료제로 자주 사용된 금영화는 불안과 긴장을 완화해 주는 효과도 있다. 〈플란타 메디카〉(Planta Medica)지에 소개된 한 연구에 따르면, 금영화는 스트레스 상황에서 불안감을 줄여주며 부작용도 없다.[10] 다른 연구에서는 보통 수면제에서 흔히 나타나는 '숙취' 없이 잠의 질과 양을 동시에 개선해 준다는 결과가 나왔다.

- 홉(Hop)은 맥주의 주요 성분으로 가장 잘 알려져 있지만 예로부터 약제로도 쓰여 왔다. 스페인 바다호스 소재 에스트레마두라 대학(University of Extremadura)의 한 교수에 따르면, 잠자기 직전에 홉을 복용하면 신경 전달 물질 감마아미노부티르산의 활동이 증가한다.[11] 그렇게 되면 생체 리듬에서 밤 활동이 줄어들어 수면/기상 주기가 정상화되고 밤에 단잠을 자기가 쉬워지는 효과가 있다.

- 레몬밤(Lemon balm)은 예로부터 잠자리에서의 진정제로 사용되어왔다. 또한 레몬밤은 뛰어난 항불안증 효능을 자랑한다. 한 이중맹 플라세보 대조군 연구에서, 건강한 자원자들에게 7일간 표준화된 레몬밤 추출물과 플라세보 중 하나를 복용시켰다. 7일 후 연구가들은 레몬밤 보조제를 복용한 참가자들이 훨씬 기분이 좋고 진정되어 있음을 발견했다.[12]

- 마그네슘은 진정 효과가 가장 뛰어난 미네랄로, 수면의 질을 향상시킬 수 있다. 불면증에 시달리는 46명의 노인 자원자들을 대상으로 한 8주간의 이중맹 플라세보 대조군 연구에서 이 사실이 밝혀졌다. 플레세보 복용자들에 비해 마그네슘 보조제 복용자들은 수면 시간이 늘어났을 뿐 아니라 멜로토닌(melatonin) 호르몬도 증가했다. 또한 마그네슘 복용자들은 더 빨리 잠이 들고 잠을 설치는 날이 줄어든 것으로 나타났다. 혈압 검사, 마그네슘 복용자들이 코르티솔 수치도 더 낮았다. 이는 밤에 잠자는 동안 불안증에 덜 시달렸다는 뜻이다.[13]

이제 미량 영양소의 중요성을 알겠는가? 그렇기를 바란다. 우울증 치료라는 퍼즐에서 이 조각의 중요성을 이보다 더 강조할 수는 없기 때문이다.

피트의 뇌에 더 좋은 영양소들이 공급되자마자 그의 기분과 행동이 극적으로 좋아지기 시작했다. 피트와 가족들이 기뻐한 것은 두말할 것도 없다. 옳은 방향을 잡았다는 확신이 들자 피트는 우리가 추천한 처방을 충실히 따르면서 항우울제도 다시 복용하기 시작했다. 보조제 복용과 식단 개선 덕분에 항우울제의 효과도 함께 좋아졌다. 보조제 복용과 건강한 식사를 통해 뇌에 필요한 것을 공급하는 것이 전인적 치료법의 중요한 부분이었고, 결과적으로 이것이 피트의 회복을 위한 열쇠가 되었다.

우울증 치료에서 "이미 시도해 봤기 때문에 다시 시도하지 않겠다"란 태도는 금물이다. 몸과 뇌의 균형을 회복하는 일은 많은 부분으로 이루어져 있기 때문에 어느 한 방법이 한 번 통하지 않았다고 해서 다른 전략들과 병행했을 때도 통하지 않으리란 법은 없다. 뇌에 필요한 영양소를 공급하는 일은 최대한 빨리 이루어져야 한다. 그래야 이어지는 모든 조치가 훨씬 더 효과적이게 되기 때문이다.

미량 영양소 섭취를 위한 행동 계획

영양 보조제들은 우울증 극복을 위한 당신의 도구 상자에 유용한 '도구들'을 더해 줄 수 있다. 다음과 같은 방법으로 미량 영양소들로 당신의 몸을 강화하기 시작하라.

혹시 영양소 부족이 있지 않은지 식단을 점검하라

대개 과일과 채소, 전곡을 꾸준히 섭취하고 가공식품을 피하면 필요한 영양소를 충분히 얻을 수 있다. 하지만 자신도 모르는 사이에 일부 영역에서 영양소가 부족해져 우울증을 악화시킬 수 있다. 따라서 영양사나 자연 요법 치료사를 만나 보조제가 필요한지 확인할 필요성이 있다.

마그네슘이 풍부한 음식을 섭취하라

콩, 아보카도, 아몬드, 캐슈너트, 버나나, 연어 같은 기름진 생선이 그런 음식이다. 가공식품을 피하고, 자신만의 스트레스 요인을 찾고 관리해서 적정한 마그네슘 수치를 유지하도록 노력해야 한다. 보조제로 마그네슘을 보충하는 것도 중요하다. 흡수와 생체이용률을 최대로 끌어올리려면 킬레이트 마그네슘 보조제를 찾아보라.

비타민D 섭취에 유의하라

비타민D가 얼마나 많이 필요하냐는 사는 곳, 계절, 피부 타입, 일광 노출 정도에 따라 달라진다. 비타민D를 충분히 섭취하기 위해서는 매일 보조제를 복용하라. 영양 불균형을 방지하기 위해 비타민B가 포함된 좋은 종합비타민제를 복용하라.

비타민B는 다른 비타민들과 함께할 때 가장 좋은 효과를 내기 때문에 비타민B만 섭취하려고 하지 말라. 예를 들어 폴산과 비타민 B12가 만나면 불안증과 우울증을 완화해 준다.

다른 약을 먹고 있다면 보조제를 복용하기 전에 의사의 상담을 받으

라. 예를 들어, 쿠마딘(Coumadin) 같은 혈액 응고 방지제를 복용하는 사람이 비타민과 약초를 추가로 복용하면 혈액이 너무 묽어질 수 있다.

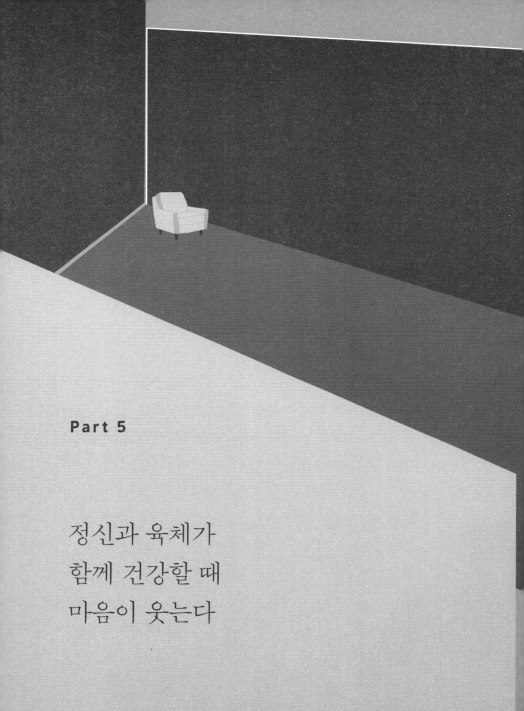

Part 5

정신과 육체가
함께 건강할 때
마음이 웃는다

Healing
Depression
for Life

Chapter 14

건강한 일상으로

지금
문을 열라,
영혼의 봄이다

지금까지 우울증 치유를 위하여 당신의 과거에 초점을 맞추었다. 당신의 발목을 잡고 놓아 주지 않던 독한 감정과 사고 패턴들에 맞서고, 묵은 실수를 인정하고 당신에게 상처를 준 사람들을 용서하며, 당신의 습관들이 지금의 삶에 어떤 영향을 미쳤는지 조사하려고 노력했다.

현재에 관해서도 깊이 생각해 보았다. 현재의 중독, 수면 습관, 식단, 일상 속의 유해한 행동 패턴들을 살펴보았다. 이와 함께 우리는 우울증에서 완전히 해방되기 위해 오늘 시도할 수 있는 다양한 치유법을 살펴보았다.

지금까지 치료를 위한 의지를 모으고 노력을 했다면 이제 온전한 열매를 거둘 때가 왔다. 이제 '미래'를 생각할 시간이다. 이 책을 집어서 회복으로 가는 첫 걸음을 뗄 때만 해도 미래가 빛도 탈출구도 없고 뚜렷한 시작이나 끝도 없는 블랙홀처럼 느껴졌을 것이다. 현재의 어둠을 벗어나려는 시도조차 두려워 노력을 멈추었을 것이다. 하지만 이제는 건강이 회복되기 시작하고 운동력이 당신의 편으로 돌아섰으니 과거나 현재가 아닌 다른 곳을 봐야 할 때다.

하루하루 버티기에 급급하던 당신이 이제 더 큰 미래를 꿈꿀 수 있게 되었다. 이제 미래가 당신의 손 안에 있다.

우울증의 호전은 곧 자존감 회복

나를 처음 찾아왔을 때 스테파니는 2년 사이에 세 번이나 자살을 시도할 정도로 심각한 상태였다. 우울증이 그녀의 삶 구석구석을 망가뜨려 거의 폐인 상태까지 몰아갔다. 겨우 29세의 나이에 그녀는 줄담배를 피우고 매일 카페인 가득한 탄산음료를 10리터씩 입에 퍼부었다. 잠은 하루에 몇 시간밖에 자지 않았고 나머지 21시간은 퀭한 눈으로 뉴스 채널을 서핑하며 보냈다. 세상에서 일어나는 무섭고 추악한 사건 중에 그녀가 모르는 사건은 하나도 없었다.

회복을 위한 시도가 번번이 실패로 돌아간 뒤에 부모와 형제들도 그녀를 포기했다. 그녀는 조용히 듣고 자신의 삶이 망가졌다고 기꺼이 인정했지만, 그 뒤에 아무런 행동도 따르지 않았다. 이제 그녀 스스로도 자신을 버릴 준비가 되었다. 하지만 마지막 지푸라기라도 잡는 심정으로 우리의 도움을 받기로 동의했다.

이후 몇 주 동안 무엇보다도 한 가지 사실이 분명히 드러났다. 알고 보니 스테파니는 전사였다. 무너진 삶의 폐허 밑에는 뜻밖에도 전사의 모습이 있었다. 처음에는 당연히 힘들었지만 그녀는 우리 센터에서 시키는 일을 결국 다 하였다. 무기력과 형편없는 영양 상태, 약물 중독, 유독한 생각과 감정들의 늪에서 빠져나오면서 우울증이 점점 호전되었다. 시간이 지날수록 성공할 수 있다는 자신감이 붙었다. 그리고 실제로 성공했다. 아직 가야 할 길이 멀었지만 망가진 삶의 낡은 기초를 허물고 새로운 기초를 성공적으로 쌓았다. 이제 그 위에 삶을 새로 짓는 일만 남았다.

하지만 우리 클리닉에서 집으로 떠나기 직전 스테파니는 풀이 죽은 얼굴로 나를 찾아와 말했다. "이제 뭘 해야 하나요? 오랫동안 평범한 삶으로 돌아가는 것만 해도 불가능하게 보였어요. 그런데 이제 그걸 이루었으니 더 이상 바라서는 안 되겠죠?"

이는 오랜 우울증의 늪에서 막 빠져나온 사람들에게서 흔히 볼 수 있는 두려움이다. 그 두려움은 "이제 무엇을?"이란 질문으로 표현된다. 수개월, 아니 수년 동안 하루하루 버티기에 급급했던 사람들에게 그런 삶에서 벗어나는 것이 헛된 꿈처럼 느껴질 수 있다. 심지어 안개가 걷힌 뒤에도 평범한 삶 이상은 불가능해 보일 수 있다.

미래가 있는 삶으로 돌아가라

분명히 말하건대 평범 이상의 삶은 절대 헛된 꿈이 아니다! 당신은 평범한 삶에 안주하기 위해 지금껏 힘들게 달려온 것이 아니다. '비범한' 미래가 당신이 쟁취해 주기만 기다리고 있다. 당신은 우울증에서 해방되는 것만 아니라 성공하고 성장하고 모험을 하고 새로운 사람들을 만나고 새로운 것들을 배우고 삶을 사랑할 새로운 이유들을 경험할 수 있다. 다시 말해, 당신은 여느 사람들과 똑같이 원하는 삶을 누릴 잠재력이 있다. 자, 그 방법을 소개한다.

마음껏 자유를 줘라

"나는 ~ 을 원한다"라는 간단한 문장을 완성해 보라고 하면 곤혹스러워하는 사람이 의외로 많다. '세계 평화'와 같은 거창한 미인대회용 답이나 "못된 동생이 벌을 받았으면 좋겠어요"와 같은 속 좁은 답을 말하는 것이 아니다. 우리의 기본적인 욕구와 바람을 표현해 보자는 말이다. 우리 대부분은 자신이 원하는 것을 다 하면 큰일을 이룰 수 없다고 배우며 자랐다.

물론 목표를 이루기 위해 잠깐의 만족을 포기하고 뼈를 깎는 노력을 해야 할 때가 있다. 하지만 항상 그렇게만 살면 문제가 발생한다. 바람은 성취를 향해 달려가게 만드는 연료다. 바람이 없으면 우리가 시도하는 것에도 한계가 있을 수밖에 없다.

당신이 바람을 잃어버렸는지 확인하기 위해 종이 한 장을 꺼내서 "나는 ~ 을 원한다"라고 쓰라. 그리고 생각나는 모든 답을 쓰라. 규칙은 딱 하나뿐이다. 남을 위한 바람은 쓸 수 없다. 모든 답은 당신 자신을 위한 답이어야 한다. 바람은 실용적인 것("자동차가 키를 돌릴 때마다 시동이 걸렸으면 좋겠다") 수도 있고 작은 사치("오랫동안 꿈꾸었던 바닷가에서의 휴가를 즐기고 싶다")일 수도 있다. 너무 깊이 생각하지 말라. 그냥 머릿속에 떠오르는 대로 쓰라. 그리고 최소한 20개를 쓰기 전까지는 멈추지 말라.

이제 생각해 보라. 이 활동이 부담스러운가? 당신은 이런 것을 누릴 자격이 없다고 생각하는가? "좋지만 과연 이것이 이루어지겠어?"라는 냉소의 목소리가 마음 한 구석에서 들려오는가? 당신이 갑자기 이런 것들을 추구하면 남들이 뭐라고 생각할지 걱정부터 앞서는가? 당신이 과감히 "나는 ~ 를 원한다"라고 말하고서 그 바람을 추구했다가 나쁜 일을 겪었던 안 좋은 기억이 다시 떠오르는가?

이런 질문에 하나라도 "그렇다"라고 대답했다면 우울증이 당신의 바람을 앗아간 것이다. 이제 그 바람을 되찾을 시간이다. 먼저 위의 목록을 다시 보라. 당신이 한때 좋아했지만 한동안 멀리했던 것들이 있는가? 그림? 배 타기? 요리? 크로스컨트리 모터사이클 경주? 반쯤 끝낸 상태로 창고에서 먼지만 쌓여가고 있는 소설 완성하기? 돈벌이는 되지 않아도 큰 만족을 주는 일을 하는 것? 바람을 되찾기 위한 열쇠는 당신이 '사랑하는' 것을 기억하는 것이다. 어릴 적 당신은 밤새도록 만화책을 읽고 장난감을 갖고 놀았다. 왜냐하면 그 활동을 사랑했기 때문이다.

그런데 이렇게 근심 걱정 없이 자신이 좋아하는 것을 하는 것은 아이들에게나 가능하다고 생각하는가? 좋아하는 것을 할 수 없는 세상은 얼마나 삭막한가. 다행히 세상은 전혀 그렇지 않다.

자신에게 마음껏 뭔가를 바라고 그 바람을 추구할 자유를 주라. 그러면 당신의 미래가 환해질 것이다. 원하는 것을 기억하면 다시 꿈을 꿀 수 있다. 당신에게 기쁨을 주는 것을 기억하며 미래를 향한 자신감에 다시 불을 붙이면 당신의 삶을 제한하고 방해하는 생각들을 몰아내고, 오래 전에 버렸던 옛 꿈을 되살릴 수 있다. 혹은 크고 대담한 새 꿈을 꿀 수 있다.

상상력에 다시 시동을 걸라

놀라운 사실 하나를 소개한다. 최초의 돌 바퀴에서 지금 지구 주위를 돌고 있는 국제 우주 정거장까지 인간이 지금까지 만든 '모든 것'이 오직 누군가의 머릿속에만 존재하는 비전으로 시작되었다. 다시 말해,

우리는 뭔가를 만들기 전에 먼저 마음의 눈으로 '봐야' 한다. 직접 실험해 보라. 먼저 완성품을 상상하지 않고서 종이비행기를 접어보라. 잘되는가? 장미를 그리되 꽃잎을 어떻게 그리고 어떤 색깔로 칠할지 상상하지는 말라. 이것은 어려운 정도가 아니라 아예 불가능하다. 우리는 상상하도록 창조되었고, 세상은 우리의 상상으로 이루어져 있다.

요지는 이렇다. 우울증의 골짜기에서 당신은 상상력을 잃고 오직 암담하고 울적한 결과만 기대해왔다. 이런 마음은 언제나 최악의 시나리오만 상상한다. 그리고 그런 사람의 눈에는 힘든 것과 부족한 것만 보이며, 그의 앞에는 그런 미래만 펼쳐진다.

더 밝은 미래를 창출하려면 먼저 당신이 원하는 것을 구체적이고도 자세히 상상해야 한다. 잘못될 가능성에 관한 상상은 그만두어야 한다. 무엇을 볼지 적극적으로 선택해야 한다. 진정한 사랑을 만나고 싶은가? 그렇다면 머릿속에서 이상형을 최대한 구체적으로 그리라. 그 사람과 함께 행복하게 살아가는 자신을 상상하라. 웃음에서 사랑과 모험까지 당신이 사랑하는 사람과의 관계에서 원하는 모든 것을 포함시키라. 머릿속에 희망적인 생각이 가득해지면 보이지 않는 톱니바퀴가 움직여 머릿속에 있는 그 비전을 세상 속으로 옮기기 시작한다.

원하는 것을 머릿속에 그리는 방법은 모든 것에 통한다. 더 나은 직장, 새로운 집, 더 나은 건강, 자녀와의 관계 회복 등 상상하는 것을 이루기 위해 노력하게 되기 때문이다. 하지만 성공의 열쇠는 상상을 통해 가장 중요한 우군을 얻는 것이다. 그 우군은 바로 '당신 자신'이다. 따라서 당신 자신을 이전과 다르게 상상해야 한다. 당신이 우울증의 골짜기에서 창조한 왜곡된 자아상을 행복하고 건강하고 강하고 번영하고 자유로운 새 자아상으로 바꾸라.

르네상스 시대의 전설적인 미술가 미켈란젤로는 우리가 보는 대로 창출한다는 이치를 이해하고 있었다. 한번은 그가 천재적인 작품들을 만든 비결을 이렇게 설명했다. "대리석에서 천사를 보고서 그 천사가 자유로워질 때까지 조각을 했습니다." 우울증에 빠지면 돌에 갇힌 것 같은 기분이 든다. 사방에서 우리의 발목을 붙잡고 있는 기분이 든다. 하지만 밝은 미래를 상상하는 능력을 통해 우리는 우울증이란 돌에서 해방되어 하나님이 원하시는 사람으로 번영해갈 수 있다.

다른 이의 삶에 내가 해야 할 일

'목적' 하면 우리는 흔히 세상을 바꿀 만한 거창한 일만 생각한다. 전혀 그렇지 않다. 나는 목적을, 크든 작든 우리 각자가 세상에 주어야만 하는 '독특한 한 가지'로 정의하고 싶다. 당신에게 목적이 없다고 해서 세상이 떠들썩해지지는 않겠지만, 그렇게 되면 당신의 재능으로 이롭게 해 줄 수 있는 사람들에게는 정말 큰 손해다. 당신의 개인적인 목적은 무엇인가? 자녀를 건강하게 키우기 위해 혼신의 힘을 쏟는 것인가? 요양소 할아버지 할머니들에게 수채화를 가르치는 것인가? 고객들에게 가장 양심적인 보험설계사가 되어주는 것인가? 유치원생들에게 자존감과 자신감을 키워주는 교육을 하는 것인가? 가능성은 무궁무진하다. 당신의 개인적인 목적이 무엇인지는 당신 자신이 가장 잘 알 것이다.

목적을 찾기 위한 비결을 귀띔하면, 당신이 사랑하는 것들을 나열한 목록을 다시 보라. 당신이 지금 해야만 하는 것은 어릴 적부터 너무 좋아했지만 삶이 바빠 까마득히 잊고 살던 것일 가능성이 높다. 혹은 당신이 감히 그 목록에 넣지는 못했지만 그럼에도 자꾸만 당신의 소매를 끄는 것일 수도 있다.

당신의 미래를 되살리는 데 목적을 찾아 좇는 것이 왜 그토록 중요할까? 왜냐하면 그것이 한겨울의 황량한 월요일 아침에도 당신을 침대에서 나오게 만드는 것이기 때문이다. 목적은 "왜?"라는 질문에 대한 답이다. 왜 중독적인 충동을 억제해야 하는가? 왜 먹는 음식에 유의해야 하는가? 왜 내 건강과 행복에 악영향을 끼치는 독한 감정들을 조심해야 하는가? 왜 낡은 습관들을 경계해야 하는가?

그것은 목적이 있기 때문이다. 다른 누군가의 삶 속에서 당신이 해야 할 역할이 있기 때문이다. 이 누군가는 유기견 센터의 불쌍한 강아지들일 수도 있다. 이 누군가는 당신의 예술 작품을 보며 영감이나 감동을 받을 모든 사람이다. 요즘에는 진부한 표현이 되었지만 더 이상 옳을 수가 없는 말을 하자면, 세상은 '모든 사람'이 각자의 목적을 이루는 것을 필요로 한다. 물론 모든 사람에는 당신도 포함된다.

기쁨을 회복하라

당신이 우울증에 시달리면서 확실히 잊어버린 것이 하나 있다면 바로 '즐기는' 법일 것이다. 흥을 즐기려고 했다가도 당신 안의 뭔가가 '재미'는 남들에게나 가능한 것이라는 말로 흥을 깨왔을 것이다. 그래서 재미는 엄두도 못 내고, 그저 더 불행해지지만 않기를 바라며 살고 있는가?

그 심정, 잘 안다. 나도 우울증으로 유머 감각을 포함한 모든 감각이 마비된 채로 수개월의 어두운 터널을 지나온 적이 있다. 마치 내 인생이란 솜사탕에서 사탕이 다 빠져나가고 푸석거리는 솜만 남은 것처럼 느껴졌다. 너무 오랫동안 그렇게 살다보면 '즐거움'이나 '즐김' 같은 단어는 외국어처럼 들리기 시작한다.

하지만 '즐김'이란 단어가 '뭔가에서 즐거움을 얻는 과정'이란 뜻이라는 것을 아는가? 얻는. 과정. 이것들은 능동적인 단어들이다. 즐김은 우리가 적극적으로 하고 참여하는 활동이다. 물론 가만히 앉아서 기쁨이 저절로 생기기를 기다릴 수 있고, 때로는 그렇게 기쁨이 찾아오기도 한다. 하지만 직접 기쁨을 쟁취할 수 있는데 가만히 앉아서 기다릴 필요가 있는가? 우리가 논했던 많은 것들과 마찬가지로, 기쁨도 우리가 선택할 수 있는 것이다.

먼저 뭐든 즐기려고만 하면 비판을 가해서 시도조차 하지 못하게 만드는 내면의 목소리를 잠재우라. 래프팅 모험? 온 몸이 젖어서 불편하고 너무 위험해. 친구들과 함께 하는 살사 댄스 수업? 너무 창피해? 놀이공원에서의 하루? 너무 유치하고, 너무 비싸고, 너무 시끄럽고, 줄이 너무 길어. 좋은 소식이 있다. 그냥 해 보겠다는 과감한 결심으로 이런 반대의 목소리를 쫓아내는 것이 가능하다. 이런 것을 즐기려면 안전한 울타리에서 나와야 하는가? 물론이다. 하지만 그래서 재미있는 것이다!

이번에는 유머 감각과 가벼운 마음이 싹틀 수 있는 분위기를 조성하라. 뉴스를 끄고 코미디 영화나 시트콤을 찾아서 보거나 개그 공연장에 찾아가라. 웃게 만드는 사람들, 기분을 좋게 해 주는 사람들과 어울리라. 사람들이 뭐가 그렇게 좋아서 저리 웃을까 궁금하게 여길 정도로 틈만 나면 웃고 미소를 짓기로 결심하라.

자, 어떻게 할지는 당신에게 달려 있다. 해변에 앉아만 있을 것인가. 서핑보드를 잡고 놀 것인가.

포기하기를 거부하라

당신의 인생은 이야기다. 그리고 모든 이야기와 마찬가지로 당신의 이야기에도 주인공(당신), 여행(당신이 우울증과 싸워온 과정), 상(건강한 삶)이 있다. 실제로, 이 순서는 모닥불 앞에서 전해져 내려온 옛날이야기에서 동화와 현대의 블록버스터 영화까지 모든 위대한 이야기에서 발견된다. 이 순서는 바로 인간 발전의 청사진이다. 다시 말해, 고난은 실패가 아니라 우리가 더 강하게 발전해가는 과정의 일부다. 《천의 얼굴을 가진 영웅》(The Hero with a Thousand Faces)을 쓴 위대한 신화학자 조지프 캠벨(Joseph Campbell)은 이렇게 썼다. "심연으로 내려갈 때 삶의 보화들을 발견한다. 넘어지면 바로 그곳에 당신의 보화가 놓여 있다."

정말 좋은 소식이지 않은가? 후회스러운 눈으로 우울증을 돌아볼 필요가 없으니까 말이다. 전보다 더 강해지기 위해 이 고난의 골짜기를 지났다는 사실을 기억하며 오히려 희망을 품을 수 있다.

하지만 당신이 남은 삶을 바라보며 기억해야 할 또 다른 사실이 있다. 우리가 가장 사랑하는 책과 영화, 실화 속의 진짜 영웅들은 하나같이 상황이 풀리기를 수동적으로 기다리지 않는 사람들이다. 그들은 상황이 지독히 암담해져서 일말의 희망도 남지 않은 것만 같은 상황에서도 포기하기를 거부하는 사람들이다. 그들은 포기해야 할 모든 이유를 뛰어넘는 사람들이다. 그들은 모두가 불가능하다고 말하는 것이 가능하다고 고집스레 믿는 사람들이다. 그들은 넘어져도 일어나고 또 일어난다.

건강이라는 보화를 향해 지금까지 달려왔으니 이제 그 보화를 절대 놓지 않겠다는 영웅적인 결단력을 발휘해야 할 때다. 미래는 당신의 것이다. 무슨 일이 있어도 지켜내라. 당신이 가장 좋아하는 이야기 속 영웅들처럼 끝까지 싸워서 지켜내라.

미래를 위한 행동 계획

남은 인생이 어떻게 될지 스스로 선택할 수 있다는 것만큼 흥분되는 사실도 없다. 물론 보이지 않는 난관들이 계속해서 나타날 것이다. 하지만 당신이 그런 난관만을 보며 세상을 살아갈 필요는 없다. 세상을 어떻게 살아갈지 결정할 힘이 당신 안에 있다. 미래를 향한 당신의 꿈을 현실로 옮기기 위한 몇 가지 팁을 소개한다.

시간 여행을 하라. 종이 한 장을 꺼내서 "내가 어릴 적에는 ~ 을 정말 좋아했다"라고 쓰라. 생각나는 대로 다 적으라. 당시의 모든 기분을 기억해내려고 해 보라. 당신이 좋아하는 것들을 할 때의 모습이나 느낌, 소리, 맛은 어떠했는가? 아주 자세하고 생생하게 써보라. 당시로 다시 돌아가서 인생을 즐기라.

이제 이 목록을 바탕으로 "내가 -을 정말 좋아했던 것은 -때문이었다"라는 글의 목록을 새로 쓰라. 틀린 답은 없다. 솔직하게만 쓰면 된다. 이 활동의 목적은 단순히 과거를 회상하며 상념에 잠기는 것이 아니라 진정한 꿈들을 좇을 때의 해방감을 다시 경험하는 것이다.

이 목록에서 하나를 골라 실제로 해 보라. 롤러스케이팅을 좋아했는가? 롤러스케이트 한 벌을 사서 공원으로 나가라. 핑거페인팅? 좋다. 피아노? 하다못해 교회나 요양원의 방치된 피아노 앞에 앉아서라도 건반을 두드리라(그렇게 한다면 당신 자신만 즐거운 것이 아니라 여러 사람의 귀를 즐겁게 해

줄 수 있다). 수영, 연날리기, 곤충 채집, 농구, 뭐든 하라. 물론 처음에는
한가롭게 놀고 있는 자신이 한심하게 느껴질 수도 있다. 그래도 계속해
서 하라.

천진난만한 아이처럼 생각하고 행동하는 법을 기억하기 시작했다면
이제 목록에 새로운 것들을 추가해 보라. "~ 을 하면 재미있지 않을까?"
소극적으로 굴지 말라. 꿈을 크게 꾸라. 이 중 하나를 선택해서 실제로
할 계획을 세우라.

남은 삶에 관한 비전과 관련이 있는 이미지들로 보드에 콜라주 작품
을 만들라. 잡지에서 요트와 이국적인 해변이나 깊은 산 속 오두막집의
사진을 오려도 좋다. 교육이나 건강, 재정적인 안정, 관계, 자랑으로 여
길 만한 물품에 관한 이미지도 좋다. 그림을 직접 그리면 더더욱 좋다.
영감을 주는 인용문도 찾아 작품에 붙이라. 완성한 작품은 매일 볼 수
있는 곳에 두고서, 볼 때마다 최상보다 못한 삶에는 더 이상 만족하지
않겠다는 결심을 되새기라.

Appendix

부록 1
자기 평가 도구

부록 2
추가적으로 탐구할만한 치료법들

부록 3
건강을 돌보기 위한 일곱 가지 원칙

부록 4
추천 자료

부록 1

자기 평가 도구

– 우울증 증상에 대한 개략적인 평가

더 센터를 찾아오는 내담자들을 위해 우리 웹사이트(www.aplaceofhope.com)에서 제공하는 질의서다. 당신의 현재 증상과 상태를 개략적으로 살피는 데 도움이 될 것이다. 당신은 현재 다음과 같은 증상을 겪고 있는가?

현재 다음과 같은 증상을 겪고 있는지 답하시오.

꾸준히 해 오던 활동에 대한 흥미 감소했는가?

☐ 예   ☐ 아니오

불안감이나 피로를 느끼며 일에 대한 의욕이 떨어졌는가?

☐ 예   ☐ 아니오

사소한 일에 짜증이 나거나 조급한 마음이 드는가?

☐ 예   ☐ 아니오

쉽게 긴장하거나 짓눌린 기분이 드는가?

☐ 예   ☐ 아니오

삶이 무겁고, 활동들이 버겁다고 느끼는가?

☐ 예   ☐ 아니오

영적 평안이나 행복감을 느끼고 있는가?

☐ 예   ☐ 아니오

행동(먹는 것, 마시는 것 등)을 통제하려는 건강하지 못한 욕구에 시달리는가?

☐ 예   ☐ 아니오

부정적 감정(예, 분노, 화 등)을 표현하는 일을 두려워하는가?

☐ 예   ☐ 아니오

현재에 대한 불안 혹은 미래에 대한 막연한 두려움을 느끼는가?

☐ 예   ☐ 아니오

남들에게 인정받지 못한다고 느끼는가?

☐ 예   ☐ 아니오

피해의식을 가지고 있는가?

□ 예 □ 아니오

충동적인 생각에 따라 행동하고 성급한 판단을 내리는가?

□ 예 □ 아니오

성적 어려움 혹은 성욕 감소가 있는가?

□ 예 □ 아니오

타인의 행복을 나의 즐거움으로 여기는가?

□ 예 □ 아니오

나의 기분이나 상태에 대해 하나님께 분노하는가?

□ 예 □ 아니오

계속되는 두통이나 근육통 등 통증으로 괴로운가?

□ 예 □ 아니오

사회적 고립 상태이거나 가족이나 친구들과 거리감을 느끼는가?

□ 예 □ 아니오

일상적인 의무로 인해 묶여 있다고 느끼는가?

□ 예 □ 아니오

매사에 비관적이거나 비판적인 말과 행동을 보이는가?

□ 예 □ 아니오

나의 좋은 시절은 이미 지났다고 느끼는가?

□ 예 □ 아니오

도태되었다는 기분이 드는가?

□ 예 □ 아니오

기분 전환을 위해 고칼로리 음식을 폭식하고 싶은 마음이 드는가?

□ 예 □ 아니오

아침에 눈을 뜰 때 새로운 하루에 대한 기대감이 있는가?

☐ 예 ☐ 아니오

무엇이든 혼자서 하기를 좋아하는가?

☐ 예 ☐ 아니오

반복된 위장 장애(소화불량, 섭식장애 등)를 겪고 있는가?

☐ 예 ☐ 아니오

내 몸 안에 갇힌 듯한 기분이 드는가?

☐ 예 ☐ 아니오

가족 모임이나 사교 모임에 참석하는 일이 두려운가?

☐ 예 ☐ 아니오

나는 뚱뚱하고 못생기고 사랑스럽지 않다고 생각하는가?

☐ 예 ☐ 아니오

늙고 버림받고 가치가 없는 존재라고 생각하는가?

☐ 예 ☐ 아니오

새로운 활동을 시도할 의욕이 없는가?

☐ 예 ☐ 아니오

최근 갑자기 입맛이 변했는가?

☐ 예 ☐ 아니오

계속된 수면 장애를 겪고 있는가?

☐ 예 ☐ 아니오

최근 모든 일에 마음의 동요나 긴장이 심해졌는가?

☐ 예 ☐ 아니오

쉽게 피로감과 무기력감을 느끼는가?

☐ 예 ☐ 아니오

슬픔이나 의기소침, 절망, 외로움을 느끼는가?

☐ 예 ☐ 아니오

집중력이나 결정력이 부족하고 느끼는가?

☐ 예 ☐ 아니오

죽음이나 자살에 대해 자주 생각하는가?

☐ 예 ☐ 아니오

자살 계획이나 시도를 해 본적이 있는가?

☐ 예 ☐ 아니오

우울증을 앓은 지 얼마나 되었는가?

더 센터 : 희망의 장소   허가번호 888-771-5166

'예'라고 대답한 항목을 세어 보라. 다음과 같은 평가 결과에 관한 설명을 읽어 보면 추후 당신이 취해야 할 행동에 대한 계획을 세울 수 있을 것이다. 단, 이 설명은 방향만 제시하는 지침일 뿐 전문 상담이나 치료를 대신할 수 없음을 명심하라. 이 설명은 전문 상담이나 치료로 효과를 볼 수 있는지 판단하기 위한 참고용 정보일 뿐이다. 우울증이 치료 가능한 병이라는 점도 기억하라. 믿을 만한 치료 센터에서 도움을 받으면 얼마든지 균형과 행복, 건강을 되찾을 수 있다. 다음은 '예'의 개수에 따른 설명이다.

35-38개: 이 숫자는 극심한 우울증을 겪고 있다는 신호다. 이렇게 대답한 경우는 대개 깊은 혹은 심각한 우울증 진단을 받았거나 받을 것이다. 이 수준의 우울증은 매우 심각한 단계. 특히 이 증상이 꽤 오랫동안 지속되었다면 집중적인 치료를 위해 믿을 만한 우울증 치료 센터와 상담해 볼 것을 권한다.

30-34개: 이 숫자는 심각한 우울증을 겪고 있을 가능성이 높다는 신호다. 이렇게 대답한 경우는 대개 치료가 필요한 우울증 단계이다. 이 수준의 우울증 증상이 꽤 오랫동안 지속되었다면, 치료에 대해 믿을 만한 우울증 치료 센터와 상담해 볼 것을 권한다.

20-29개: 이 숫자는 단순한 기분 저하나 우울감에 빠진 것이 아니라 우울증을 겪고 있을 가능성이 높다는 신호다. 이렇게 대답한 경우는 대개 우울증 진단을 받는다. '예'라고 대답한 항목이 무엇인가에 따라 심각성에 차이가 있다. 만약 이 증상이 꽤 오랫동안 지속되었다면 집중 치료를 받을 수 있는 믿을 만한 우울증 치료 센터를 찾아 상담해 볼 것을 권한다.

15-19개: 이 숫자는 단순한 기분 저하나 우울감에 빠진 것이 아니라 우울증을 겪고 있을지도 모른다는 신호다. 이렇게 대답한 경우는 항상은 아니지만 '때때로' 우울증 진단을 받는다. 우울증 진단 가능성은 '예'라고 대답한 항목이 무엇인가에 따라 차이가 있다. '예'라고 답한 영역 중 일부가 극심하거나 심각한 상태라면 혹은 이 증상이 꽤 오랫동안 지속되었다면 믿을 만한 우울증 치료 센터와 상담해서 집중 치료를 받을지 결정할 것을 권한다. 먼저 정신 건강 치료사나 상담자와 상담해 보는 것도 한 방법일 수 있다.

15개 이하: 이 숫자는 임상 우울증을 겪고 있지 않을 가능성이 높다. 이렇게 대답한 경우는 대개 우울증 진단을 받지 않는다. 하지만 '예'라고 대답한 항목들 중 일부의 심각성에 따라 주의를 기울여야 할 수도 있다.

검사를 끝까지 마쳤다는 것은 당신이 스스로 우울증을 의심했다는 증거다. 따라서 '예'라고 답한 영역 중 일부가 극심하거나 심각한 상태라면 혹은 이 증상이 꽤 오랫동안 지속되었다면 믿을 만한 우울증 치료 센터를 찾아 상담을 받아볼 것을 권한다. 먼저 정신 건강 치료사나 상담자와 상담해 보는 것만으로 효과를 볼 수 있다.

우울증 심각성에 대한 평가
-당신은 '노란' 범주와 '빨간' 범주 중 어디에 속해 있는가?

누구에게나 안 좋은 날이 있고, 가끔씩 기분이 우울할 때도 있다. 회사에서의 일이 잘 풀리지 않거나 어린 자녀가 골치를 썩일 때가 있다. 과로로 인한 피로 누적과 방전 직전에 다다르면 기분이 저하되는 것이 너무도 당연하다. 하지만 우울한 기분과 우울증 증세가 몇 주 이상 계속된다면 반드시 점검이 필요하다.

우울증의 정도는 상대적으로 가벼운 우울증에서 극도로 심각한 우울증까지 광범위하다. 자신의 상태가 어느 정도인지 파악하는 것이 중요하다. 어떻게 알 수 있을까? 많은 내담자들에게 우리는 노란 목록과 빨간 목록이라는 것을 사용한다. 노란 목록은 주의하고 점검해야 할 증상들이다. 빨간 목록은 우울증의 증상들로 이루어져 있다.

이런 지표들은 교차로의 정지 신호등과도 같아서 유심히 관찰하고 필요시 조치를 취해야 할 것들이다. 노란 신호는 브레이크를 꽉 밟지는 않되 속도를 늦추고 주의를 기울이라는 신호다. 빨간 신호는 즉각적이고도 집중적인 조치를 필요로 한다.

아래 목록들에서 노란 범주에 있다고 그냥 이대로 살아도 된다고 생각하면 오산이다. 가벼운 우울증이라 해도 몇 달 혹은 몇 년씩 기쁨과 만족, 일터 등에서의 생산성을 잃은 채로 살아가는 사람이 너무도 많다. 이 책에서 반복했던 말을 또 한 번 반복한다. 누구도 우울을 안은 채 살아갈 필요가 없다. 그것이 아무리 가볍고 흔한 우울증이라도 해도 말이다. 우울증을 완전히 뿌리 뽑기 위한 조치를 취하라.

노란 목록

- 꾸준히 해오던 활동에 대한 흥미 감소
- 불안감이나 피로, 일터에서의 의욕 감소
- 짜증이나 조급성 증가
- 긴장되거나 짓눌린 기분
- 삶의 활동들이 버겁다는 느낌
- 영적 평안이나 행복감의 부족
- 계속된 불안 혹은 미래에 대한 막연한 두려움
- 부정적 감정(분노, 화 등)을 표현하는 데 대한 두려움
- 먹는 것과 마시는 것 같은 행동적 측면들을 통제함으로 위안을 얻으려는 것
- 남들에게 인정받지 못하고 있다는 느낌
- 계속해서 남들의 일을 대신 하는 것만 같은 기분에서 오는 피해의식
- 충동적인 생각이나 성급한 판단의 패턴
- 아침에 눈을 뜰 때 하루가 어떻게 펼쳐질지에 대해 무관심
- 타인의 불행을 보는 것에 행복을 느낌
- 자신의 기분에 대해 하나님께 분노하는 것
- 계속된 두통이나 근육통 같은 몸의 통증
- 도태되었다는 기분
- 일상적인 의무에 묶인 기분
- 반복된 위장 장애(소화불량, 섭식장애 등)
- 자신의 좋은 시절은 갔고 미래는 별로 밝아 보이지 않는다는 생각
- 비관적이거나 비판적인 말과 행동의 패턴

- 기분 전환을 위해 고칼로리 음식 폭식
- 사회적 고립, 가족이나 친구들과의 거리
- 남들과 협력하기보다는 그냥 혼자서 하기를 편안해하는 경향
- 늙고 버림받고 가치가 없는 존재가 된 기분
- 자기 몸 안에 갇힌 기분
- 가족 모임이나 사교 모임에 대한 두려움
- 자신이 뚱뚱하고 못생기고 사랑스럽지 않다는 생각
- 성적인 어려움 혹은 성욕 감소
- 새로운 활동을 시도하거나 새로운 아이디어를 생각해내거나 새로운 관계를 맺을 의욕의 부재

빨간 목록

- 입맛의 큰 변화로 인한 체중 감소나 증가
- 계속된 수면 장애로 인해 잠들기와 잠든 상태 유지가 힘들거나 지나치게 많이 자는 증상
- 마음의 동요나 긴장의 심화
- 심각한 피로나 무기력
- 깊은 슬픔이나 의기소침, 절망, 외로움, 자신이 무가치하다는 생각
- 집중력이나 결정력 부족
- 죽음이나 자살에 관한 생각의 반복
- 자살 계획이나 시도

스트레스와 우울증 :

이 둘이 서로를 부추기는가?

4장에서 말했듯이 살다보면 모든 스트레스를 피할 수는 없고, 스트레스가 집중력을 높이고 맡은 일을 끝까지 완성하게 하고 더 나은 쪽으로의 변화를 촉진시키는 원동력이 되기도 한다. 하지만 높은 수준의 스트레스가 지속되면 우울증의 주된 원인이 된다. 스트레스를 건강하고 효과적인 방법으로 다루지 않으면 점점 더 깊은 우울증의 늪으로 빠져들 수밖에 없다.

당신의 현재 스트레스 수준을 파악하기 위해 당신의 지난 6개월을 돌아보며 다음 질문에 답하라. '예'라고 답한 스트레스 요인들의 점수를 합산하라.

스트레스 요인

1. 배우자의 죽음을 겪었는가?	20
2. 배우자와 이혼하거나 별거했는가?	15
3. (배우자가 아닌) 가까운 가족이 죽었는가?	13
4. 병원에 입원했는가?	11
5. 이혼 뒤에 지금의 배우자와 재혼하거나 다시 합쳤는가?	10
6. 당신이 곧 부모가 될 거라는 사실을 알게 되었는가?	9
7. 가까운 가족의 건강에 (좋거나 나쁜) 변화가 생겼는가?	9

8. 직장을 잃거나 은퇴했는가? 9

9. 성적인 어려움이 있는가? 8

10. 탄생이나 결혼을 통해 집안에 새 식구가 들어왔는가? 8

11. 절친한 친구가 죽었는가? 8

12. 재정이 좋아지거나 나빠졌는가? 8

13. 이직을 했는가? 8

14. 자녀가 독립하거나, 학교에 입학 혹은 졸업을 했는가? 6

15. 시댁이나 처갓집과의 갈등으로 집안이 평안하지 못한가? 6

16. 가족이나 직장 동료 중에 너무 미운 사람이 있는가? 6

17. 월경 전 긴장 증상을 자주 겪는가? 6

18. (승진 같은) 개인적으로 중요한 성공을 거두었는가? 6

19. 최소한 두 번 이상 시차나 여독을 경험했는가? 6

20. 이사나 집 개조처럼 집에 큰 변화가 있었는가? 5

21. 직장 내 입지가 흔들릴 만한 문제가 있었는가? 5

22. 많은 액수의 대출을 받았는가? 3

23. 사소한 위법 행위(예, 교통 위반)가 있었는가? 2

평가 : 점수가 높을수록 삶에 스트레스가 많은 것이다. 참고용으로 설명하면, 30점은 우울증을 크게 악화시킬 만한 스트레스 수준일 가능성이 있다. 점수가 더 올라가면 문제가 더 심해질 것이다. 60점 이상이면 스트레스가 극심한 것이다. 이 정도의 스트레스는 확실히 우울증을 악화시킨다. 이런 경우라면 스트레스를 집중적으로 다루어야 한다. 스트레스를 줄이는 쪽으로 최대한 생활 습관을 바꾸기로 결심하라.

부록 2

추가적으로 탐구할만한 치료법들

- 할 수만 있다면, 모든 방법을 동원하라

지금까지 우리는 좋은 정신 건강의 열쇠들을 탐구했다. 충분한 영양과 운동, 잠을 챙기고, 삶에서 독소와 중독과 미움을 몰아내고, 건강한 영적 습관을 받아들이고, 스트레스를 다루고 줄이기 위한 조치를 취했다. 아마도 당신의 삶은 더 나은 건강을 향해 순항 중일 것이다. 정신 건강과 육체적 건강이 동시에 좋아지고 있을 것이다.

이러한 행동이 건강의 기초이긴 하지만, 이것들이 전부는 아니다. 치유와 건강으로 가는 길에는 탐구할 만한 치료법들이 매우 많다. 전인적 우울증 치료를 위해 안전하고 상식적인 방법이라면 무엇이든 시도해 볼 것을 권한다. 다음과 같은 치료법들은 고려할만한 가치가 있는 선택 사항들이다.

침술

침술은 아주 얇은 바늘로 피부를 찔러 몸의 혈을 자극하는 기술이다. 침술이 기원한 중국 전통 의학에 따르면 인간의 몸에는 무려 2천 개의 혈이 있어서, 이 혈을 자극하면 몸 전체의 에너지 흐름의 균형을 잡을 수 있다.

서양 의학은 대체로 침술을, 신경과 근육을 전략적으로 자극하여 혈액 순환을 활성화하고 자연적인 진통제인 엔도르핀 분비를 촉진시키는 방법으로 여긴다. 침술은 주로 치통, 두통, 목과 등의 통증, 무릎 통증, 고혈압과 저혈압, 입덧을 완화하기 위해 사용되어 왔다. 최근 우울증 완화에도 많이 쓰이고 있다.

침술의 우울증 완화 효능에 관한 연구는 얼마 이루어지지 않았지만, 결과는 희망적이다. 예를 들어, 755명의 우울증 환자를 세 그룹으로 나누어 침술 실시, 상담 적용, 그냥 방치를 해보았다. 3개월 뒤 침술과 상담을 받은 그룹은 둘 다 우울증 완화에 큰 효과가 있는 것으로 확인되었다. 1년 뒤 후속 시험에서도 비슷한 결과에 도달했다.

이 연구를 기획하고 설계한 휴이 맥퍼슨 교수는 이렇게 말했다. "이 분야 최대 규모인 이번 연구에서 침술과 상담이 우울증을 치료할 뿐 아니라 평균 1년 동안 재발을 막아 줄 수 있다는 확실한 증거가 나왔다."

또한 맥퍼슨에 따르면 그 연구를 통해 "만성 통증 치료와 우울증 완화에 큰 진전이 이루어졌다. 이제 환자와 의료 전문가들이 침술을 더 자신감 있게 사용할 수 있기 때문이다. 침술은 비용 대비 효과적일 뿐 아니라 원치 않는 부작용을 낳는 약물에 지나치게 의존하지 않고도 고통을 완화하고 기분을 상승시킬 수 있다."[1]

아로마 치료

아로마 치료법은 식물에서 추출한 향기 나는 에센셜 오일을 사용한다. 이 오일을 흡입하거나 피부에 바르면 육체, 감정, 정신을 편안하게 하고 긴장감을 완화할 수 있다. 사람들이 아로마 치료를 받는 일반적인 이유는 고통 완화, 스트레스 감소, 우울증 증상 완화, 집중력 향상과 맑은 정신, 근육통 완화, 호흡기 건강 개선이다. 요즘 아로마 치료가 인기를 끌고 있지만 과연 효과가 있을까? 특별히 우울증 치료에 관해서는 어떤 연구 결과를 얻었을까?

독일 보훔 소재 루르대학에서 진행한 한 연구에서 재스민 향에 노출된 쥐들의 뇌를 활용하자, 진정 작용이 있는 신경 전달 물질인 감마아미노부티르산이 증가해 있었다. 일부 아로마 치료 옹호자들은 "에센셜 오일이 심박수, 스트레스 수준, 혈압, 호흡, 면역 기능을 비롯한 수많은 생물학적 요인들에 영향을 미친다고 주장한다."[2]

일단의 연구가들이 이 문제에 관한 다른 연구가들의 주장을 파악하기 위해 아로마 치료와 우울증을 다룬 12개의 무작위 대조 시험을 체계적으로 분석한 적이 있었다. 흡입 치료 분석(5개 연구)과, 마사지 치료(7개 연구)를 병행하여 아로마 치료의 효능을 분석했다. 그 결과, 아로마 치료와 마사지 치료 조합이 흡입 치료만 시행한 경우보다 훨씬 더 효과적이었다.[3]

연구가들은 우울증 증상 완화에 가장 효과적으로 보이는 수많은 에센셜 오일들을 규명했다. 그중 몇 가지를 소개한다.

- 베르가모트와 오렌지 : 불안증 및 스트레스 완화
- 베르가모트, 라벤더, 프랑킨센스 : 암 환자들의 통증과 우울증에 긍정적 효과
- 라벤더 : 전반적인 수면 질을 개선하고 불안증, 스트레스, 우울증을 완화
- 로즈마리, 장미, 꽃생강 : 우울증 환자들에게 효과
- 일랑일랑 : 심박수와 혈압, 호흡에 긍정적 영향
- 자몽 : 정신적 고갈과 피로를 완화. 1995년의 한 연구에 따르면 자몽을 비롯한 감귤유들이 "항우울제보다 더 효과적일" 가능성이 있다는 사실을 발견[4]

아로마 치료는 단순하고 간단한 치료법이다. 에센셜 오일을 국부 치료에 사용할 때는 원액 그대로 피부에 바르지 말고, 아몬드나 올리브, 코코넛 오일에 몇 방울을 섞어 사용하라. 흡입할 때는 병의 뚜껑을 연 채로 코 밑을 지나가게 하거나 전기 디퓨저 혹은 김이 나는 물을 부은 접시에 몇 방울을 떨어뜨려 사용하라.

케타민(ketamine), 에스케타민(esketamine)

케타민은 1960년대 인간과 동물을 위한 마취제로 개발되었다. 케타민은 고통을 마비시키는 것 외에도 자기 몸에서 분리된 듯한 환각 작용을 일으키는 것으로 알려져 있다. 케타민은 중증 우울증, 자살 충동, 외상 후 스트레스 장애(post-traumatic stress disorder, PTSD)에도 사용된다.

이 약은 어떤 기제로 작용할까? 이에 관한 연구는 아직 시작 단계다. 이 약과 인체의 상호작용이 정확히 어떻게 이루어지는지에 관한 연구가 진행 중이다. 하지만 도파민과 세로토닌 같은 뇌 화학물질들의 균형을 조정하는 항우울제와 달리, 케타민은 새로운 시냅스를 만들어 신경세포들 간의 의사소통을 향상시키는 것으로 보인다.

케타민이 특히 효과적인 이유는 기분을 호전시키는 속도에 있다. 2006년 미국국립보건원의 연구가들은 케타민이 불과 몇 시간 만에 중증 우울증과 자살 충동을 완화시킬 수 있다는 사실을 발견했다. 미네소타주 로체스터 소재 메이오클리닉의 정신과 의사 제니퍼 반드 부어트는 이렇게 설명한다. "자살 충동에 시달리는 사람들에게는 더 나은 치료법이 절박하다. 이 치료법이 급속도로 작용한다는 사실을 확인했으며 이런 유형의 치료법은 생명을 구할 수 있다."[5]

연구 결과가 워낙 고무적이어서, 존슨 앤 존슨의 얀센 제약회사는 벌써 케타민 코 스프레이인 에스케타민의 임상 실험의 마무리 단계에 있다. 49명의 환자들이 4주간의 임상 실험에 참여했는데 불과 4시간 만에 우울증 증세가 크게 감소하는 효과를 경험했다.[6]

케타민과 에스케타민의 약점은 70년대와 80년대에 클럽 파티 마약으로 남용된 사례가 있다는 것이다. 이 약물이 과거의 아편처럼 다수의 중독자들을 양산할 위험이 있지는 않을까?

아직 결론이 나지 않았지만 이 약에 관한 연구의 추이를 지켜볼 가치가 있다. 연구가 진행될수록 이 치료법의 잠재적인 위험과 유익이 더욱 분명히 드러날 것이다.

광선 치료(light therapy)

계절성 정서 장애(seasonal affective disorder, SAD)는 계절 변화와 관련된 형태의 우울증이며, 주로 매년 비슷한 시기에 발생한다. 대개 가을에 시작되어 겨우내 지속된다. '겨울 우울증'의 증상에는 잠을 더 많이 자고, 고칼로리 음식을 더 많이 먹고, 체중이 불고, 피로감을 느끼는 증상 등이 있다.

드물기는 하지만 봄이나 여름에도 계절성 정서 장애가 발생한다. '여름 우울증'의 증상은 겨울 우울증과 정반대로, 불면증과 식욕 부진, 초조감 등이 있다.

겨울 우울증과 여름 우울증은 주요 우울증의 다른 증상들도 보인다. 예를 들어, 항상 우울한 기분을 느끼고 절망감 혹은 무가치하다는 느낌, 이전에는 즐겼던 활동들에 대한 흥미 상실, 집중력 부족, 죽음이나 자살에 관한 생각 등이 증상으로 나타난다.

광선 치료는 계절성 정서 장애뿐 아니라 다른 종류의 우울증들에도 사용된다. 이 치료는 상대적으로 간단하다. 환자가 풀 스펙트럼 광선(full-spectrum bright light)을 발하는 상자 앞에 하루에 약 30분 정도 앉아 있기만 하면 된다. 권장하는 치료 기간은 봄까지 지속하는 것이다.

광선 치료가 효과가 있을까? 분명히 있다. 더 센터에서 내담자들에게 광선치료를 할 때마다 놀라운 결과가 나타난다. 나아가, 연구들에 따르면 환자 10명 중 7명이 치료를 시작한 지 몇 주 만에 증상 완화를 경험하였다. 우리는 충분한 햇빛이 우울증 치료에 중요하다는 사실을 진작부터 알고 있었다. 햇빛을 대체할 인공 조명도 치료에 도움이 된다. 인공 조명도 기분 및 수면과 관련된 뇌의 부분들에 영향을 미친다.

마사지 치료

마사지를 좋아하지 않는 사람이 있을까? 대부분이 마사지를 좋아하며, 여기에는 충분한 이유가 있다. 마사지의 건강 효능은 다양하며 이미 문서화되어 있다.

일단, 연구에 따르면 마사지는 스트레스 호르몬인 코르티솔을 31퍼센트 줄여 주는 동시에 도파민과 세로토닌 같은 기분 상승 호르몬을 3분의 1까지 증가시켜 준다. 마사지의 기분 상승 효과는 우울증 환자들에게 특히 중요하다. 마사지는 스트레스를 낮추고 수면의 질도 개선해 줄 수 있다. 앞서 말했듯이 이는 우울증 증상의 극적인 개선으로 이어질 수 있다.

마사지는 어떻게 그렇게 큰 효과를 낼 수 있는가? 마이애미대학 터치연구소 소장 티파니 필드는 마사지가 피부 아래의 압력 수용체들을 자극함으로써 미주신경을 자극한다고 설명한다. '미주'(vagus)란 단어는

'돌아다닌다'라는 뜻이다. 실제로 이 신경은 뇌, 위장, 심장, 간, 췌장, 쓸개, 신장, 비장, 식도까지 온 몸을 돌아다닌다.

이 신경을 자극할 때 나타나는 효과는 다양하다. 특히 우울증 환자들이 관심을 가질 만한 사실은 감정에 긍정적인 영향을 미친다는 것이다. 실제로 미주신경 자극(vagus nerve stimulation, VNS)이라고 하는 중증 우울증 치료법이 존재한다. 이 치료법은 피부 아래에 이식된 장치를 통해 이 신경에 전기파를 보낸다.[7] 마사지는 이 중요한 신경을 자극하는 방법 중에 비침투성이며 비용이 덜하다. 필드 박사에 따르면, 많은 운동이 압력 수용체를 자극하여 마사지와 비슷한 효과를 낸다.

경두개 전기자극법(transcranial magnetic stimulation, TMS)

이 치료 기법은 명칭처럼 자기장을 이용하여 우울증과 관련된 뇌의 부분들을 자극한다. 이는 전자석 코일을 머리 앞부분에 대는 비침투성 치료법이다. 우울증 환자들의 뇌에는 활발하게 활동하지 않는 부분들이 있는데, 전자기파는 기분과 관련된 신경 세포들을 자극하여 이 부분들의 활동을 증가시킬 수 있다.[8] 한 번의 치료는 30분 정도 걸리며, 일주일에 5일씩 6주까지 진행된다.

이 치료법은 대개 항우울제 같은 다른 치료법들이 증상 호전으로 이어지지 못했을 때 사용된다. 이 치료를 받는 사람들 중에 절반 이상이 호전을 경험하고 3분의 1은 증상이 완전히 사라진다. 재발 가능성이 있기는 하지만, 〈정동 장애 저널〉(Journal of Affective Disorders)에 소개된 한 연구에 따르면 유지 치료를 위한 경두개 전기자극법을 받은 사람들은 그렇지 않은 사람들보다 재발율이 확연히 줄어들었다.[9] 시카고 러시대학 메디컬센터에서는 301명의 연구 참가자들을 대상으로 연구한 결과 재발률이 낮아지는 것을 확인했다. 이 연구를 진두지휘한 필립 재니캑(Philip Janicak) 박사에 따르면 연구 결과들은 "경두개 전기자극법이 기존 항우울제들에 반응하지 않은 주요 우울증 환자들에게 대안이 될 수 있다는 사실을 더욱 뒷받침해 준다."[10]

경두개 전기자극법은 우울증 환자들에게 매우 희망적인 효과들을 보여 주었다. 그로 인해 현재 이 치료법을 알츠하이머[11]뿐 아니라 ADHD와 뇌졸중, PTSD[12] 환자들에게도 적용하는 연구가 진행되고 있다.

대부분의 연구는 경두개 전기자극법의 단독 사용만 분석하고 있지만, 실제로는 이 치료법을 대화 치료 등과 병행하는 경우가 많다. 더 센터에서도 전인적 접근법과 병행할 때 이 치료법이 가장 큰 효과를 거둔다는 사실을 발견했다.

포기하지 말라

다양한 우울증 치료법을 알아야 하는 이유 중 하나는 정신 건강 분야가 나날이 성장, 발전하고 있다는 것이다. 5년 전에는 존재하지 않았던 치료법들이 현재에는 나와 있고, 앞으로 5년 뒤에는 더 많은 치료법이 등장할 것이다.

정신적, 감정적 건강을 위해 계속해서 더 좋은 치료법이 나올 것이다. 물론 아직 효과나 부작용이 검증되지 않은 우울증 치료법들이 적지 않다. 하지만 과학적 연구를 바탕으로 검증된 치료법이 많다. 상식적인 경계심을 갖고 나름대로 조사하고, 시도해 보고 싶은 치료법에 대해 의심이 된다면 의사와 상의하라.

여기서 요지는 배우고 새로운 것을 시도하기를 멈추지 말라는 것이다. 우울증의 주된 증상 중 하나는 많은 일에 흥미를 잃는 것이며, 그 많은 일에는 개인적인 발전도 포함된다. 바로 이것이 당신이 새로운 개념과 행동들, 특히 당신의 삶에 지속적이고도 근본적인 변화를 일으킬 수 있는 것들을 끊임없이 시도해야 하는 이유다.

부록 3
건강을 돌보기 위한
일곱 가지 원칙

― 우울증 완화를 위해서는 무엇보다 건강한 몸이 중요하다

    이 책에서 나는 전인의 측면에서 우울증을 평가하고 다루어야 한다는 점을 강조했다. 지금까지 우리는 수면무호흡증에서 스트레스와 영양 부족, 심장 질환까지 우울증과 연관이 있는 많은 육체적 상황을 다루었다.

    하지만 여기서 끝이 아니다. 갑상선 기능 저하증이나 갑상선 결핍, 폐경, 남성의 테스토스테론 부족, 당뇨, 출산, 심지어 사춘기까지 우울증에 영향을 미치는 다양한 육체적 상황이 있다.

몸의 증상 자체가 우울증과 상관없어도 복용 중인 약이 그럴 수 있다. 시중에 나와 있는 약 중에 우울증에 악영향을 미치는 약이 수백 가지이다. 예를 들어, 경구 피임약은 감정과 잠에 영향을 미치는 세로토닌 분비를 방해할 수 있다. 프릴로섹(Prilosec) 같은 특정 위산 역류 치료제들, 혈압약, 불안증 치료약, 진통제들은 우울증을 유발할 가능성이 있다. 실제로, 〈미국 의학 협회 저널〉(Journal of the American Medical Association)이 발표한 26,192명의 성인 대상 연구는 미국 성인 3명 중 1명이 우울증과 자살 충동 같은 부작용이 있는 약을 복용하고 있는 것으로 추정했다.[1]

그래서 어떻게 해야 하는가? 당신의 지난 혹은 현재의 건강 문제들이 우울증을 악화시키지 않게 하려면 어떻게 해야 할까? 건강을 돌보기 위해 따라야 할 일곱 가지 원칙을 소개한다.

1. 문제를 무시하지 말라

많은 사람이 "무시하고, 그냥 사라지길 바란다"라는 태도를 품고 있다. 이런 태도는 독이다. 대부분의 건강 문제는 충치와도 같다. 전문가에게 치료를 받지 않으면 나아지기는커녕 계속해서 악화된다. 육체적 정신적 정서적 건강과 관련해서 문제를 부인하는 태도는 적이다.

2. 미루는 습관을 버리라

때로 우리는 병원에 갈 마음이 충분하다. 문제를 다룰 생각이 분명히 있다. 전혀 문제를 부인하지 않는다. 뭔가가 잘못되어서 해결해야 한다는 사실을 분명히 직시한다. 문제의 심각성을 잘 알고 있다. 문제 해결이 우리의 해야 할 일 목록에 들어 있다. 하지만 결국 행동하지 않는다.

우리가 문제 해결을 미루는 이유는 여러 가지이며, 그 이유는 사람마다 다르다. 잘못된 시간 관리 때문에 미루는 사람도 있지만 그럴 가능성은 낮다. 정말 중요하다고 생각하는 일에는 어떻게든 시간을 내기 때문이다. 심지어 우리는 좋아하는 일에 무조건 시간을 낸다. 예를 들어, 이번 주에 SNS에 얼마나 많은 시간을 투자했는가?

미루는 것은 대개 눈앞의 일에 대한 부정적인 감정이나 (상황이 완벽해져야 할 필요 같은) 필요에 대한 오관과 관련이 깊다. 심지어 수치심도 미루는 습관에 한 몫을 한다. 자신의 식습관과 비만이 위산 역류 문제의 원인이라는 판단에서 비롯한 수치심 때문에 병원에 가기를 수년 동안 미룬 내 환자의 경우가 그랬다. 치료를 받으라고 잔소리를 해대는 사람에 대한 소극적인 반항도 원인이 될 수 있다. 강요할수록 하기 싫어진다.

미루는 버릇이 작은 문제를 크게 키우는 것 외에도 그 자체로 스트레스와 불안증을 가중시키고 수면의 질을 떨어뜨린다는 연구 결과들이 있다.[2] 특히 나쁜 수면 패턴은 몸무게 증가와 면역력 약화 같은 온갖 문제를 일으킨다. 미루는 문제의 원인을 알아내면 좋지만 꼭 그럴 필요는 없다. 그저 미루던 것을 하기만 하면 그 문제는 당장 사라진다.

3. 당신의 증상에 관한 최신 정보를 파악하라

요즘은 거의 모든 질병과 증상에 관한 새로운 연구가 매년 진행되고 있다. 조금만 검색해도 가장 최근의 발견과 치료법의 동향을 파악할 수 있다. 당신의 건강 문제와 관련된 인터넷 카페에 가입하거나 전문지를 구독하는 것도 좋다.

의사가 주기적인 검사를 추천하면 당장 아무런 증상이 없이 건강하다 해도 무시하지 말라. 좋은 상태를 '유지하기' 위한 최선책은 계속해서 몸을 돌보는 것이다. 내가 준 처방을 꾸준히 따라서 꽤 호전된 뒤, 방심해서 노력을 게을리 하는 환자들을 얼마나 많이 봤는지 모른다. 당장 눈에 띄는 증상이 없어졌다고 해서 몸을 돌보기를 멈춘 탓에 원래대로 돌아가는 환자들을 보는 것만큼 치료자로서 답답한 일도 없다.

4. 복용 중인 약들을 조사하라

우울증을 유발할 수 있는 약이 너무 많기 때문에 우울증 증세가 있다면 의료 전문가에게 약을 가져가 우울증을 악화시키는 성분이 포함되어 있는지 확인하라. 의심되는 약의 복용량을 조정할지, 끊을지, 다른 약이나 치료법으로 대체할지 상의하라.

5. 스스로 건강을 챙기라

현재의 의료 환경에서는 다른 사람이 나의 건강을 대신 챙겨 주기를 바랄 수 없다. 한 의사가 당신의 상태를 계속 추적하고 치료했다고 해도 자신을 돌보는 것은 결국 자신에게 달려 있다.

스스로를 챙기는 방법 중 하나는 진료를 받기 전에 준비하는 것이다. 상담하고 싶은 내용을 미리 적어가라. 몇 주나 기다려서 진료를 받고 나서 집으로 오는 길에 중요한 사항을 빼먹은 것을 알면 굉장히 화가난다.

자신을 돌보는 또 다른 방법은 새로운 치료법들을 찾고, 전문가들을 만나고, 비전통적인 치료의 길을 추구하는 것이다. 그물을 넓게 던져 여러 전문가들의 도움을 받으려면 시간과 노력이 필요하지만 그만큼 건강한 장수라는 큰 보상을 거둘 수 있다.

마지막으로, 보험과 의료 보장에 관해서 잘 알면 큰 도움이 된다. 자신이 받을 수 있는 혜택을 알면 적절한 의사와 치료법을 선택하기가 한결 수월해진다.

6. 건강에 관한 이력을 파악하라

자신의 건강에 관한 이력을 기록하는 것이 중요하다. 이 이력은 향후 어떤 치료를 적용할 것인가를 결정할 때 중요한 정보가 된다. 의료 전문가들에게 이 이력은 당신의 현재 상태를 파악하기 위한 중요한 자료가 될 수 있다. 과거에 어떤 병을 앓았는지, 누구에게 치료를 받았는지, 어떤 약을 복용했는지 꼼꼼히 기록하라.

7. 동반자를 찾으라

서로를 점검해 주는 동반자의 가치는 이루 말할 수 없다. 미국훈련개발학회에서 진행한 한 연구에 따르면, 친구나 코치에게 자신의 목표를 알리면 그 목표를 달성할 가능성이 65퍼센트나 올라간다고 한다. 나아가, 서로 진행 상황이나 결과를 점검해 줄 동반자를 구하면 성공 가능성은 무려 95퍼센트나 올라간다.[3]

건강을 돌보기 위해 어느 수준의 점검 프로세스가 필요할지는 목표와 상황에 따라 달라진다. 전문가에게 공식적인 서비스를 받거나 동반자에게 매일 점검을 받는 것까지는 필요하지 않을 수도 있다. 하지만 매일의 습관을 기르는 중이라면 매일의 점검이 필요할 수도 있다.

서로를 점검해 주는 동반자는 당신에게 이런 질문을 던질 수 있다.

운동 계획을 잘 따르고 있는가? 오늘 비타민D를 챙겨 먹었는가? 오늘의 물 섭취 목표를 달성했는가? 한다고 했던 진료 약속을 잡았는가? 당신의 우울증 증상에 관해 그 의사에게 연락해 본다고 약속했는데, 연락을 했는가?

우리가 세운 건강 목표에 관해 질문을 해 줄 사람이 있으면 큰 도움이 된다. 물론 그가 우리를 대신해서 노력해 주는 것은 아니다. 그가 우리에게 무엇을 하라고 강요할 수도 없다. 하지만 우리가 한다고 한 일을 잘하고 있는지 물어보고 점검해 주는 사람이 때로는 치료 성공에 결정적인 역할을 할 수도 있다.

자신의 건강은 스스로 책임져야 한다. 누구도 당신의 상태를 당신만큼 잘 알지 못하고, 당신의 기분에 중요한 영향을 미치는 결정과 행동도 남이 대신해 줄 수 없다. 자신의 건강에 대한 책임을 받아들이면 분명 몸의 건강만이 아니라 정신적 정서적 건강을 이룰 수 있다. 30년 이상 동안 나와 팀원들은 전인적 접근법의 효과를 수없이 두 눈으로 확인했다. 단, 건강이라는 보상은 어디까지나 치유를 위해 스스로 노력한 사람들에게만 돌아갔다.

부록 4

추천 자료

영양과 우울증에 관한 책들

- *21 Days to Eating Better: A Proven Plan for Beginning New Habits*, Gregory L. Jantz (Zondervan, 1998).

- *The Body God Designed: How to Love the Body You've Got While You Get the Body You Want*, Gregory L. Jantz (Strang, 2007).

- *Breakthrough Depression Solution: Mastering Your Mood with Nutrition, Diet and Supplementation*, James M. Greenblatt (Sunrise River Press, 2016).

- *Happy Gut: The Cleansing Program to Help You Lose Weight, Gain Energy, and Eliminate Pain*, Vincent Pedre (HarperCollins, 2015).

- *The Microbiome Diet: The Scientifically Proven Way to Restore Your Gut Health and Achieve Permanent Weight Loss*, Raphael Kellman (Da Capo Lifelong Books, 2014).

- *The Microbiome Solution: A Radical New Way to Heal Your Body from the Inside Out*, Robynne Chutkan (Avery Books, 2015).

- *The Psychobiotic Revolution: Mood, Food, and the New Science of the Gut-Brain Connection*, Scott C. Anderson과 John F. Cryan, Ted Dinan (National Geographic, 2017).

- *The UltraMind Solution: The Simple Way to Defeat Depression, Overcome Anxiety, and Sharpen Your Mind*, Mark Hyman (Scribner, 2009).

운동과 우울증과 관한 책들

- *8 Keys to Mental Health through Exercise*, Christina G. Hibbert (W. W. Norton, 2016).

- *Exercise for Mood and Anxiety: Proven Strategies for Overcoming Depression and Enhancing Well-Being*, Michael W. Otto와 Jasper A. J. Smits (Oxford University Press, 2011). 마이클 오토 외, 《심리학자, 운동을 말하다》(초록물고기 역간).

- *Spark: The Revolutionary New Science of Exercise and the Brain*, John J. Ratey와 Eric Hagerman (Little, Brown, 2013). 존 레이티와 에릭 헤이그먼, 《운동화 신은 뇌》(녹색지팡이 역간).

정서적 건강과 우울증에 관한 책들

- *Anatomy of an Epidemic: Magic Bullets, Psychiatric Drugs, and the Astonishing Rise of Mental Illness in America*, Robert Whitaker (Broadway Books, 2015).

- *Controlling Your Anger before It Controls You: A Guide for Women*, Gregory L. Jantz와 Ann McMurray (Revell, 2013). 그레고리 얀츠와 앤 맥머리, 《분노 조절하기》(은혜출판사 역간).

- *Depression Sourcebook*, Keith Jones 편집, Health Reference Series (Omnigraphics, 2017).

- *Happy for the Rest of Your Life: Four Steps to Contentment, Hope, and*

Joy—and Three Keys to Staying There, Gregory L. Jantz와 Ann McMurray (Siloam, 2009).

- *Healing the Scars of Childhood Abuse: Moving beyond the Past into a Healthy Future*, Gregory L. Jantz와 Ann McMurray (Revell, 2017).

- *How to De-Stress Your Life*, Gregory L. Jantz (Revell, 1998).

- *Overcoming Anxiety, Worry, and Fear*, Gregory L. Jantz (Revell, 2011).

- *Self-Coaching: The Powerful Program to Beat Anxiety and Depression*, Joseph J. Luciani (John Wiley & Sons, Inc., 2007).

- *Uncovering Happiness: Overcoming Depression with Mindfulness and Self-Compassion*, Elisha Goldstein (Atria Books, 2015).

- *The Upward Spiral: Using Neuroscience to Reverse the Course of Depression, One Small Change at a Time*, Alex Korb (New Harbinger Publications, 2015). 앨릭스 코브, 《우울할 땐 뇌 과학》(심심 역간).

영성과 우울증에 관한 책들

- *The Blessing: Giving the Gift of Unconditional Love and Acceptance*, John Trent와 Gary Smalley (Thomas Nelson, 2004).

- *How to Forgive···When You Don't Feel Like It*, June Hunt (Harvest House, 2015).

- *The Inner Voice of Love: A Journey through Anguish to Freedom*, Henri J. M. Nouwen (Image Books, 1999).

- *Jesus Wept: When Faith and Depression Meet*, Barbara C. Crafton (Jossey-Bass, 2009).

- *Unshakable Hope: Building Our Lives on the Promises of God*, Max Lucado (Thomas Nelson, 2018).

전자기기와 우울증에 관한 책들

- *12 Ways Your Phone Is Changing You*, Tony Reinke (Crossway, 2017). 토니 라인키, 《스마트폰, 일상이 예배가 되다》(CH북스).
- *Alone Together: Why We Expect More from Technology and Less from Each Other*, Sherry Turkle (Basic Books, 2011). 셰리 터클, 《외로워지는 사람들》(청림출판 역간).
- *#Hooked: The Pitfalls of Media, Technology, and Social Networking*, Gregory L. Jantz와 Ann McMurray (Siloam, 2012).
- *iDisorder: Understanding Our Obsession with Technology and Overcoming Its Hold on Us*, Larry Rosen (Palgrave Macmillan, 2012).
- *iGen: Why Today's Super-Connected Kids Are Growing Up Less Rebellious, More Tolerant, Less Happy—and Completely Unprepared for Adulthood*, Jean M. Twenge (Atria Books, 2017). 진 트웬지, 《#i세대》(매일경제신문사).
- *Irresistible: The Rise of Addictive Technology and the Business of Keeping Us Hooked*, Adam Alter (Penguin Books, 2018). 애덤 알터, 《멈추지 못하는 사람들》(부키 역간).
- *Rewired: Understanding the iGeneration and the Way They Learn*, Larry D. Rosen과 L. Mark Carrier, Nancy A. Cheever (Palgrave Macmillan, 2010).

중독과 우울증에 관한 책들

- *Don't Call It Love*: *Breaking the Cycle of Relationship Dependency*, Gregory L. Jantz와 Tim Clinton, Ann McMurray (Revell, 2015).

- *Food Junkies*: *The Truth about Food Addiction*, Vera Tarman와 Philip Werdell (Dundurn Press, 2014).

- *Healing the Scars of Addiction*: *Reclaiming Your Life and Moving into a Healthy Future*, Gregory L. Jantz와 Ann McMurray (Revell, 2018).

우울증과 정신 건강에 도움을 주는 단체들

- 미국기독교상담자협회(American Association of Christian Counselors, AACC). www.aacc.net. 이 협회는 기독교 상담자, 면허가 있는 전문가, 목사, 평신도들을 지원한다.

- 미국심리학협회(American Psychological Association, APA). www.apa.org. 세계 최대의 심리학자 협회인 이 협회는 우울증뿐 아니라 ADHD, 섭식장애, 자살 충동 같은 관련 증상들에 관한 최신 정보를 제공한다.

- 미국불안증 및 우울증협회(Anxiety and Depression Association of America, ADAA). www.adaa.org. 이 단체는 우울증과 그 증상을 비롯한 다양한 질병에 관한 상세한 정보를 제공한다.

- 뇌행동연구재단(Brain and Behavior Research Foundation). www.bbr foundation.org. 이 사이트는 우울증과 불안증, 여타 관련 증상들에 관한 정보를

제공한다. 이 재단은 우울증과 관련 증상들에 관한 연구를 지원한다.

- 우울증 및 조울증 지원연맹(Depression and Bipolar Support Alliance). www. dbsalliance.org. 이 단체는 환자와 그 가족들에게 우울증뿐 아니라 불안증과 조울증에 관한 정보를 제공하여 스스로 치료하도록 돕는 단체다.

- 미국정신건강(Mental Health America. www.mentalhealthamerica.net). 최신 뉴스와 정보를 제공하는 정신 건강 분야 최고의 비영리 단체 중 하나다.

- 미국정신질환연맹(National Alliance on Mental Illness). www.nami.org. 이 단체는 다양한 정신 질환에 대해 교육과 지원을 제공한다.

- 미국정신건강연구소(National Institute of Mental Health). www.nimh.nih.gov. 정신 건강에 관한 미국 최대 단체인 이 연구소는 우울증, 불안증, ADHD, OCD 및 여타 관련 증상들에 관한 최신 정보를 제공한다.

Notes

주

프롤로그

1. A. H. Weinberger 등, "Trends in Depression Prevalence in the USA from 2005 to 2015: Widening Disparities in Vulnerable Groups," *Psychological Medicine* 48, no. 8 (2018년 6월): 1308-5, https://www.cambridge.org/core/journals/psychological-medicine/article/trends-in-depression-prevalence-in-the-usa-from-2005-to-2015-widening-disparities-in-vulnerable-groups/8A2904A85BB1F4436102DB78E3854E35. Maggie Fox, "Major Depression on the Rise among Everyone, New Data Shows," NBC News, 2018년 5월 10일, https://www.nbcnews.com/health/health-news/major-depression-rise-among-everyone-new-data-shows-n873146도 보시오.

2. Kashmira Gander, "Depression Is a Potential Side Effect of Over 200 Common Prescription Drugs, Scientists Warn," *Newsweek*, 2018년 6월 13일, https://www.newsweek.com/depression-potential-side-effect-over-200-common-prescription-drugs-scientists-974358.

PART 1

Chapter 1

1. World Health Organization, "'Depression: Let's Talk' Says WHO, as Depression Tops List of Causes of Ill Health," news release, 2017년 3월 30일, http://www.who.int/news-room/detail/30-03-2017--depression-let-s-talk-says-who-as-depression-tops-list-of-causes-of-ill-health.

2. "Major Depression," National Institute of Mental Health, 2017년 11월 업데이트, https://www.nimh.nih.gov/health/statistics/major-depression.shtml.

3. Seth J. Gillihan, "What Is the Best Way to Treat Depression?" *Psychology Today*, 2017년 5월 30일, https://www.psychologytoday.com/us/blog/think-act-be/201705/what-is-the-best-way-treat-depression에서 요약된 연구 결과를 볼 수 있다. P. Cuijpers 등, "A Meta-analysis of Cognitive-Behavioural Therapy for Adult Depression, Alone and In Comparison with Other Treatments," *Canadian Journal of Psychiatry* 58, no. 7 (2013년 7월): 376-5, https://www.ncbi.nlm.nih.gov/pubmed/23870719; S. M. de Maat 등, "Relative Efficacy of Psychotherapy and Combined 2 3 5 HealingDepressionForLife.indd 235 4/15/2019 2:04:28 PM Therapy in the Treatment of Depression: A Meta-analysis," *European Psychiatry* 22, no. 1 (January 2007년 1월): 1-8, https://www.ncbi.nlm.nih.gov/pubmed/17194571도 보시오.

4. "Depression Basics," National Institute of Mental Health, 2016년 개정, https://www.nimh.nih.gov/health/publications/depression/index.shtml.

PART 2

Chapter 2

1. "1 in 3 Adults Don't Get Enough Sleep," CDC Newsroom, CDC, 2016년 2월 16일 마지막 수정, https://www.cdc.gov/media/releases/2016/p0215-enough-sleep.html. "Data and Statistics: Short Sleep Duration among US Adults," Sleep and Sleep Disorders, CDC, 2017년 5월 2일 마지막 수정, https://www.cdc.gov/sleep

/ data_statistics.html도 보시오.

2. National Sleep Foundation, 2011 Sleep in *America® Poll: Communications Technology in the Bedroom* (Washington, DC: The Foundation, 2011년 3월 7일), https://sleepfoundation.org/sites/default/files/sleepinamericapoll/SIAP_2011_Summary_of_Findings.pdf.

3. 상동.

4. Rachael Rettner, "Nighttime Gadget Use Interferes with Young Adults' Health," Live Science, 2011년 3월 10일, https://www.livescience.com/35536-technology-sleep-adolescents.html.

5. Neralie Cain and Michael Gradisar, "Electronic Media Use and Sleep in School-Aged Children and Adolescents: A Review," *Sleep Medicine* 11, no. 8 (2010년 9월): 735-2, https://doi.org/10.1016/j.sleep.2010.02.006.

6. "Nearly 7 in 10 Americans Are on Prescription Drugs," ScienceDaily, 2013년 6월 19일, https://www.sciencedaily.com/releases/2013/06/130619132352.htm.

7. 알츠하이머병, 혈관성 치매, 루이체 치매, 파킨슨병 같은 치매성 질환 대부분은 수면을 조절하는 뇌의 부분들에 '돌이킬 수 없는 손상'을 입힌다. 수면 장애가 반드시 발생한다. 이를 방치하면 치매 환자들이 겪는 주간졸림증, 혼란, 초조 행동 같은 문제들이 악화될 뿐 아니라 간병인들도 힘들어진다. Jana R. Cooke와 Sonia Ancoli-Israel, "Normal and Abnormal Sleep in the Elderly," Handbook of Clinical Neurology 98 (2011): 653-5, https://www.ncbi.nlm.nih.gov/pmc/articles/PMC3142094/을 보시오.

8. Harvard Health Publishing, "Insomnia in Later Life," *Harvard Mental Health Letter*, 2006년 12월, https://www.health.harvard.edu/newsletter_article/Insomnia in_later_life.

9. David Nutt, Sue Wilson과 Louise Paterson, "Sleep Disorders as Core Symptoms of Depression," *Dialogues in Clinical Neuroscience* 10, no. 3 (September 2008): 329-6, https://www.ncbi.nlm.nih.gov/pmc/articles/PMC3181883/.

10. Mary O'Brien, *The Healing Power of Sleep* (Concord, CA: Biomed Books, 2009), 16-7.

11. Cass Edwards 등, "Depressive Symptoms before and after Treatment of Obstructive Sleep Apnea in Men and Women," *Journal of Clinical Sleep Medicine* 11, no. 9 (2015년 9월 15일): 1029-8, https://www.ncbi.nlm.nih.gov/pmc/articles/PMC4543247/.

12. O'Brien, *Healing Power of Sleep*, 47.

13. Rachel Manber 등, "Cognitive Behavioral Therapy for Insomnia Enhances Depression Outcome in Patients with Comorbid Major Depressive Disorder and Insomnia," Sleep 31, no. 4 (2008년 4월 1일): 489-5, https://www.ncbi.nlm.nih.gov/pmc/articles/PMC2279754/.

14. Benedict Carey, "Sleep Therapy Seen as an Aid for Depression," *New York Times*, 2013년 11월 18일, https://www.nytimes.com/2013/11/19/health/treating-insomnia-to-heal-depression.html.

15. Michael Scullin, Amanda MacMillan, "Do This One Simple Thing to Fall Asleep Faster," Time, 2018년 1월 12일, http://time.com /5097840 /how-to-fall-asleep-faster/에 인용.

Chapter 3

1. Liu yi Lin 등, "Association between Social Media Use and Depression among U.S. Young Adults," *Depression and Anxiety* 33, no. 4 (2016년 4월): 323-1, https://www.ncbi.nlm.nih.gov/pmc/articles/PMC4853817/.

2. Phoebe Weston, "Are Teenagers Replacing Drugs and Alcohol with Technology? Experts Describe Smartphones as 'Digital Heroin' for Millennials," *Daily Mail*, 2017년 3월 14일, http://www.dailymail.co.uk/sciencetech/article-4313278/Are-teenagers-replacing-drugs-alcohol-TECHNOLOGY.html.

3. Anna Fifield, "In South Korea, a Rehab Camp for Internet-Addicted Teenagers," *Washington Post*, 2016년 1월 24일, https://www.washingtonpost .com /world/asia_pacific/in-south-korea-a-rehab-camp-for-internet-addicted-teenagers/2016 /01/24/9c143ab4-b965-11e5-85cd-5ad59bc19432_story.html?noredirect=on&utm_term=.e548f3336df3.

4. Cecilia Cheng and Angel Yee-lam Li, "Internet Addiction Prevalence and Quality of (Real) Life: A Meta-analysis of 31 Nations across Seven World Regions," *Cyberpsychology, Behavior, and Social Networking* 17, no. 12 (2014년 12월 9일), https://www.liebertpub.com/doi/full/10.1089/cyber.2014.0317.

5. Maeve Duggan, "Online Harassment 2017," Pew Research Center, 2017년 7월 11일, http://www.pewinternet.org/2017/07/11/online-harassment-2017/.

6. Michael Gurian, *The Wonder of Boys: What Parents, Mentors and Educators Can Do to Shape Boys into Exceptional Men* (New York: Penguin, 2006), 215.

7. Lynette L. Craft and Frank M. Perna, "The Benefits of Exercise for the Clinically Depressed," *Primary Care Companion to the Journal of Clinical Psychiatry* 6, no. 3 (2004년): 104-1, https://www.ncbi.nlm.nih.gov/pmc/articles/PMC474733/.

8. Linda Stone, "Continuous Partial Attention," *Linda Stone* (blog), 2018년 12월 7일에 확인, https://lindastone.net/qa/continuous-partial-attention/.

Chapter 4

1. George M. Slavich and Michael R. Irwin, "From Stress to Inflammation and Major Depressive Disorder: A Social Signal Transduction Theory of Depression," *Psychological Bulletin* 140, no. 3 (2014년 5월): 774-15, https://www.ncbi.nlm.nih.gov/pmc/articles/PMC4006295/.

2. Janice K. Kiecolt-Glaser, Heather M. Derry, Christopher P. Fagundes, "Inflammation:

Depression Fans the Flames and Feasts on the Heat," *American Journal of Psychiatry* 172, no. 11 (2015년 11월 1일): 1075-1, https://ajp.psychiatry online.org/doi/10.1176/appi. ajp.2015.15020152.

3. Norman B. Anderson, R. A. Clay, "Stressed in America"에 인용, *Monitor on Psychology* 42, no. 1 (2011년 1월): 60, https://www.apa.org/monitor/2011/01/stressed-america.aspx.

4. American Psychological Association, "2015 Stress in America," news release, 2019년 3월 2일 에 확인, http://www.apa.org/news/press/releases/stress/2015/snapshot.aspx.

5. Bernard Marr, "Why Too Much Data Is Stressing Us Out," *Forbes*, 2015년 11월, https:// www.forbes.com/sites/bernardmarr /2015/11 /25/why-too-much-data-is-stressing-us-out/#5325947f7630.

6. "Jettisoning Work Email Reduces Stress," UCI News, 2012년 3월 3일, https://news.uci. edu/2012/05/03/jettisoning-work-email-reduces-stress/.

7. American Psychological Association, "2015 Stress in America."

8. Joseph Ferrari and Timothy Pychyl, quoted at Hara Estroff Marano, "Why We Procrastinate," *Psychology Today*, 2005년 7월 5일, https://www.psychologytoday.com/us/ articles/200507/why-we-procrastinate.

9. Therese J. Borchard, "Spirituality and Prayer Relieve Stress," Psych Central, 2018년 7월 8일 업데이트, https://psychcentral.com/blog/spirituality-and-prayer-relieve-stress/.

10. Sammi R. Chekroud 등, "Association between Physical Exercise and Mental Health in 1.2 Million Individuals in the USA between 2011 and 2015: A Cross-Sectional Study," *Lancet Psychiatry* 5, no. 9 (2018년 8월 8일): 739-6, https://www.thelancet.com/journals/lanpsy/ article/PIIS2215-0366(18)30227- X/fulltext.

Chapter 5

1. Substance Abuse and Mental Health Services Administration, *Behavioral Health Trends in the United States: Results from the 2014 National Survey on Drug Use and Health*, 2015 년 9월, https://www.samhsa.gov/data/sites/default/files/NSDUH-FRR1-2014/NSDUH-FRR1-2014.pdf.

2. Justin D. Wareham and Marc N. Potenza, "Pathological Gambling and Substance Use Disorders," *American Journal of Drug and Alcohol Abuse* 36, no. 5 (2010년 9월): 242-7, https:// www.ncbi.nlm.nih.gov/pmc/articles/PMC3671380/.

3. National Council on Problem Gambling, *Problem and Pathological Gambling in America*:

The National Picture (1997), 14-5.

4. Substance Abuse and Mental Health Services Administration, "General Facts and Recommendations", *Facing Addiction in America: The Surgeon General's Report on Alcohol, Drugs, and Health*에 관해, 2016년, https://addiction.surgeongeneral.gov/sites/default/files/fact-sheet-general.pdf.

5. Linda R. Gowing 등, "Global Statistics on Addictive Behaviours: 2014년 Status Report," *Addiction* 110, no. 6 (2015년 6월): 904-9, https://www.ncbi.nlm.nih.gov/pubmed/25963869.

6. Christopher Ingraham, "One in Eight American Adults Is an Alcoholic, Study Says," Washington Post, 2017년 8월 11일, https://www.washingtonpost.com/news/wonk/wp/2017/08/11/study-one-in-eight-american-adults-are-alcoholics/.

7. S. Carpenter, "Smoking and Depression Perpetuate One Another, Study Indicates," *Monitor on Psychology* 32, no. 7 (2001년 6월), https://www.apa.org/monitor/jun01/smokedepress.aspx.

8. Mike Stobbe, "Opioid Epidemic Shares Chilling Similarities with the Past," *Houston Chronicle*, 2017년 10월 30일, https://web.archive.org/web/20171107022338/http://www.chron.com/news/medical/article/Opioid-epidemic-shares-chilling-similarities-with-12313820.php.

9. United States Drug Enforcement Administration, "DEA Issues Nationwide Alert on Fentanyl as Threat to Health and Public Safety," news release, 2015년 3월 18일, https://www.dea.gov/press-releases/2015/03/18/dea-issues-nationwide-alert-fentanyl-threat-health-and-public-safety.

10. Eva Selhub, "Nutritional Psychiatry: Your Brain on Food," *Harvard Health Blog*, 2015년 11월 16일, https://www.health.harvard.edu/blog/nutritional-psychiatry-your-brain-on-foo-201511168626.

11. Cecilie Schou Andreassen 등, "The Relationship between Addictive Use of Social Media and Video Games and Symptoms of Psychiatric Disorders: A Large-ScaleCross-Sectional Study," *Psychology of Addictive Behaviors* 30, no. 2 (2016년 3월): 252-2, http://irep.ntu.ac.uk/id/eprint/27290/7/27290_Kuss.pdf.

12. Shane W. Kraus, Valerie Voon, and Marc N. Potenza, "Neurobiology of Compulsive Sexual Behavior: Emerging Science," Neuropsychopharmacology 41, no. 1 (2016년 1월): 385-6, https://www.researchgate.net/publication/282090679 Neurobiology of_Compulsive_Sexual_Behavior_Emerging_Science.

13. Jeremiah Weinstock and Carla J. Rash, "Clinical and Research Implications of Gambling Disorder in DSM-5," *Current Addiction Reports* 1, no. 3 (2014년 9월): 159-5, https://www.ncbi.nlm.nih.gov/pmc/articles/PMC4753073/.

PART 3

Chapter 6

1. "Chronic Stress Puts Your Health at Risk," Mayo Clinic, 2016년 4월 21일, https://www.mayoclinic.org/healthy-lifestyle/stress-management/in-depth/stress/art-20046037.

Chapter 7

1. "Forgiveness: Your Health Depends on It," Johns Hopkins Medicine, 2019년 1월 7일 확인, https://www.hopkinsmedicine.org/health/healthy_aging/healthy_connections/forgiveness-your-health-depends-on-it.
2. Loren Toussaint와 Jon R. Webb, "Theoretical and Empirical Connections between Forgiveness, Mental Health, and Well-Being," *Handbook of Forgiveness* 중, Everett L. Worthington Jr. 편집 (New York: Routledge, 2005), 355.

Chapter 8

1. Pablo Neruda, *Odes to Common Things* (Boston: Bulfinch Press, 1994), 75.
2. Corporation for National and Community Service, Office of Research and Policy Development, *The Health Benefits of Volunteering: A Review of Recent Research* (Washington, DC, 2007), https://www.nationalservice.gov/pdf/07_0506_hbr.pdf.
3. S. L. Brown 등, "Providing Social Support May Be More Beneficial than Receiving It: Results from a Prospective Study of Mortality," *Psychological Science* 14, no. 4 (2003년 7월 1일): 320-7, https://www.ncbi.nlm.nih.gov/pubmed/12807404.
4. "Stress Relief from Laughter? It's No Joke," Mayo Clinic, 2016년 4월 21일, https://www.mayoclinic.org/healthy-lifestyle/stress-management/in-depth/stress-relief/art-20044456.

PART 4

Chapter 9

1. James A. Blumenthal, Patrick J. Smith, and Benson M. Hoffman, "Is Exercise a Viable Treatment for Depression?" *ACSM's Health & Fitness Journal* 16, no. 4 (2012년 7월): 14-1, https://www.ncbi.nlm.nih.gov/pmc/articles/PMC3674785/.

2. George Mammen, quoted at Therese Borchard, "Exercise Not Only Treats, but Prevents Depression," Everyday Health, 2013년 11월 7일 업데이트, https://www.everyday health. com/columns/therese-borchard-sanity-break/exercise-not-only-treats-but-prevents-depression/.

3. Samuel B. Harvey 등, "Exercise and the Prevention of Depression: Results of the HUNT Cohort Study," *American Journal of Psychiatry* 175, no. 1 (2017년 10월): 28-6, https://ajp. psychiatryonline.org/doi/abs/10.1176/appi.ajp.2017.16111223

4. Alpa Patel, Janet Lee, "How Much Exercise Do You Need to Get Healthier?"에 인용, *Consumer Reports*, 2019년 2월 20일 업데이트, https://www.consumerreports.org/exercise-fitness/how-much-exercise-do-you-need-to-see-health-benefits/.

5. US Department of Health and Human Services, *Physical Activity Guidelines for Americans, 2nd edition* (Washington, DC: US Department of Health and Human Services, 2018년), https://health. gov/paguidelines/second-edition/pdf/Physical Activity_Guidelines_2nd_edition.pdf.

6. John J. Ratey와 Eric Hagerman, *Spark: The Revolutionary New Science of Exercise and the Brain* (New York: Little, Brown, Spring 2008), 129, 136. 존 레이티와 에릭 헤이그먼, 《운동화 신은 뇌》(녹색지광이 역간).

7. John Ratey, "The ADHD Exercise Solution," *ADDitude Magazine* (2008년 봄), https:// www.additudemag.com/the-adhd-exercise-solution. "Green Play Settings Reduce ADHD Symptoms," University of Illinois at Urbana-Champaign, Landscape and Human Health Laboratory도 보시오, 2019년 3월 7일 확인, http://lhhl.illinois.edu/adhd.htm.

8. Ratey, *Spark*, 140.

9. Michael Bracko, Dulce Zamora, "Fitness 101: The Absolute Beginner's Guide to Exercise" 에 인용, WebMD, 2008년 2월 12일, https://www.webmd.com /fitness-exercise/features/ fitness-beginners-guide#1.

10. "How Does Exercise Help Those with Chronic Insomnia?" National Sleep Foundation, 2019년 3월 7일 확인, https://sleepfoundation.org/ask-the-expert/how-does-exercise-help-those-chronic-insomnia.

11. "Heart Disease Facts," Centers for Disease Control and Prevention, 2017년 11월 28일, https://www.cdc.gov/heartdisease/facts.htm.

12. "Blood Glucose and Exercise," American Diabetes Association, 2017년 9월 25일, http://

www. diabetes. org/food-and-fitness/fitness/get-started-safely/blood-glucose-control-and-exercise. html.

13. Marily Oppezzo와 Daniel L. Schwartz, "Give Your Ideas Some Legs: The Positive Effect of Walking on Creative Thinking," *Journal of Experimental Psychology: Learning, Memory, and Cognition* 40, no. 4 (2014년 7월): 1142-2, http://psycnet. apa. org/record/2014-14435-001.

Chapter 10

1. Monique Tello, "Diet and Depression," *Harvard Health Blog*, 2018년 2월 22일, https:// www. health. harvard. edu/blog/diet-and-depression-2018022213309.

2. Ed Cara, "High-Fat Diet May Convince Us to Overeat by Wreaking Havoc on Our Gut Bacteria," Medical Daily, 2015년 7월 7일, https://www. medicaldaily. com /high-fat-diet-may-convince-us-overeat-wreaking-havoc-our-gut-bacteria-341806.

3. Ye Li 등, "Dietary Patterns and Depression Risk: A Meta- analysis," *Psychiatry Research* 253 (2017년 7월): 373-2, https://www. ncbi. nlm. nih. gov/pubmed/28431261.

4. 이 내용 중 일부는 "Depression and Diet"에서 가져와서 수정했다, WebMD, 2018년 10월 16일 업데이트, https://www. webmd. com/depression/guide/diet-recovery#1.

5. Colin Poitras, "Even Mild Dehydration Can Alter Mood," *UConn Today*, 2012년 2월 21일, https://today. uconn. edu/2012/02/even-mild-dehydration-can-alter-mood/.

6. 이 목록은 Kathleen M. Zelman, "6 Reasons to Drink Water"에서 가져와서 수정했다, WebMD, 2019년 5월 8일, https://www. webmd. com/diet/features/6-reasons-to-drink-water#1.

Chapter 11

1. US Department of Health and Human Services, Washington, DC: *10th Special Report to the U.S. Congress on Alcohol and Health* (US Department of Health and Human Services, 2000년 6월), 134-6, https://pubs. niaaa. nih. gov/publications/10report /10thspecialreport. pdf.

2. Melaina Juntti, "Just 5 Drinks a Week Can Damage Your Brain," *Men's Journal*, 2019년 3월 11일 확인, https://www.mensjournal.com/health-fitness/just-5-drinks-a-week-can-damage-your-brain-w493425/.

3. S. L. Peters 등, "Randomised Clinical Trial: Gluten May Cause Depression in Subjects with Non-Coeliac Gluten Sensitivity—An Exploratory Clinical Study," *Alimentary Pharmacology and Therapeutics* 39, no. 10 (2014년 4월 1일): 1104-2, https://www.ncbi.nlm.nih.gov/pubmed/24689456.

4. Emily Deans, "Is Gluten Causing Your Depression?" *Psychology Today*, 2014년 10월 4일, https://www.psychologytoday.com/us/blog/evolutionary-psychiatry/201410/is-gluten-causing-your-depression.

Chapter 12

1. Thomas Carlyle, *History of Friedrich the Second, Called Frederick the Great* vol. 1, chap. 6.

2. Gerard Clarke, quoted at Megan Brooks, "'Psychobiotic' May Help Ease Stress, Improve Memory," Medscape, 2015년 10월 20일, https://www.medscape.com/viewarticle/852944.

3. José F. Siqueira Jr., Ashraf F. Fouad, and Isabela N. Rocas, "Pyrosequencing as a Tool for Better Understanding of Human Microbiomes," *Journal of Oral Microbiology* 4 (2012년 1월), https://www.tandfonline.com/doi/full/10.3402/jom.v4i0.10743.

4. Franziska Spritzler, "How to Choose the Best Probiotic Supplement," Healthline, 2017년 1월 21일, https://www.healthline.com/nutrition/best-probiotic-supplement.

Chapter 13

1. Mark Hyman, *The UltraMind Solution: The Simple Way to Defeat Depression, Overcome Anxiety, and Sharpen Your Mind* (New York: Scribner, 2009), 129.

2. 상동.

3. Tim Lang, "Are Fruits/Veggies Really Delivering?" Healthy You Naturally, 2007년 9월, http://www.healthyyounaturally.com/newsletters/0907.htm에 인용.

4. 더 센터는 Hope & Possibility 라인 개발의 실험 장소가 되었다.

5. Baljit K. Khamba 등, "Effectiveness of Vitamin D in the Treatment of Mood Disorders: A Literature Review," *Journal of Orthomolecular Medicine* 26, no. 3 (2011년): 127-5, https://www.isom.ca/wp-content/uploads/2013/01/Effectiveness-of-Vitamin-D-in-the-Treatment-of-Mood-Disorders-A-Literature-Review-26.3.pdf.

6. Louis E. Banderet와 Harris R. Lieberman, "Treatment with Tyrosine, a Neurotransmitter Precursor, Reduces Environmental Stress in Humans," *Brain Research Bulletin* 22, no. 4 (1989년 4월): 759-2, https://apps.dtic.mil/dtic /tr/fulltext/u2/a215036.pdf; Alan J. Gelenberg 등, "Tyrosine for Depression," *Journal of Psychiatric Research* 17, no. 2 (1982-3년): 175-0, https://www.ncbi.nlm.nih.gov/pubmed/6764934#.

7. 더 센터는 레드 리메디스가 보조제 I Brain Awakening의 공식을 개발하기 위한 실험 장소가 되었다.

8. Guosong Liu 등, "Efficacy and Safety of MMFS-01, a Synapse Density Enhancer, for Treating Cognitive Impairment in Older Adults: A Randomized, Double-Blind, Placebo-Controlled Trial," *Journal of Alzheimer's Disease* 49, no. 4 (2016년): 971-0, https://www.ncbi.nlm.nih.gov/pmc/articles/PMC4927823/.

9. Caroline Praderio, "9 Horrible Ways That Stress Messes with Your Body—and What You Can Do about It," Insider, 2017년 8월 30일, http://www.thisisinsider.com /health-effects-of-stress-2017-8#stress-could-trigger-depression-9.

10. Vamshi K. Manda et. al., "Modulation of CYPs, P-gp, and PXR by *Eschscholzia californica* (California Poppy) and Its Alkaloids," *Planta Medica* 82, no. 6 (2016년 4월): 551-8, https://www.ncbi.nlm.nih.gov/pubmed/27054913.

11. Javier Cubero Juanez, "Hops (Humulus lupulus L.) and Beer: Benefits on the Sleep," *Journal of Sleep Disorders & Therapy* 1, no. 1 (2012년 1월), https:// www.research gate .net/publication/269554572_Hops_Humulus_lupulus_L_and Beer_Benefits on_the_Sleep.

12. Andrew Scholey 등, "Anti-Stress Effects of Lemon Balm-Containing Foods," *Nutrients* 6, no. 11 (2014년 10월) 4805-1, https://www.ncbi.nlm.nih.gov/pmc/articles/PMC4245564.

13. B. Abbasi 등, "The Effect of Magnesium Supplementation on Primary Insomnia in Elderly: A Double-Blind Placebo-Controlled Clinical Trial," *Journal of Research in Medical Sciences* 17, no. 12 (2012년 12월): 1161-9, https://www.ncbi.nlm.nih.gov/pubmed/23853635.

Appendix

부록 2

1. Hugh MacPherson, "Acupuncture Boosts Effectiveness of Standard Medical Care for Chronic Pain, Depression"에 인용, *ScienceDaily*, 2017년 1월 30일, https://www.sciencedaily.com / releases /2017/01/170130083228.htm; Hugh MacPherson 등, "Acupuncture and Counselling for Depression in Primary Care: A Randomised Controlled Trial," *PLOS Medicine* (2013년 9월 24일), http://journals.plos.org/plosmedicine/article?id=10.137 /journal.pmed.1001518.

2. "Smell of Jasmine 'As Calming as Valium,'" *Telegraph*, 2010년 7월 10일, https://www.telegraph.co.uk/news/science/7881819/Smell-of-jasmine-as-calming-as-valium.html.

3. Dalinda Isabel Sanchez-Vidana 등, "The Effectiveness of Aromatherapy for Depressive Symptoms: A Systematic Review," *Evidence-Based Complementary and Alternative Medicine*, 2017년 1월 4일, https://www.ncbi.nlm.nih.gov/pmc/articles/PMC5241490.

4. T. Komori 등, "Effects of Citrus Fragrance on Immune Function and Depressive States," *Neuroimmunomodulation* 2, no. 3 (1995년 5-6월): 174-0, https://www.ncbi.nlm.nih.gov/pubmed/8646568.

5. Jennifer Vande Voort, quoted at Amy Ellis Nutt, "Nasal Spray of Party Drug Shows Promise as Fast-Acting Antidepressant, Researchers Say," *Washington Post*, 2018년 4월 20일, https://www .washington post.com/news/to-your-health/wp/2018/04/20/nasal-spray-of-party-drug-shows-promise-as-fast-acting-antidepressant-researchers-say/?utm_term=.62124aba2721.

6. Nutt, "Nasal Spray of Party Drug."

7. "Brain Stimulation Therapies," National Institute of Mental Health, 2016년 6월, https://www.nimh.nih.gov/health/topics/brain-stimulation-therapies/brain-stimulation-therapies.shtml.

8. "Transcranial Magnetic Stimulation," Mayo Clinic, 2018년 11월 27일, https://www.mayoclinic.org/tests-procedures/transcranial-magnetic-stimulation/about /pac-20384625.

9. Kirsten Weir, "Can Magnets Cure Depression?" *Monitor on Psychology* 46, no. 2, (2015년 2월), https://www.apa.org/monitor/2015/02/magnets.aspx.

10. "Long-Term Benefits of Transcranial Magnetic Stimulation for Depression Supported by New Study," *ScienceDaily*, 2010년 10월 13일, https://www.sciencedaily.com/releases/2010/10/101012114052.htm.

11. Philip G. Janicak and Mehmet E. Dokucu, "Transcranial Magnetic Stimulation for the Treatment of Major Depression," *Neuropsychiatric Disease and Treatment* 2015년, no. 11 (2015년 6월): 1549-0, http://tmshealtheducation.com/wp-content/ uploads/2015/12/Transcranial-magnetic-stimulation-for-the-treatment-of-major-depression.pdf.

12. Weir, "Can Magnets Cure Depression?"

부록 3

1. Dima Mazen Qato, Katharine Ozenberger, and Mark Olfson, "Prevalence of Prescription Medications with Depression as a Potential Adverse Effect among Adults in the United States," *Journal of the American Medical Association* 319, no. 22 (2018년 6월 12일): 2289-8, https://jamanetwork.com/journals/jama /article-abstract/2684607.

2. Fuschia M. Sirois, Michelle L. Melia-Gordon, Timothy A. Pychyl, "'I'll Look After My Health, Later': An Investigation of Procrastination and Health," *Personality and Individual Differences* 35, no. 5 (2003년 10월): 1167-4, https://www.sciencedirect .com/science/article/pii/S0191886902003264; Fuschia M. Sirois, Wendelien van Eerde, Maria Ioanna Argiropoulou, "Is Procrastination Related to Sleep Quality? Testing an Application of the Procrastination-Health Model," *Cogent Psychology* 2, no. 1 (2015년), https://www.tandfonline.com/doi/full/10.1080/23311908.2015.1074776.

3. Barrett Wissman, "An Accountability Partner Makes You Vastly More Likely to Succeed," Entrepreneur, 2018년 3월 20일, https://www.entrepreneur.com/article/310062.